상담·심리치료에서의

가치명료화

개인 및 집단 상담을 위한 실제 전략

상담·심리치료에서의

가치명료화

개인 및 집단 상담을 위한 실제 전략

Howard Kirschenbaum 저 | 차명호 · 이정애 공역

학지사

VALUES CLARIFICATION IN COUNSELING AND PSYCHOTHERAPY:
PRACTICAL STRATEGIES FOR INDIVIDUAL AND GROUP SETTINGS, FIRST EDITION
by Howard Kirschenbaum

역자 서문

가치명료화는 사람들이 삶의 다양한 영역에서 자신의 목적과 방향 그리고 가치를 명료화하고 실현하도록 돕는 접근법이다. 자신의 가치를 명료화하고 이에 따라 살아갈 수 있도록 함으로써 가치가 명확하지 않아서 부딪히는 문제들을 피하고 더욱 풍요롭고 의미 있는 삶을 살 수 있도록 돕는다.

역자 중 한 명이 박사논문을 쓸 즈음 가치명료화를 접하게 되었고, 명료화를 통해 다른 모든 것을 포기하고 원하는 것에만 집중한 결과, 원하던 것을 이루게 되었다. 그 과정에서 가치명료화에 대한 관심은 커졌지만, 몇 편의 논문과 가치명료화 활동을 소개한 저서 한 권을 제외하고는 가치명료화에 대해 체계적으로 정리한 책을 찾을 수가 없어서 내내 아쉬움이 남았었다. 한때 열풍을 일으켰던 가치명료화가 왜 사라져 버렸는지 궁금하기도 하였고, 진로상담을 하면서 가치명료화가 필수적이라는 생각이 들어 책을 찾던 중 가치명료화의 대가인 Kirschenbaum이 쓴 이 책을 발견하게 되었다. 반가움과 설렘으로 책의 목차와 내용을 훑어보았는데, 그동안 궁금했던 가치명료화의 모든 내용이 체계적으로 정리되어 있어서 망설임 없이 번역을 결심하게 되었다.

이 책은 총 11장으로 구성되어 있다. 먼저 1장은 가치명료화 상담의 짧은 사례를 소개하고 있다. 2장은 가치명료화가 무엇이며 어떻게 발달해 왔는가와 관련 용어에 대해 설명하고 있다. 3~6장은 가치명료화의 전체 실행과정과 다양한 상담에 적용할 수 있는 가치명료화 질문과 면접 및 전략의 예를 구체적으로 제시하고 있다. 특히 회복, 진로, 일, 부부, 돈, 성, 건강, 종교와 영성, 상실과 사별 그리고 노화의 10가지 상담 주제를 선정하여 다양한 가치명료화 전략을 각 영역별로 적용하는 방법을 제시하고 있다. 7장은 직업의 덫에 빠진 타라의 가치명료화 사례를 다루고 있고, 8장은 가치명료화를 사용하는 상담자나 치료사가 내담자와의 관계에서 겪을 수 있는 전략적 차이와 가치 갈등 그리고 도덕적 갈등을 다루는 방법에 대해 설명하고 있다. 9장은 목표설정, 의사결정과 행동계획에 덧붙여 진로상담과 발달, 재활상담, 강박장애, 성상담, 학교상담, 코칭, 상담자 및 임상 교육과 슈퍼비전, 다문화와 다양성 문제, 개인적 성장 등 다양한 유형의 상담에 적용할 수 있는 가치명료화 질문과 면접 및 전략의 예를 구체적으로 제시하고 있다. 10장은 가치명료화 이론과 실제가 인간중심상담, 인지행동치료, 현실치료, 실존주의치료, 해결중심 단기치료, 이야기치료, 동기강화상담, 수용전념치료, 긍정심리학 등 다른 상담 및 심리치료 접근과 어떻게 연결되는지를 보여 주고 있다. 11장은 가치명료화 관련 이론과 연구를 다루고 있다.

가치명료화는 그 자체가 상담이나 심리치료 접근법은 아니지만 인지행동치료에서 현실치료, 해결중심, 수용전념치료 등에 이르기까지 여러 상담 및 심리치료 접근에 적용되고 있고, 또한 개인, 집단, 진로, 가족, 재활, 약물 남용 등 다양한 형태의 상담 및 심리치료 장면에서 중요한 도구로 사용될 수 있다. 가치명료화는 상담자와 내담자로 하여금 상담 목표를 통합하고 상담 과정에서 내담자가 자신의 책임을 다하도록 돕는 치료적 계약을 맺는 데 도움을 준다. 아울러 명료화 질문과 전략은 자신에 대한 이해를 확장하고 자신의 가치에 부합하는 선택을 하게 하며, 이를 실행해 나가도록 돕는다.

이러한 가치명료화의 유용성으로 우리나라에서도 1980년대에 가치명료화에 대한 연구와 적용이 활성화되었지만, 그 이후로 대중적인 관심은 사라진 상태이다. 하지만 아직도 청소년과 성인을 대상으로 하는 상담자, 집단지도자, 교육자, 인적 자원 전문가들에게는 여전히 중요한 도구로 인식되고 있고, 또한 학교, 개인 및 집단 상담 장면, 심리교육 개입 및 훈련 등에서 널리 사용되고 있다.

그러나 관련 연구와 서적의 절대적인 부족으로 가치명료화에 대한 충분한 이해와 훈련 없이 단편적이고 피상적으로만 사용하는 경우가 많다. 이러한 사람들에게 이 책은 가치명료화에 대한 총체적인 이해와 보다 효과적으로 사용할 수 있는 통찰력을 제공할 것이다.

저자가 언급했던 것처럼 이 책은 아마도 많은 사람에게 새로우면서도 익숙한 것으로 다가올 것이다. 특히 가치명료화 질문과 활동들이 인지행동치료, 현실치료, 이야기치료, 동기강화상담과 수용전념치료 등에 이르기까지 다른 상담접근법들에 다양한 형태로 적용되고 있어서 이러한 것들은 익숙하게 보일 것이다. 그러나 다른 한편으로 이 책은 가치명료화 상담의 실제 사례와 상담 및 심리치료에서 가치를 다룰 수 있는 기본적인 틀을 제시함으로써 가치명료화에 대한 보다 포괄적이고 통합적인 이해와 진로상담, 학교상담, 성상담, 재활상담 등 다양한 유형의 상담에 적용할 수 있는 새로운 레퍼토리를 제공하고 있다.

개인 및 집단 상담 장면과 심리교육 활동에서 하나의 상담 도구로서 가치명료화를 사용하고자 하는 상담자들에게 이 책을 추천하고 싶다. 이 책은 가치명료화에 대한 보다 통합적이고 총체적인 지식을 제공함으로써 상담을 공부하고 있거나 실제 현장에서 상담을 하고 있는 상담전문가 그리고 가치명료화를 처음 접하는 사람들과 이미 가치명료화를 적용하고 있는 사람들 모두에게 유용하게 활용될 수 있을 것이다. 또한 교사나 사회복지사, 코칭 전문가, 청소년 전문가, 인적 자원 개발자 등 다양한 분야의 전문가들에게도 조력활동의 실제를 풍부하게 하는 유용한 도구가 될 것이다.

우리의 삶에서 자신이 중요하게 생각하는 가치를 인식하거나 선택하고, 자신의 가치에 따라 살아가는 것은 건강하고 행복한 삶을 위한 기본적인 과제이다. 이 책을 통해 여러분이 자신의 가치를 명료화하고, 가치에 부합하는 선택과 행동을 통해 그것을 실현해 가는, 보다 행복한 삶을 살 수 있길 기대한다.

차명호 · 이정애

이 책에 대한 찬사

이 중요한 책은 훈련 프로그램과 전문 문헌에서 너무 자주 간과되는 상담과 심리치료의 필수적인 구성 요소를 다루고 있다. 명확한 지침과 많은 임상 사례를 통해, Kirschenbaum 박사는 내담자가 관계, 사랑과 성, 일, 돈, 약물 사용, 종교와 영성, 정치 및 삶의 의미와 같은 문제에 대한 가치를 명료하게 하는 방법뿐만 아니라 그러한 가치에 대한 갈등을 해결하고 내담자의 삶이 자신의 최고의 목적에 더 일치하도록 촉진한다. 이 책은 학생들뿐만 아니라 경험이 많은 상담자 및 치료사에게도 깊은 관련이 있는 책으로 실제적인 교육을 제공하며, 인간의 삶에서 중심적인 역할을 하는 가치가 무엇인지, 가치명료화 과정이 다문화적 감수성을 통해 다양한 집단에 어떻게 적용될 수 있는지에 대해 철학적으로 명쾌한 설명을 제공한다. 상담 또는 심리치료를 하는 모든 사람에게 추천하는 바이다.

ANDRE MARQUIS, PH.D.
로체스터 대학교 워너 교육 대학원 상담 및 인간 개발학과 부교수
『상담 및 심리치료 이론적 모델』 저자

상담 및 심리치료는 결코 '가치판단이 없는' 일이 아니며, 내담자와 정신건강 전문가 모두 선호하는 가치와 신념을 가지고 있다. 또한 전문가와 내담자 모두 치료 과정에서 자신의 가치를 이해하고 명료하게 하는 데 도움이 필요할 수 있다. Kirschenbaum은 정신건강 전문가가 내담자의 가치명료화를 촉진하는 데 필요한 기술을 개발하는 데 도움이 될 뿐만 아니라 전문가 자신의 개인적 가치를 이해하고 명확하게 하도록 돕는 훌륭한 책을 개발하여 치료 장면에서 치료자의 가치가 내담자의 가치에 병치되는 것을 피하게 한다.

RICHARD E, WATTS, PH.D.
샘휴스턴 주립대학교의 저명한 상담 교수
『상담 및 가치』의 편집자

책이 치료자와 상담자가 하는 일을 진짜로 바꾸는 것이 결코 쉬운 일은 아닌데, 이 책은 그것을 가능케 한다. Kirschenbaum은 치료자와 상담사가 사용할 수 있는 다양한 연습의 예와 함께 상담 및 치료 회기에서 가치를 다루기 위한 강력하고 쉽게 이해할 수 있는 틀을 제시하고 있다. 이 책은 상담과 치료의 필수적인 한 부분으로서 내담자의 가치를 다루는 데 도움이 되는 포괄적이고 통찰력 있는 도움을 제공한다. 모든 상담자와 치료자가 주의 깊게 읽고 그 내용을 상담 실제에서 활용해야 하는 중요한 자원이다.

DAVID W. JOHNSON, ED.D.
심리치료사, 미네소타 대학교 교육 심리학과 명예 교수
『함께 참여하기: 집단 이론 및 집단 기술』 8판 저자

이 책을 통해 나는 이론적 방향을 고민하는 학생들에게 제공할 수 있는 가치명료화에 대한 자료를 마침내 갖게 되었다. Kirschenbaum 박사는 상담에 대한 나의 통합적 접근에 영향을 미쳤고, 이 귀중한 책을 통해 학생들에게 계속 영향을 줄 것이다. 학생들은 정신건강 상담 서비스를 제공할 준비를 더 많이 하게 될 것이다. 왜냐하면 우리 프로그램이 가르치는 다른 접근법을 보완하는 실질적인 가치명료화 전략을 갖게 되기 때문이다.

ROBERT H. RICE, JR., PH.D.
세인트존피셔 대학교 정신치료 상담 프로그램 임상 인턴십 이사

Kirschenbaum 박사의 새로운 책은 가치명료화에 대한 새로운 시각과 그 개념들이 다양한 상담 및 심리치료 장면에서 적용될 수 있는 방법을 제공한다. 현장에서의 중요한 작업을 바탕으로 Kirschenbaum 박사는 개인 및 집단 상담에서 사용될 수 있는 많은 유용한 도구를 제공한다. 내담자의 가치, 목표 설정, 의사결정 및 행동 계획을 다루는 데 유용한 도구를 원하는 실무자들이 반드시 읽어야 할 내용이다.

LORRAINE J. GUTH, PH.D.
펜실베이니아 인디애나 대학교 상담학과 교수

Howard Kirschenbaum은 모든 내담자에게 중요한 문제, 즉 그들이 살아내는 가치들을 연관 지어서 상담 및 심리치료 분야에서 중요하면서도 불충분하게 다루어진 요구를 충족시킨다. 그는 가치의 명료화와 실현 과정이 내담자의 자기 감각과 기능에 매우 중요하다는 강력한 사례를 제시한다. 상당 부분, 우리는 우리의 가치이다. “나는 어떤 사람이 되고 싶은가?” “나는 어떻게 살고 싶은가?” “내 인생의 의미와 목적은 무엇인가?” “어떤 가치가 내 삶을 이끌어 주기를 원하는가?” 등과 같은 기본적인 질문은 우리의 내담자가 그들의 삶에서 효과적인 선택을 하도록 돕는 열쇠이다. 가치명료화 운동의 창시자 중 한 명인 Kirschenbaum은 가치를 명료화하는 것이 내담자가 우선순위를 확인하고, 정보에 근거한 선택을 하고, 더 많은 확신과 의미 그리고 방향성을 가지고 살 수 있도록 한다는 것을 우리가 이해하도록 돕는다. 또한 내담자가 자신의 가치를 명료하게 할 때, 더 현실에 기반을 둔 삶을 살고 정신건강을 개선할 수 있으며, 다른 사람들의 안녕에도 기여하게 된다. 이 책은 개념적으로 건전하고, 연구에 기반을 두고 있으며, 모든 내담자가 자신의 가치를 분류하고 실행해 나가는 것을 도우려고 하는 치료 전문가의 민감성과 의지로부터 이익을 얻을 수 있다는 메시지를 설득력 있게 만든다. Kirschenbaum 저서의 가장 큰 장점을 꼽으라면 치료자가 내담자의 가치 문제를 해결할 수 있는 풍부하고 폭넓은 실질적인 지침을 제공한다는 것이다.

DAVID J. CAIN, PH.D.
캘리포니아주 심리치료사
『인본주의 심리치료: 연구 및 실습 핸드북』 편집자

이 텍스트에는 사람들이 인생의 복잡한 결정과 선택을 하는 것을 돕도록 고안된 효과적인 기술인 가치명료화에 관한 자료가 풍부하다. 이 책은 전문가가 가치명료화를 상담 및 심리치료 과정에서 실행하는 데 도움을 주는 훌륭한 자료이다.

K. DAYLE JONES
올랜도 소재 센트럴 플로리다 대학교 정신건강 상담 프로그램 코디네이터
ACA『DSM-5』개정 제안 태스크포스 의장

나는 30년 전 청소년 집단에서 가치명료화를 사용하기 시작했다. 이제 치료사 및 상담 교사로서 내담자, 학생 및 슈퍼바이지의 사용에 초점을 둔 이 새로운 작업을 보게 되어 기쁘다. 이 텍스트는 다양한 집단에 적용 가능한 전략과 사례들로 가득 차 있다. Kirschenbaum은 가치명료화가 명백히 인간중심의 관점에서 나온 것일 뿐만 아니라 인지행동, 실존, 이야기, 해결중심과 보이지 않는 다른 관점에서의 활용에 대한 분명한 관련성을 기술하고 있다. 마지막 장에서 Kirschenbaum은 가치명료화의 효과를 인용한 연구를 가져와서 이 책을 매우 포괄적이고 접근 가능한 핸드북이 되도록 만들었다.

JUDI DURHAM
코네티컷주 세인트 조셉 대학교 상담 및 가족치료학과 박사
북대서양 상담자 교육 및 감독협회 전 회장

가치명료화, 상담 및 심리치료가 우리에게 어떻게 강력하고 실용적인 새로운 도구를 제공할 수 있는지에 대한 명쾌한 소개. 놀랍도록 분명하고 현명한 논문.

MERRILL HARMIN, PH.D.
서던일리노이 대학교의 명예교수,『가치와 교육』저자

현장에서 환자에게 관련 정보를 제공하는 것 외에 건강 문제에 대해 자신의 가치를 명료하게 하는 데 도움이 되는 좋은 질문을 하는 것이 더 나은 결과를 얻을 가능성을 높인다는 사실을 알게 되었다. 이 책은 전문가들이 그들의 환자가 진정한 자기를 찾고, 더 건강하고 충만한 삶을 살고자 하는 의지를 실현하는 방법을 찾도록 돕는 유용한 도구를 제공한다.

MARY MILLER, M.D.
코네티컷주 내과전문의, 『새롭고 기대되는 부모를 위한 가치 딜레마』 저자

이 책은 방법, 도구, 사례 연구 그리고 이론을 모두 활용하는 가장 실용적인 방법을 제공하는 귀중한 책이다. 독창성, 창의성과 단단한 기본적 사고로 가득 차 있다. 젊은 상담자나 치료사들을 위한 선물이며 노련한 상담자나 치료사들에게도 귀중한 선물이다. 이 책은 Kirschenbaum이 이 직업에 가져다준 일생의 훌륭한 교육, 심오한 상담 및 창조적 리더십의 정점이라고 볼 수 있다.

SIDNEY B. SIMON, ED.D.
매사추세츠 대학교 심리교육과 교수
『가치명료화 공동 저자: 실용 전략 핸드북』 저자

가치명료화의 초기 개발자 중 한 명인 Kirschenbaum은 수십 개의 가치명료화 전략이 심리치료의 실제에서 어떻게 효과적으로 사용될 수 있는지를 명확하고 접근 가능한 언어로 설명한다. 이러한 전략은 갈등과 부조화의 무의식 영역에 빛을 밝혀 해결책을 제시해 준다. 35년 동안 심리치료사로서 그들은 계속해서 그 유용성을 입증해 왔다.

MARIANNE PREGER-SIMON, ED.D.
마이애미주 웨이틀리의 심리치료사
『Heart by Heart: 서로에게 귀 기울이는 어머니와 딸』 저자

저자는 1970년대에 가치명료화 운동을 두드러지게 만든 최초의 인물 중 한 사람으로서, 그의 광범위한 전문적 경험과 흠잡을 데 없는 자질을 활용하고 있다. 이 책은 접근법의 역사, 전문적인 장면에서 그러한 전략을 사용하는 과정 그리고 그 과정의 결과를 설명하면서 실행을 위한 제안과 함께 오랜 세월에 걸쳐 유용성이 보증된 전략을 제공한다. 도움을 주는 직업의 구성원들은 결혼과 가족, 약물남용, 목회적 치유 및 노인 건강 주제와 관련된 구체적인 예를 찾을 수 있다. 독자들은 또한 가치명료화 전략의 사용과 상담 과정을 분명히 보여 주는 철학적, 이론적 그리고 연구 영역에 있어서 가치 있는 통찰력을 얻을 것이다.

WILLIAM E. HERMAN, PH.D.
포츠담 뉴욕 주립대학교 심리학과 교수

이것은 가치명료화에 관한 가장 최신 정보를 담은 포괄적이고 실용적인 책이다. 쉬운 예제와 실제 적용을 담아, 다양한 분야의 학생들과 전문 조력자들이 반드시 읽어야 할 책으로 추천할 만하다. 나는 치료사이자 교육자로서 내 학생들이 내적 자아를 발견하도록 도울 수 있는 자료를 갖게 되어 설렌다.

STEPHEN A DEMANCHICK, PH.D
뉴욕주 로체스터 나사렛 대학교 어린이와 가족을 위한 놀이치료센터 소장
크리에이티브 아트테라피 조교수, 『인간 중심 저널』 공동 편집자

Howard Kirschenbaum은 교육, 인간발달 및 조력 전문 분야에 있어 가치와 관련된 지식을 계속해서 개발해 가고 있고, 이 책으로 그 정점에 이르렀다. 그는 치료사에게 모든 내담자의 의사결정 과정을 향상시킬 수 있는 풍부한 지식과 실용적인 응용 프로그램을 제공해 왔다. 내가 지금까지 읽은 상담 및 심리치료에서의 가치 주제를 다룬 책 중에서 가장 유익하고 균형 잡힌 실용적인 책이다.

DANIEL M. LINNENBERG, ED.D.
로체스터 대학교 상담 및 인간개발학과 조교수, 목사, 약물남용 상담자

수년 동안, 나는 폭넓은 사회적 환경을 대표하는 교구민들을 위한 효과적이고 비판단적인 목회 상담 양식을 찾아 헤맸다. 나는 가치명료화 접근 방식이 동료들이 핵심 문제를 구분하고, 윤리적으로 책임 있고 실질적이고 실용적인 해결책을 추구할 수 있는, 유용하고 민주적이며 비권위주의적인 방법이라는 것을 발견했다. Kirschenbaum 박사의 이 새로운 책은 모든 신앙을 가진 목회 상담자에게 매우 실질적인 도움이 될 것이다.

THE REVEREND J. T. LEAMON,
통일그리스도 교회 명예목사

Howard Kirschenbaum은 이 책을 쓰는 데 가장 적합한 사람이다. 교육, 심리치료, 집단 교육 및 저술 분야에서 그의 배경은 치료사와 상담자들이 최선을 다하도록 돕는 탁월한 조합이다.

RABBI DOV PERETZ ELKINS, ED.D.
강사, 컨설턴트, 『유대인의 가치를 명료화하기』 저자

40년 동안 나는 나 자신을 응용심리학자라고 불렀다. 나는 많은 다른 장소에서 나만의 방식으로 다룬다. 어떤 날에는 상담, 치료, 코칭, 심지어 컨설팅까지 이 모든 것이 한꺼번에 이루어지기도 한다. 나는 모든 도구를 가지고 와서 그 순간에 필요한 것을 사용한다. 가치명료화는 내가 학생, 비즈니스 리더, 의사 또는 기타 전문가 등 나의 다양한 내담자에게 의미를 부여하는 도구, 전략 및 사고방식을 제공하고, 조화롭게 하는 이 모든 역할을 하는 데 효과적이다. 인간의 상호작용과 행동을 배우는 학생이라면 누구나 이 책을 좋아할 것이다.

RODNEY NAPIER, PH.D
펜실베이니아 대학교 조직 컨설팅 및 코칭학과 교수
네이피어 그룹 회장, 『집단: 이론 및 경험』 7판 저자

Kirschenbaum 박사의 『상담 · 심리치료에서의 가치명료화』는 전문적인 상담자들이 가치명료화가 어떻게 동기면담과 변화 단계이론과 같은 중독 접근법의 중심에 있게 되는지에 대해 더 잘 이해할 수 있도록 우리가 놓치고 있는 연결 고리를 제공한다. 너무나 자주 중독 분야에서 인정받지 못하는 가치명료화와 가치 기반 의사결정은 현대의 약물남용 상담과 예방 접근의 기초가 된다.

Kirschenbaum 박사는 임상 이론과 실제에서 가치를 필수적으로 강조해야 한다는 중독 전문가의 인식을 다시 일깨우게 한다.

RICHARD L. SCHNELL, ED.D., PLATTSBURGH
뉴욕 주립대학교 명예 서비스 교수, 전 정신건강 실무자 NYS 이사회 의장
뉴욕주 면허 약물남용 치료 기관의 전 치료 이사

얼마나 훌륭한 자원인가! 이 책은 너무 오랫동안 간과된 실천 영역에 매우 중요한 기여를 한다. 가치는 진정으로 우리가 하고 생각하는 많은 일의 기초이지만, 종종 검토되지 않은 채로 남아 있다. 상담자는 "예, 하지만……"에 대해 듣기만 해 놓고, 우리가 모든 근거를 다뤘으며 행동이 보증되는 치료 동맹의 그 시점에 도달했다고 얼마나 여러 번 생각해 왔을까? 이는 우리가 내담자가 인지적 이해에 도달하도록 도왔을지 모르지만, 변화를 향한 모든 단계에서 해결해야 할 문제에 존재하는 기본 가치를 놓쳤다는 분명한 증거이다. 이 책은 치료 과정의 핵심을 종종 간과하고 때로는 회피하였다고 분명히 말하고 있다. 사례는 그것을 살아 있게 만든다. 상담 및 심리치료에서의 가치명료화는 자신의 접근이라는 것과 관계없이 더 큰 성공을 위한 뛰어난 틀을 제공한다.

E. H. MIKE ROBINSON, III, PH.D., ROBERT HEITZELMAN
저명한 학자이자 센트럴 플로리다 대학교 교육대학 교육인간과학과 의장
상담의 영적·윤리적·종교적 및 가치 문제에 관한 협회 전 회장
『상담 직업 소개』 저자

차례

CHAPTER

01

가치명료화 상담

가치명료화 상담의 짧은 사례

학교상담자가 혼자 책상에 앉아 있을 때, 폴이 폭풍처럼 휘몰아치며 사무실로 들어왔다. 상담자는 폴을 1년 정도 알고 있었다. 폴은 고등학교 2학년이다. 그는 자신을 찾기 위해 열심히 노력하고 있으며 그 과정에서 고통받고 있는, 총명하지만 화가 나 있는 비순응주의자인데, 예를 들면 학교에서 다른 남학생들은 청바지를 입고 운동화를 신지만, 그는 블랙진과 작업화 차림으로 다녔다. 다음의 대화는 그들이 함께 나눈 대화 그대로이다(Glasser & Kirschenbaum, 1980. p. 51).

폴: 나는 그 아이들이 정말 지긋지긋해요. 걔들은 온종일 내 머리가 길다고 나를 괴롭혀요. 걔들이 뭘 알겠어요? 소름 끼치는 놈들! 여기서 나가고 싶어요. 그 얼간이들한테 맞는 것에 질렸어요.

상담자: 정말 학교를 떠나고 싶을 만큼, 그 아이들에게 질렸다는 소리로 들리는구나.

폴: 그래요. 내 머리는 내가 알아서 할 일이에요. 나는 그 아이들처럼 보이고 싶지 않아요……. 걔들은 서로 복사한 것처럼 모두가 똑같아요. 여기는 자유국가이고, 누구나 자기 머리를 자기가 원하는 대로 하고 다닐 권리가 있어요.

상담자: 그러니까 네 머리는 네가 누구인지를 말해 주는 중요한 것이구나? 정말로 네가 원하는 대로 머리를 기르는 것이 너의 권리라고 생각하는구나.

폴: 예. 그렇지만 나는 그 아이들이 나를 괴롭히는 것에 정말 지쳤어요.

상담자: 정말 질렸다는 소리로 들리네. (잠시 멈춤) 한번 물어보자. 너의 긴 머리는 정말 네가 어떤 사람인가를 사회적으로 주장하는 것이니? 아니면 정말 긴 머리를 좋아하는 거야? 네가 긴 머리를 하고 있는 모습이나 느낌…… 예를 들면, 만약에 학교의 모든 남자 아이가 머리를 기른다면, 너는 긴 머리를 좋아하니까 그대로 긴 머리를 유지할 것 같아? 아니면 다르게 보이고 싶어서 머리를 짧게 자를 것 같아?

폴: 음…… 그것에 대해서는 한 번도 생각해 보지 않았어요. 처음에는 아빠에게 반대하기 위해 길렀던 것 같아요. 아빠가 시키는 것을 처음으로 거역한 것이었어요. 나를 바꿀 수 없다는 것을 알려 준 것이지요. 그리고는 내가 정말 좋아한 것 같아요. 언젠가는 이런 머리를 싫어할지도 모르죠. 그러나 지금은 다른 학생들이 머리를 기르더라도 계속 기르고 싶어요.

상담자: 그럼 너라는 사람을 표현하기 위해 머리를 기르는 것보다는 네가 정말로 긴 머리를 좋아한다는 것이 더 중요하구나.

폴: 예.

상담자: 그러면 다른 학생들이 너를 괴롭히는 것을 줄일 수 있는 방법을 생각해 보았니?

폴: 예. 나는 떠나고 싶어요. 더 이상 참을 수 없어요. 오늘은 정말 심했다는 뜻이에요.

상담자: 그러면 마음속에 제일 먼저 떠오르는 것이 학교를 그만둔다는 생각이었구나.

폴: 예.

상담자: 다른 것도 생각해 볼 수 있겠니?

폴: 머리를 자를 수는 있지만…… 그렇게 안 할 거예요.

상담자: 머리를 자른다는 것이 다른 대안이구나……. (이쯤에서 상담자는 옆에 있는 마커를 손에 들고 뒤에 있는 칠판에 '그만두기' 그리고 아래에 '머리를 자르기'라고 적었다.)

폴: 나는 그렇게 하지 않을 거예요.

상담자: 그 점에 대해 상당히 확실하구나. 그러면 다른 대안들이 있을까?

폴: (한참 생각한 뒤) 조금은 자를 수 있을 것 같아요. 자기가 무엇을 하는지 아는 사람들이 하는 그런 식으로요. 지금 자를 거예요. 잘 자르면 더 나아 보일 수도 있을 거예요…….

상담자: 좋아. 머리를 약간만 더 짧게 잘라서 괜찮게 보이는 것이 또 다른 대안이네. (상담자는 앞의 목록에 '전문적인 커트'를 보탰다.)

폴: 그런데 나는 그럴 돈이 없어요.

상담자: 아하, 내게 한두 가지 다른 생각이 있어. 들어 볼래?

폴: 예.

상담자: 자, 내 친구 중에 한 명은 긴 머리를 뒤로 묶었어. 그리고 또 다른 친구는 머리를 깔끔하게 유지하기 위해 머리띠를 했거든.

폴: 어, 나도 저번에 친구가 준 머리띠가 집에 있어요. 어디 뒀는지 모르겠네요.

상담자: ('뒤로 묶기'와 '머리띠'를 목록에 추가한 다음) 자, 우리의 아이디어를 살펴보자. 이 각각의 방법에 대해 어떻게 생각하니? 이런 방법들을 사용하면 아이들이 너를 괴롭히는 것을 줄일 수 있을 것이라고 생각하니?

폴: 모르겠어요. 여전히 그만두고 싶어요. 그러나 그렇게 하면 그들에게 내가 굴복하는 것으로 생각돼요. 머리띠를 하는 것도 좀 웃긴 것 같아요. 내가 히피나 뭐 그런 사람들처럼…… 머리를 뒤로 묶거나 전문가에게 헤어 커트를 받는 게 좋겠어요.

상담자: 그러면 이 두 가지가 너에게 가장 좋은 아이디어인 것 같구나. 그러니?

폴: 예. 누군가 내 머리를 잘라 주면 더 나아 보일 것 같아요. 집에서 기른 것 같지 않을 거예요. 돈을 좀 마련할 때까지는 뒤로 묶어 볼까 해요. 머리를 그런 식으로 묶은 친구도 있어요.

상담자: 돈을 마련해서 머리를 자르기 전까지는 뒤로 묶고 다니겠다는 말이구나. 언제부터 머리를 묶을 생각이니? 오늘? 아니면 다음 주?

폴: 글쎄요…… 아마 내일 아침에요.

상담자: 좋아. 그럼 내일 들러서 어떻게 되었는지 알려 주렴. 괜찮겠니?

폴: 그럴게요. 고맙습니다.

CHAPTER 02

가치명료화 접근법

가치명료화란 무엇인가

가치명료화(values clarification)란 사람들로 하여금

- 자신의 목표와 방향, 우선순위를 인식하거나 수립하게 하고
- 자신의 목표와 방향, 우선순위 등을 달성할 수 있도록 돕는 선택과 결정을 하고
- 이 선택과 결정을 실행하는 활동을 하여 자신의 목표와 방향, 우선순위를 달성하도록 돕는 상담접근법이다.

삶에는 여러 가지 형태의 **가치 풍요 영역**(value-rich areas)이 있다. 이는 만족, 기쁨, 의미의 원천이 될 수 있고, 도움을 찾거나 기쁘게 도움을 받아들이게 되는 혼란과 갈등의 원천이 될 수 있으며, 특별히 만족스럽지도 않고 고통스럽지도 않아서 습관적이고 지각 없이 살아가는 영역이 될 수도 있다. 이처럼 가치 풍요 영역들 가운데 몇 가지만 제시하면 다음과 같다.

- 우정과 관계
- 일
- 돈과 물질적 성공
- 가족
- 건강(다이어트, 약물, 운동 등)
- 사랑과 성
- 종교
- 개인적 취향(옷, 헤어스타일 등)
- 여가 시간
- 정치와 사회활동
- 학교
- 노화와 죽음
- 다양성과 정체성 이슈
- 삶의 의미와 목적

가치명료화는 사람들이 삶의 복잡한 결정과 선택을 하는 과정을 돕도록 설계되었다. 즉, 앞에서 제시한 영역과 그 외의 가치-풍요 영역에서 자신들의 우선순위와 목적 그리고 가치를 **명료화**하고 **실현**하는 것을 도울 수 있도록 계획되었다.

가치명료화는 사실 유아에서 노년에 이르기까지 **모든 연령층**의 사람이 사용할 수 있다. 가치명료화는 **발달적** 또는 **예방적** 방식으로 사용할 수 있다. 전자의 경우, 개인이 발달해 가는 과정에서 적절한 시기에 가치-풍요 영역을 겪어 가도록 도와서 더욱 풍요롭고 의미 있는 삶을 살 수 있게 한다. 후자의 경우, 개인의 가치가 명확하지 않아서 부딪히는 문제를 피할 수 있도록 돕는다. 가치명료화는 또한 **교정 목적**의 상담에 사용될 수 있다. 즉, 자신의 목적과 우선순위에 대한 가치가 명확하지 않거나 일견하기에 그 가치에 따라 행동할 수 있는 능력이 부족한 것에서 비롯되는 약하거나 심각한 불행이나 어려움을 야기하는 이슈들을 해결하도록 돕는다.

가치명료화는 **개인**으로 하여금 자신의 가치를 명료화하거나 이에 따라 살아갈 수 있도록 돕는 데 사용될 수 있다. 이는 **개인상담**, **집단 상담** 그리고 **심리교육** 장면에서 사용될 수 있다. 또한 가치명료화는 **집단** 그리고 **조직**에서도 가치를 명료화하는 데 사용할 수 있다. 즉, 집단이나 조직의 가치를 명료화하고 실현하는 데 사용할 수 있다.

다양한 조력 전문가, 즉 상담자, 심리학자, 심리치료사, 사회복지사, 목회상담자, 외과의사, 간호사, 교육자, 교사 등이 가치명료화를 사용할 수도 있다. 또한 컨설턴트, 지역사회 활동가, 청소년지도사, 부모, 친구 그리고 자기 자신을 포함하는 다양한 비전문가들이 사용할 수도 있다. 이 책은 상담과 심리치료에서 사용할 수 있도록 초점을 맞추었다.

▮ 가치명료화가 아닌 것

가치명료화는 그 자체로 정신건강 상담이나 심리치료 접근법은 아니다. 가치명료화는 사람들의 마음 깊이 자리 잡은 심리적 또는 감정적 문제를 다루고자 하는 것이 아니다. 강력하고 고통스러운 감정에서 벗어나도록 돕기 위한 것도 아니다. 감정적 손상과 트라우마로부터 회복하도록 돕기 위한 것도 아니다. 또한 불안, 우울 그리고 다른 DSM에 나와 있는 정신건강 문제를 다루고자 하는 것도 아니다.

그럼에도 **가치명료화**는 심리역동적 상담에서 인지행동적 그리고 인본주의적 상담에 이르기까지 **다양한 정신건강 상담과 심리치료 접근에서 중요한 도구로 사용될 수 있다**(10장 '상담 및 심리치료에 대한 가치명료화와 기타 접근'을 보라). 마찬가지로, 다양한 상담 및 심리치료 장면, 즉 개인, 결혼, 가족, 재활, 약물남용 및 다른 임상 장면 등에서도 가치명료화 접근을 사용할 수 있다(9장 '가치명료화 상담의 적용'을 보라). 어떤 정신건강 접근법이나 장면이라 하더라도 가치명료화는 내담자가 자신들이 상담과 치료에서 작업하고 싶어 하는 목적을 찾아내도록 돕는다. 이는 상담자와 내담자가 상담 목적을 통합하고 내담자가 치료 과정에서 자신의 책임을 다하도록 돕는 치료적 계약을 맺는 데 도움을 준다. 명료화 질문과 전략은 자신의 상황에 대해 한층 진전된 통찰을 얻도록 돕는다. 그리고 가치명료화는 특별히 내담자가 목적을 설정하고, 선택을 하며, 회복 프로그램을 실행하고, 앞으로 삶을 살아가기 시작할 때 부딪히는 감정적·심리적 어려움을 해결해 나가는 데 도움이 될 수 있다.

이런 차이를 좀 더 분명히 말하면 **모든 상담이 정신건강 상담은 아니라는** 것이다. 미국상담학회(American Counseling Association, 2010)의 정의에 따르면 "상담이란 다양한 개인과 가족 및 집단으로 하여금 정신건강, 평온함, 교육 그리고 진로 목적을 달성할 수 있는 힘을 증진시키는 전문적 관계"로 규정하고 있다. 나는 여기에 '인생 목표'를 추가하고 싶다. 왜냐하면 삶의 여러 영역에서 개인은 때로 자신의 목표와 우선순위에 대해 생각해 보고, 다른 행동 코스를 생각해 내고 평가해 보며, 나아가기에 가장 좋은 방향을 결정하고, 자신의 목표를 달성하기 위해 결정한 것을 행동으로 옮기기 위한 전략을 개발하기 위해 도움을 필요로 할 때가 있기 때문이다. 간단히 말하면, 이들은 자기 가치를 명료화하고 실현해 나가고 있는 것이다. **이것은 우리 모두가 관여하고 있는 삶의 정상적인 부분이다.** 우리는 이것을 스스로 하고 있다. 우리는 파트너, 친구, 가족 그리고 동료들과 이런 것을 하고 있다. 그리고 때로는 우리가 서로 상충되는 가치 간에 특별히 강한 갈등을 경험할 때 또는 우리의 결정이 특별히 어려울 때 우리는 상담자나 목회상담자, 라이프 코치, 진로상담자, 정신건강 상담사 또는 심리치료사 등으로부터 전문적인 도움을 청하게 된다.

전문가의 직함이나 자격이 무엇이든 간에, 가치명료화를 사용한다고 해서 정신건강 상담일 필요는 없다. 정신건강 상담, 심리치료 그리고 정신과 치료는 심리적 문제와 정신적 장애를 진단하고 치료를 하는 것으로 간주된다. 긍정주의 심리학이 증명했듯이, 한 개인이 명확한 가치를 가치고 여기에 따라 행동하고 자신의 삶을 실현해 나가는 것은 정신건강에 매우 중요하다(Frisch, 2006; Seligman et al., 2005). 그러나 삶에서 어떤 결정을 하거나 딜레마에 대해 혼란스러워하거나 갈등을 겪는다고 해서 그것이 정신건강상의 문제가 된다는 것은 아니다. 만약에 이것이 문제가 된다면 모든 사람이 정신건강 문제를 겪는다는 뜻이 된다. 왜냐하면 우선순위를 정하고, 어려운 결정을 하고, 자신의 가치에 따라 살아가는 것은 인간의 삶에 주어진 기본적 과제들이기 때문이다. 그래서 가치명료화는 정신건강 상담이 아니지만 정신건강 상담과 심리치료 장면에 통합될 수는 있다.

마지막으로, 가치명료화는 역사적으로 가치교육, 도덕교육, 인성교육 등과 연계하여 왔기 때문에 가치명료화가 가치 및 도덕과 인성교육에 완전하거나 또는 충분한 접근법은 아니라는 것을 말해 두는 것이 도움이 될 것 같다. 그러나 가정, 학교, 청소년 기관에서 가치, 도덕 및 인성교육에 유용한 도구로 사용될 수는 있다. 이것은 다른 책의 주제가 되어야 할 것이다(Kirschenbaum, 1995).

가치명료화의 역사

가치명료화는 1950년대에 상담 개입전략으로 시작되었다. 교육학자인 Louis Raths(1963, 1972)는 청소년들의 '감정적 욕구'와 '가치 욕구' 사이에는 분명히 차이가 있음에 주목하였다. 그는 아동과 청소년들이 소속감, 성취감, 경제적 안정성, 두려움으로부터 자유, 사랑과 친밀, 격렬한 죄책감으로부터의 자유, 자기 존중감, 주변 세계의 이해 등으로 구분되는 **감정적 욕구**를 가졌다는 것을 보았다. 이러한 욕구가 충족되지 않으면 청소년들이 **감정적 욕구 행동**을 보인다는 것을 관찰하였는데, 과도하게 위축되거나 공격적이거나 수동적이거나 퇴행적으로 되는 것 또는 정신신체 질환을 일으키는 것 등이 여기에 포함된다. 충족되지 않은 감정적 욕구를 채우기 위해 청소년들은 이들에게 도움을 주는 부모, 교사, 청소년 지도자 그리고 필요한 경우에는 정신 건강 전문가들로부터 다양한 감정적 지지와 개입을 필요로 하였다. Raths가 제시한 청소년의 욕구를 충족시키도록 돕기 위해 해야 할 것과 하지 말아야 할 것에 대한 실제 방안은 오늘날에도 여전히 탁월하게 유용한 방법으로 남아 있다.

그러나 Raths는 감정적 욕구와 더불어 많은 아동과 청소년이 **가치 욕구**를 가지고 있다는 점도 주목했다. 미국에서 실존주의가 널리 알려지기 전에 그는 의미와 가치에 대한 질문에 진지한 관심을 쏟을 가치가 있음을 알아차렸다. 그가 보기에 많은 청소년들이 자신에게 무엇이 중요한지 그리고 삶에 의미와 만족감을 만들어 가는 방법에 대해 명확하지 않았다. 이들은 대신에 다음과 같은 행동 패턴을 보였다.

- **냉담**: 삶의 다양한 활동에 대해 관심이나 열정이 부족한 것
- **변덕**: 어떤 관심사 또는 흥미에서 다른 관심사 또는 흥미로 건너뛰는 것으로 목적이나 헌신할 바에 집중하지 못하는 것
- **과도한 순응**: 항상 집단에 맞추려고 하는 것
- **과도한 반대**: 명백히 원칙에 어긋나는 것이 아니라 단지 다르게 보이려고 항상 반대편 입장만 취하는 경향
- **불만족스러운 결정**: 자신에게 불만족스럽거나 타인에게 해를 미치는 의사결정과 선택

이런 행동 패턴을 보인 청소년들이 선호도나 목적이 없다는 것은 아니다. 그러나 이들의 선호도나 목적은 명확하고 지속적이고 만족스러운 방식으로 행동을 이끌 만큼 분명하고 중요하지 않았다. Raths에게 이들은 **가치 지표**는 있지만 **가치**는 가지고 있지 않은 것으로 보였다.

가치 지표들	
느낌	목표
호감	선택
비호감	작용
선호도	행동
태도	습관
우선순위	패턴
신념	의견
기타	

Raths는 진정한 **가치**는 이러한 가치 지표들과 동조되어야 한다고 생각한다. 이런 지표들은 정서적 요소(예: 느낌, 좋아함, 싫어함), 인지적 요소(예: 의견, 신념, 선택) 그리고 행동적 요소(예: 행동, 패턴)를 가지고 있다. 한 개인의 정서, 인지, 행동 간에는 일치성 또는 지속성이 있어야 한다.

Raths는 청소년들로 하여금 가치 결핍 행동(value-deficit behaviors)을 가치 지향 행동(value-driven behaviors)으로 바꾸도록 돕기 위해서 무엇을 해야 하는가를 고민하였다. 그가 관찰한 것은 청소년들이 지지적이지만 동시에 도전적인 장면에서 자신들의 삶을 생각해 볼 기회를 거의 갖지 못한다는 것이었다. 그는 자신과 활동하는 청소년들을 데리고 가치 결핍을 다루도록 설계한 개입 프로그램을 실시하였다. 그는 청소년들에게 자신의 삶에 대한 '명료화 질문들,' 즉 자신의 느낌과 선택 그리고 실제 행동 간의 간격을 줄이도록 돕는 질문, 보다 성숙한 가치 시스템을 개발하고 실시해 보는 과정을 격려하는 질문을 하기 시작했다. 게다가 청소년의 반응을 평가하거나 판단하지 않도록 노력하였다. 그는 질문 자체만으로도 청소년들로 하여금 사고 과정을 시작하게 하고, 더 깊은 반성과 궁극적 행동으로 이어지는 방향으로 움직이게 한다는 것을 관찰하였다. 청소년들이 이 과정을 겪고, 자신의 가치 지표를 반성적으로 생각하는 과정을 시작할 때 이들의 가치 욕구나 가치 결핍 행

가치 결핍 행동	가치 지향 행동
냉담	목적성, 열정
변덕	헌신
모순(비일치성)	일관성
과도한 순응	비판적 사고
과도한 반대	순응과 개성의 균형
불만족스러운 결정	만족스러운 결정

동 패턴이 보다 명확한 가치를 드러내는 행동 패턴으로 나아가는 것으로 드러났다.

Raths는 우연히 상담에 대한 새로운 접근법을 개발하는 중이었다. 물론 그는 소크라테스 질문법, 이성주의에 대한 18세기의 신념 그리고 Emerson이 반복하여 강조했던 "검증되지 않은 삶은 가질 가치가 없다."라는 반복된 소크라테스의 교훈 같은 문화적 전통에까지 연계되어 있기는 하다. 보다 최근에 상담자들과 심리치료사 그리고 설득에 대해 강의하는 사람들은 선한 의지를 가지고 있으면서 시의 적절한 명료화 질문의 가치를 잘 알고 있다. 그러나 Raths는 그보다 한 걸음 더 나아갔다. John Dewey(1909, 1939)의 이론에 기초하여 어떤 종류의 질문들은 청소년들로 하여금 자신의 삶에서 가치 혼란과 갈등을 겪는 영역을 더 깊이 탐색할 수 있도록 도울 수 있을 것이라고 생각하였다. Raths의 박사과정 학생 가운데 Sidney B. Simon과 Merrill Harmin은 1950년 말과 1960년대에 Raths의 가치명료화 이론과 실제를 증폭시켰는데, Raths가 **가치**라고 기술한 것을 7가지 기준을 충족하는 삶의 한 측면으로 확장하였다.

높이 평가하기와 소중히 여기기

1. 높이 평가하고 소중한: 가치는 우리가 높이 평가하고 소중하게 여기는 어떤 것이다. 우리가 신중히 돌보며, 우리에게 매우 중요한 것이다.

2. 공개적으로 확인된: 가치는 우리가 타인에게 적절한 환경에서 기꺼이 표현하고자 할 만큼 강하게 느끼는 어떤 것이다. 우리는 자기 가치를 부끄러워하지 않는다.

선택하기

3. 대안들 가운데 선택한: 가치는 다양한 선택 사항들 가운데 선택한 것이다. 대안들 가운데 하나를 고르는 것은 그 선택을 자랑스러워하고 소중하게 여길 가능성을 높인다.
4. 결과를 고려한 후 선택한: 자신과 가족, 지역사회를 위한 어떤 선택의 결과와 장단점을 인식하는 것은 자신의 목적과 우선순위와 일치하는 선택을 할 가능성을 증가시킨다.
5. 자유롭게 선택한: 또래나 권위자의 부당한 압력은 자신의 선택을 의미있고 만족스럽게 여길 가능성을 낮춘다. 가치는 자유롭게 선택한 것으로 경험되는 것이다. 강요된 것이 아니다.

행동하기

6. 맞추어 행동하는: 가치는 행동으로 증명된다. 가치는 그냥 말로 하는 것이 아니라 거기에 맞추어 살아가게 된다.
7. 지속적으로 맞추어 행동하는: 가치는 개인의 행동 패턴과 일치하여 드러나게 된다. 가치가 높을수록 우리의 행동에서 더 자주 관찰되고, 불일치하는 행동을 덜 보이게 될 것이다.

Raths, Harmin과 Simon(1966, 1978)이 저술한 『**가치와 교수**(Values and Teaching)』는 교육학에서 중요한 책이다. 이 책에는 명료화 질문을 어떻게 사용하는가가 예시되어 있고, 청소년들이 가치, 즉 7가지 기준을 모두 충족하는 삶의 측면들을 발달시키도록 돕는 다양한 명료화 실습이 제시되어 있다. Simon 등은 가치명료화를 위한 활동과 사례들을 지속적으로 발전시켰고, Simon, Howe와 Kirschenbaum(1972)은 그다음 저서 『가치명료화: 교사와 학생을 위한 실제 전략 핸드북(Value Clarification: A Handbook of Practical Strategies for Teachers and Students)』을 출판하였다. 여기에는 79가지의 활동과 많은 사례가 제시되어 있다. 각각의 책은 60만 권 이상이 팔렸는데, 이는 전문서적으로는 놀라운 양이다. 이후에도 본 저자들과 다른 전문가들이 가치명료화 이론을 확장시키고 새로운 활동을 개발하였으며, 본 이론을 진로 탐색을 위한 접근법으로 사용하거나 부모 교육, 인간의 성, 종교, 건강, 생애 계획 및 다른 분야에서 사용하였다(가치명료화에 대한 인용 저서는 Kirschenbaum, 1977b를 보라).

교사들뿐만 아니라 청소년과 성인을 돕는 상담자, 진로상담자, 목회상담자, 스카우트 지도자, 성인교육가 그리고 다른 많은 조력자가 가치명료화를 사용하기 시작했다. 왜냐하면 가치명료화 훈련 워크숍은 경험적이기 때문에 수만 명의 워크숍 참여자들이 가치명료화 과정을 직접 경험했고, 청소년뿐만 아니라 성인들에게도 강력하고 효과적인 도구임을 증명했다. 가치명료화는 교실이나 집단 및 개인상담 장면, 심리교육 개입, 대학의 강의 및 상담 훈련에서도 매우 널리 사용되었다.

그러나 당시에 나를 포함한 가치명료화의 지도자들은 너무 나갔다. 1970년대와 1980년대에 청소년의 도덕 발달에 대한 관심이 증대하였다. 당시는 십대들의 성, 약물, 폭력 그리고 다른 사회적 문제로 인해 다년간 특별히 주된 관심이 쏠리던 시기였다. 가치명료화를 단순히 가치와 도덕 및 인성교육의 유용한 도구로 보는 대신에 가치와 도덕 발달을 위한 충분하고도 완전한 프로그램으로 간주하여 증가하고 있는 마약 사용, 십대의 성 문제 등에 대한 해결책으로 제공하였다. 너무 단순화된 이 계획은 지켜질 수 없었고, 금방 가치를 주입하고 시범을 보이는 전통적 접근이 동반되지 않으면, 청소년 발달에 불충분하고 문제가 많은 접근법이라는 비난을 여러 곳에서 받게 되었다. 내가 흔히 관찰한 바로, 가치명료화는 너무 논쟁이 심해서 당시에 다수의 학교장들은 자기 학교에서 가치명료화를 사용하는 것에 대해 비난받기보다는 벽에 회칠을 한 것으로 비난받는 것이 더 나았다. 가치명료화는 여러 유행을 겪었고 곧 대중의 관심으로부터 사라졌다.

비록 가치명료화에 대한 대중적 관심은 사라졌지만, 가치명료화 주창자들이 소개했던 방법과 활동은 남아 있었다. 심지어 청소년과 성인을 대상으로 하는 상담자, 집단지도자, 교육자, 인적 자원 전문가와 지도자들에게는 여전히 주요한 도구로 퍼져 나갔다. 그러나 지난 수십 년간 많은 상담자와 치료사가 가치명료화의 깊이와 가변성에 대한 충분한 지식과 훈련을 받지 않은 채로 이를 사용해 왔다. 현실치료와 인지치료 같은 관련 접근법들도 가치명료화와 동시에 발달하였지만, 이들 접근법은 정신건강에 초점을 둔 상담자와 치료사들을 위해 특별히 개발되었다. 그러나 가치명료화는 여러 전문가들에 의해 보급되었다. 결과적으로 후대의 상담자와 치료사들은 가치명료화에 익숙하지 않았고, 가치명료화를 제대로 모르면서 그 일부를 사용하였으며, 또한 그 가능성을 인식하지 못하면서 피상적으로만 사용해 왔다.

나는 이런 경향성에 대해 수년간 인식해 왔다. 그러나 2000년 로체스터 대학교의 마가렛 워너 교육 및 인간개발 대학원의 학과장이 되었을 때, 기초 및 고급 상담 과정 및 가치명료화를 가르치게 되었다. 덕분에 전체 과정을 볼 수 있었다. 내가 가르치는 상담 석사 및 박사 과정 학생들이 가치명료화에 매우 수용적임을 알게 되었다. 그들은 자신이 지역사회 상담자, 학교상담자, 목회상담자, 진로상담자 등의 역할을 수행하는 데 가치명료화가 매우 실제적이고 도움이 되며, 적용 가능하다는 것을 발견하였다. 박사과정 학생들은 대부분 경험이 많은 정신건강 상담전문가였는데, 개인 및 집단 상담, 재활상담, 결혼 및 가족 상담 그리고 상담자 교육 등을 포함하는 다양한 정신건강 상담 장면에서 어떻게 가치명료화를 유용하게 사용할 수 있는지를 나에게 다시 생각나게 하고 가르쳐 주었다.

동시에 미국과 해외에서 상담자나 심리치료 전문가를 위한 콘퍼런스와 워크숍에 참석하기 시작했을 때, 사람들은 나에게 "당신이 바로 가치명료화를 저술한 Kirschenbaum이십니까?"라는 질문을 계속했다(이 책은 대개 『**실제 전**

략 핸드북』이었다). 그들 대부분이 다음과 같은 말을 했다. "나는 아직도 그 책을 갖고 있습니다." "나는 내내 그것을 사용했습니다." "너무 많이 사용해서 테이프로 붙여서 가지고 있습니다." "너무 실제적인데, 오늘날에는 왜 가치명료화에 대해서 들을 수가 없지요?"

그래서 그 책은 상담과 심리학 및 관련 조력 전문 분야에서 너무 오래 사용한 책이라고 말할 수 있다. 어떤 상담자나 심리치료사에게는 새로운 책일 수 있는데, 내담자와 작업하는 새로운 접근법, 상담 실제를 향상시키는 새로운 도구 등이 포함되어 있기 때문이다. 대개 이 책은 새로우면서도 익숙한 것이라고 생각된다. 가치명료화는 다른 상담 접근법들과 공통점이 있다(10장을 보라). 그래서 이런 것들은 익숙하게 보일 것이다. 그런 사람들은 아마 "나는 수년 동안 이런 것을 사용해 왔어." "그 활동을 사용했었지. 그런데 나는 약간 다르게 그것을 불렀어."라고 반응할 것이다. 동시에 이 책을 읽는 사람들은 상담과 심리치료에서 가치와 목적 설정, 의사결정 그리고 활동계획을 다루는 것에 대한 더 깊은 이해와 레퍼토리를 가지게 될 것이다. 흔히 하는 얘기로 대학생이 첫 작문 시간에, "나는 평생 동안 글을 써 왔어. 그런데 하나도 아는 것이 없어."라고 외치는 속담에 나오는 대학생처럼 많은 독자가 직관적으로 가치명료화를 사용해 왔음을 느끼게 되고, 이 책을 통해서 보다 일관되고 효과적으로 가치명료화를 사용할 수 있는 통찰력을 얻을 것이다.

▌가치명료화의 진전

지난 시간 동안 가치명료화는 여러 저자와 현장전문가의 공헌에 힘입어 많은 변화를 겪었기 때문에 공식적인 가치명료화 이론이나 용어에 대하여 완전히 합의된 정의가 없다. 이에 이 장에서는 가치명료화에서 사용하는 기본 개념과 실제 및 용어에 대한 나의 견해를 제시하려 한다.

기준 대 과정

가치명료화의 첫 번째 가정은 가치명료화의 발달 역사와 일치하는 것으로 다음과 같이 진술할 수 있다.

> 가치 욕구 행동을 가진 청년에게 가치명료화 질문을 하면 가치 지향적 행동을 드러낼 가능성을 증가시킨다.

가치 욕구 행동 ➡ 가치명료화 질문 ➡ 가치 지향적 행동

이것은 어느 정도는 유익하지만, 가치명료화는 계속 발달하여—성인에게도 사용되고, 가치에 대한 7가지 기준으로 확장되며, 가치명료화 질문 이상이 됨에 따라—나는 더 광범위한 가설이 필요함을 제안하였다(Kirschenbaum, 1975). 이것은 Raths, Harmin과 Simon의 7가지 가치 기준을 **7가지 가치화 과정**(seven valuing process)이라고 생각하면 가능하다.

가치라고 하는 것을 높이 평가하기-선택하기-행동하기의 7가지 기준을 충족하는 삶의 한 측면이라고 정의하는 것은 하나도 이상할 것이 없다. 논란이 있겠지만, **가치**에 대한 수십 가지 정의 가운데(11장을 보라) Raths, Harmin과 Simon(1966)의 정의는 가장 구체적이고 종합적이며 유용하다. 이는 가치화(valuing)의 정서적 · 인지적 · 행동적 측면을 모두 포함하고 있다. 이 정의는 우리에게 "이 신념은 **진짜** 가치인가? 나는 진정 그것에 대해 관심을 쏟는가? 나 자신이 가치를 검토하고 선택했는가? 나는 가치에 따라 행동하는가?"라는 질문을 하도록 만든다. 다시 말해, 7가지 기준은 우리로 하여금 더욱 완전하고 성숙한 가치를 향해 움직이도록 이끄는 영감을 불러일으키고 동기를 강화하는 힘이 있다.

그러나 7가지 기준은 가치를 찾아내고 측정할 목적으로 사용하기에는 조작적인 정의가 부족하다. '어떤 신념이 가치가 되려면, 그 신념에 대해 어느 정도의 자부심이 있어야 할까?' '몇 가지의 대안을 검토해야 선택 기준이 만족되었다고 말할 수 있을까?' '얼마나 자주 특정한 활동이 반복되어야 하는가?' 가치라고 하는 것이 좋아하는 습관부터 지속되는 삶의 원칙에 이르기까지 다양하고 각 개인의 상황이 매우 다른데, 어떤 기준을 만족해야 하는가에 대한 탈락 기준을 임의로 설정하는 것은 무익하다. 사실, 그 개인을 제외하고는 누구도 언제 자신의 가치 기준을 충족했는가를 결정할 수 없다. 그러나 개인은 이론적으로 제시된 공식적인 7가지 가치 기준을 달성하기 위해 가치를 명확하게 하는 것이 아니다. 오히려 각 개인은 높이 평가하기-선택하기-행동하기 과정이 자신의 목적을 명확히 하고, 성취해 가는 데 도움이 된다고 생각할 때 이 과정을 사용한다.

그래서 나는 7가지 가치 기준을 **7가지 가치화 과정**이라고 생각하게 되었다. 혹자는 **7가지** 이상의 가치화 과정이 있을 수 있다고 주장하였다(예: Kirschenbaum, 1973). 그러나 이 책의 목적을 고려하여 가치명료화의 7가지 원래 기준/과정을 그대로 유지하고자 한다. 가치화 **과정**이라는 용어로 생각하게 되면, 그 과정의 일부를 다소 다르게 볼 수 있게 된다. 이것은 다음 장에서 다루고자 한다.

핵심 가설

7가지 가치 기준을 7가지 가치화 과정으로 재구조화하면 오늘날 가치명료화라고 하는 것의 **핵심 가설**을 다음과 같이 말할 수 있다.

> 우리는 7가지 가치화 과정을 사용함으로써 일반적인 삶이나 특별한 의사결정이 개인적으로는 긍정적 가치를 가지게 하고, 사회적 맥락에서는 건설적으로 될 가능성을 증가시킨다.

또는 전문적인 관점에서 진술해 본다면 다음과 같다.

> 내담자로 하여금 7가지 가치화 과정에 참여하게 함으로써 일반적인 삶이나 특별한 의사결정이 그들에게 긍정적 가치를 지니게 되고, 사회적 맥락에서 건설적으로 될 가능성을 증가시키는 것이다.

가치 결핍 행동		가치 지향 행동
냉담		열정
변덕		목적성
모순(비일치성)		일관성
과도한 순응	➡ 가치명료화 ➡	순응과 개성의 균형
과도한 반대		사회적 · 개인적으로 만족스러운 결정
사회적 · 개인적으로 불만족스러운 결정		

물론 가설이란 검증되어야 한다. 그래서 가치명료화에 대한 연구 주제는 11장에서 다루고자 한다. 여기에서는 지난 45년 이상 교실에서 학생들과 작업한 것에서부터 보호시설에서 청년들과 집단 상담을 한 것, 진로 선택을 위한 개인과 작업을 한 것, 2주 전에 요양원에서 호스피스의 간호를 받고 있는 친구가 거의 죽음에 이르러 자신은 집에 가고 싶다고 말할 때 그녀와 함께 앉아 있던 시간에 이르기까지 광범위하고 다양한 장면에서 개인과 집단 형태로 가치명료화를 사용한 내 자신의 경험을 본 가설과 관련하여 언급하고자 한다. 많은 사람에게 비현실적으로 보였을 수도 있다—그녀는 도움 없이는 거의 움직일 수 없었다—는 생각을 버리고, 나는 그녀가 최후의 며칠 또는 몇 주 동안 여기에 있거나 집에 있으면서 시간을 보내는 것의 장단점에 대해 상담을 했다. 가족도 없는 상태에서 그녀는 나에게 "내가 무엇을 해야 된다고 **당신**은 생각하나요?"라고 물었다. 나는 "린, 그것을 내가 선택할 수는 없어요. 오직 당신만이 집에 있는 이점이 추가 비용과 곤란함을 겪을 만한

가치가 있는 것인가를 결정할 수 있어요. 하지만 어떤 선택을 하든, 나는 당신의 의견을 지지해요."라고 대답했다. 며칠 후 그녀는 죽었다. 그녀가 의식적으로 자신이 있던 곳에서 머물렀든 그냥 내버려 두었든 간에 나는 그녀의 바람을 진지하게 받아들여 주고(호스피스가 하듯), 그녀의 자율성을 존중하며, 곤란을 겪으면서 생각하는 과정에 함께 동반해 줌으로써 생의 마지막 며칠에 그녀를 덜 외롭고 하고, 보다 완전하고 유능한 인간으로 느끼게 하였다고 확신한다.

그래서 나의 경험에 따르면 그 가설은 지지된다. 나는 사람들이 자기 선택의 장단점과 결과를 탐색했다는 이유로, 즉 뛰기 전에 먼저 상황을 탐색했기 때문에 더 나쁜 결정을 할 것이라고 생각하지 않는다. 나는 그들이 스스로에게 '나에게 중요한 것은 무엇인가? 이것은 내가 믿는 것인가?'라는 것을 물어보았기 때문에 더 형편없는 결정을 한다고 생각하지 않는다. 나는 사람들이 자신의 결정에 영향을 미치는 힘이나 압력(또래, 권위자, 경제적 및 사회적 압력 등)을 검토했기 때문에 파괴적인 선택을 할 것이라고 생각하지 않는다. 또한 나는 사람들이 자신의 목표와 우선순위, 신념 그리고 자신의 삶을 살아가는 방식 간의 불일치를 발견하고 맞닥뜨렸기에 스스로에게 손상을 가한다고 생각하지도 않는다.

내 자신의 경험은 최소한 40년 이상에 걸쳐 다양한 장면에서 가치명료화를 사용한 수천 명의 현장전문가—상담자, 치료사, 교사, 청소년 전문가 등—에 의해 확인되었다. 나는 계속해서 상담자들에게 다음과 같은 일화를 듣는다. "나는 약물범죄자 집단(갱 집단, 미혼모 집단 등)을 이끌었어요. 대부분 함께 작업하기가 힘들어요. 그들은 권위자나 다른 사람들 앞에서 마음을 열지 않아요. 그런데 집단에 가서 '1분 자서전' 활동과 '너의 지갑에 무엇이 있는가?'라는 활동을 해 보았어요. 어떤 것도 정답은 없다고 말해 주었어요. 그런데 그 집단구성원들이 말을 멈추지를 않았어요." 또는 "이 내담자는 별로 말을 하지 않았어요. 그래서 그 내담자에게 '내가 하기를 좋아하는 것 20가지' 활동을 해 보라고 말했어요. 너무 좋아했어요. 그 결과, 우리는 너무 할 말이 많았고, 곧이어 그 내담자는 자신의 진정한 관심사가 무엇인지 말했어요." 또는 "가치명료화에서 내가 좋아하는 것은 모든 사람이 할 말이 있다는 것입니다. 나는 집단에게 '문장 줄기(Sentence Stems)' 활동을 제시하고 돌아가면서 말하게 했어요. 물론 통과할 수도 있어요. 그런데 거의 그렇게 하지 않아요. 심지어 집단에서 조용한 구성원도 자신의 껍질을 깨고 나와 집단으로 들어왔어요." 이들은 경험이 많은 전문가이다. 만약에 가치명료화가 내담자들에게 나르시시즘이나 이기심, 파괴적 행동을 일으킨다는 어떤 단서라도 있었다면, 그들은 이 접근법을 계속 사용하지 않을 것이다. 오히려 그들은 내담자들이 더 잘 참여하며 기꺼이 말하고자 했을 뿐만 아니라 치료기간 동안과 그 후에도 보다 교양 있고, 존경스러우며, 사려 깊고, 반성적(introspective)이라고 말했다.

이 모든 것이 가치명료화 과정이 쉽고 아무런 위기가 없다고 말하고자 하는 것은 아니다. 더 많은 대안을 가지게 되면 의사결정이 더 느려지고, 더 복잡해지고, 때로 고통스럽게 될 때도 있다. 습관적으로 사는 것이 새로운 선택을 하는 것보다 훨씬 쉽다. 자기 결정에 대해 반성적인 사람들조차도 때로 나중에 후회하게 되는 결정을 할 때도 있다. 자신의 가치에 따라 행동하는 것은 자신의 삶과 우리를 둘러싼 사람들의 삶, 나아가 사회적 및 정치적 질서를 방해할 수도 있다. 심지어 어떤 결정이 **우리에게는** 옳은 것이라 믿더라도, 장기적으로 이것이 사회적 맥락에서는 건설적이거나 파괴적이 될 것을 어떻게 알겠는가? 어떤 사람이 이혼을 하거나 직장을 그만두기로 결정할 때, 배우자나 동료직원은 지지하는 마음을 느낄 수 있다. 그러나 동시에 배신감을 느낄 수도 있다. 자신의 욕구와 가치를 타인들의 것보다 우선시하는 것이 적합한 때는 언제인가? 타인에 대한 사랑과 의무라는 가치가 자신의 자아실현을 능가할 때는 언제인가? 이러한 질문들이 다문화적 활동에 던지는 시사점은 11장에서 더 논의될 것이다. 그러나 여기에서는 가치명료화가 삶 자체와 마찬가지로 생각처럼 쉬운 것은 아니며, 할리우드의 영화처럼 끝나는 것은 아니라는 점이다. 이 가설이 시사하는 바는 7가지 가치화 과정을 사용하면 바라는 결과가 나올 **가능성이 더 높다**는 것이다. 가치명료화가 만병통치약은 아니다.

가치명료화 가설을 이해하기 위해서는 **모든** 가치화 과정이 중요하다는 것 또한 인식하는 것이 중요하다. 만약에 일부 가치화 과정의 **일부**에만 참여하게 되면, 이것은 쉽사리 가치명료화를 희화화하는 것으로 끝난다. 예를 들면, **자신이** 원하는 것만을 생각하고, **자신에게** 무엇이 중요한가를 생각하며, **자신이** 자유롭게 선택한 것만을 생각하고 그것이 타인들에게 미치는 결과를 고려하지 않거나 멈추어 서서 자신의 가치 가운데 어떤 것에 따라 행동하는 것이 **다른** 가치를 달성하는 것을 어떻게 가로막는지를 고려하지 않는 사람 같은 경우이다.

마지막으로, **가치명료화 접근법은 가치명료화에 도달하는 유일한 통로가 아니라는 점**을 인식해야 한다. 신앙, 마음챙김, 명상, 수용과 감사의 태도를 기르는 것, 다른 사람에게 봉사하는 것 등은 명확하고 만족스러우며, 사회적으로 건설적인 가치에 도달하도록 돕는 또 다른 통로들이며, 종교지도자와 철학가 그리고 심리학자들이 수 세기 동안 옹호해 온 것이다. 그러나 **이들 중 어떤 것**도 만병통치약은 아니다. 이런 훈련들을 이끄는 실천가들 또한 가치의 혼란과 갈등으로 고통을 겪을 수 있다.

용어

가치명료화 또는 가치실현화

지난 20년 동안 Sidney Simon은 가치명료화 접근의 3인의 창시자 가운데 한 명으로, 가치명료화와 다른 개인적 성장 접근법을 혼합하여 만든 이론을 서술하기 위해 '**가치실현화**(values realization)'라는 용어를 사용하였다(Knapp & Simon, 2000). 어떤 점에서는 **가치실현화**가 가치명료화보다 더 나은 용어라는 생각이 든다.

가치명료화라는 용어는 개인의 가치가 명확하게 된다는 것을 시사한다. 이것은 가치명료화의 중요한 부분이다. 그러나 가치명료화는 또한 자신의 가치에 따라 행동하는 것과 이러한 가치들이 자신의 삶에 유익함을 가져오는 것을 의미한다. **명료화**라는 단어는 가치명료화의 그런 부분을 포착해 내지 못한다. 그러나 **실현화**라는 단어는 두 가지 의미를 모두 전달한다. 하나는 개인이 자신의 가치를 깨닫거나 인식하게 된다는 것이다. 다른 하나는 자신의 가치를 낳고, 산출하며, 실행하거나 실현해 간다는 것을 의미한다. 가치를 실현한다는 것은 자신의 삶에서 그 가치를 인식하고 실현한다는 두 가지를 모두 포함한다. 그러면 다시, '실현한다는 것'은 그 가치들이 거기에 계속 있고, 마침내 개인이 그들을 인식하게 된다는 것을 암시하는데, 이런 측면에서 가치명료화를 공정하게 대하는 것은 아니다. 명료화한다는 것은 그것보다 더 적극적인 개념이다. 그것은 실현하거나 인식하는 것이 아니라 밝혀내고, 작업을 하고, 순위를 매기며, 결정을 하는 것이다. **명료화**라는 개념은 **실현화**보다도 더 적극적인 가치화 과정이라는 의미를 전달한다.

용어는 차치하고라도 몇 명의 친구와 동료들이 이 책에서 신선함과 새로움을 드러내며 과거의 논쟁이나 오해를 피하기 위해서 가치명료화라는 용어 대신에 **가치실현화**라는 용어를 사용하는 것이 낫겠다는 제안을 했다. 가치실현화라고 하면 더 잘 팔릴지도 모르겠다.

최종적으로, 두 가지 이유로 가치명료화를 계속 사용하기로 결정했다. 첫째로 그리고 제일 중요한 이유는 가치명료화는 오래되고 풍부한 전통을 가지고 있다는 점이다. 나는 이 점을 자랑스럽게 생각한다. 이 책은 그 전통 위에서 집필되었고, 명료화라고 부르는 것이 더 적합하고 적당하다고 생각한다. 두 번째로 어떤 것에 새 이름을 붙여서 새로운 것처럼 만드는 것은 마케팅을 위해서는 효과적일 것이다. 그러나 이 책과 같은 전문 서적에서는 기껏해야 볼품없는 짓이고, 나쁘게는 속이는 것으로 보인다. 그래서 그냥 **가치명료화**이다! 그러나 때로 적절한 어감을 전달하기 위해 가치실현화라는 용어를 사용할 것이며, '자신의 가치를 구현하는 것'이라는 표현도 사용하고자 한다.

가치명료화 또는 가치관 명료화*

일부 저자와 출판사들은 **가치관 명료화**(values clarification)보다는 **가치명료화**(value clarification)라는 용어를 더 선호하였다. 실제로 이 주제에 대한 네 번째 책 출판사(Kirschenbaum, 1977a)는 나와 공저자가 이전에 사용했고, 이후에 계속 사용한 복수형의 형태 대신에 **고급 가치명료화**(Advanced Value Clarification)라는 제목을 사용하자고 줄곧 주장하였다. 유사하게 '가치명료화 질문(value-clarifying question)'이라는 명사를 수정할 때, 저자들도 때로는 **가치명료화 질문**(value-clarifying question)이라고 하기도 하고, 때로는 **가치관 명료화 질문**(values-clarifying question)이라는 용어를 사용하기도 했다. 그리고 때로는 중간에 하이픈을 사용하지 않기도 했다. 나는 하이픈을 넣은 채로 맥락상 어떤 것이 더 잘 어울리는가에 따라 단수형이나 복수형을 모두 사용하였다. 어떤 경우에는 그 이유를 분명히 했다. 예를 들면, 한 개인의 전체 가치 체계에 응용할 때는 '가치관 명료화'라고 표현하는 것이 더 적절한 것으로 보였다. 때로 이론적 근거를 확실하게 설명할 수 없었다. 그냥 더 좋게 들렸다. 어떤 경우이든 의도적으로 그렇게 사용하였지만, 실제 의미는 같다.

상담자 또는 심리치료사

사소하지만, 이 책은 상담과 심리치료에서 전문적인 상담자, 상담심리사, 임상심리사, 사회사업가, 목회자 등이 가치명료화를 사용하도록 돕기 위해 저술하였다. 그러나 '상담과 심리치료' 또는 '상담자와 심리치료사'라는 말을 이 분야에 대한 언급이 있을 때마다 계속 반복해서 사용하는 것은 지루한 일이다. 두 표현을 자주 사용하겠지만, **상담** 또는 **상담자**로 줄여서 사용하고자 한다. 대부분의 경우, 상담과 상담자를 사용하겠지만, 그것은 상담과 심리치료를 의미한다. 예외적인 경우는 그 맥락이 **상담**이라는 용어가 독자적인 의미를 가지고 있는 경우이거나 진로상담, 목회상담과 같은 경우이다.

* 역자들은 두 용어의 의미상 차이가 없다고 보아 주로 '가치명료화'로 사용함-역자 주

그 또는 그녀

내가 독자들에게 한 개인을 제대로 보여 주고자 노력하기 위해 '그 또는 그녀' 그리고 '그를 또는 그녀를'이라는 표현을 반복하는 것을 피하고, 저술에 있어서 다소 어색한 구성을 피하며, 성차별을 피할 뿐만 아니라, 또 한편에서는 대명사 문제를 둘러싸고 너무 말을 많이 에둘러 표현하는 것을 피하면서, 나아가 '그들' 그리고 '그들을'이라는 혼란을 피하고자 내가 사용한 방식은 각 저술에서 성을 배정하는 것이었다. 즉, 한 책이나 논문에서는 상담자와 치료사에게 남성 대명사를 사용하였고 내담자에게는 여성 대명사를 사용하였다. 그다음 책이나 논문에서는 그 반대로 사용하였다. 가장 최근의 저술(Kirschenbaum, 2012)에서 전문가를 '그'라고 하고, 내담자를 '그녀'로 하였기 때문에 이 책에서는 상담자와 심리치료사의 경우 여성 대명사를, 내담자와 일반인은 남성 대명사를 사용할 것이다.

CHAPTER 03

가치명료화의 실행

전반적인 가치명료화 과정

개인상담이나 개인 심리치료, 집단상담이나 집단치료 또는 심리교육 집단이든 간에 가치명료화를 실행할 때는 다음과 같은 구성요소가 포함된다.

- 가치 이슈(values issue)를 확인하라.
- 내담자나 집단참여자가 그 이슈에 대해 생각해 보고 작업하도록 한 가지 이상의 질문이나 활동을 사용하라.
- 7가지 가치화 과정을 격려하라.
- 안전하고, 존중하며, 가치를 강요하지 않는 분위기를 만들라.

이것을 반드시 순차적 단계로 진행할 필요는 없다. 어떤 것은 겹치기도 한다. 예를 들면, 개인상담에서 내담자는 작업할 특별한 가치 이슈를 찾기에 앞서 안전하고 존중하는 분위기를 만드는 것이 필요할 수 있다. 반면에 심리교육 집단에서는 집단구성원들이 실제로 만나기 전에 집단에서 초점 맞출 몇 가지 이슈를 미리 선정할 수 있다.

가치 이슈를 확인하라

내담자는 작업을 할 이슈나 딜레마를 찾는다. 이것은 가치명료화와 가장 일치하는 것이며, 일반적인 상담과도 일치한다.

2장에 제시한 **가치 풍요 영역**은 내담자가 작업하고 싶어 할 수 있는 영역으로, **갈등과 혼란이 가장 빈번하게 일어나는 영역**이다.

우정과 관계	일
돈과 물질적 성공	가족
건강	사랑과 성
종교	개인적 취향
여가 시간	정치와 사회활동
학교	노화와 죽음
삶의 의미와 목적	

이런 것은 일반적 영역이다. 대개 내담자는 이 일반적 영역 내에서 특별한 이슈를 가지고 있다. 예를 들면, '일'이라는 영역에서 내담자는 진로 방향을 찾고, 일자리를 구하면 어려운 상사와 잘 지내고, 소진을 극복하며, 일과 다른 삶의 우선순위 간에 균형을 맞추고자 노력하고 있을 수 있다.

일반적으로 내담자는 자신이 작업하려는 가치 이슈나 딜레마를 찾는다. 그러나 때로 내담자가 어떤 주제에 대해 상담을 받도록 명령을 받아서, 내담자와 상담자가 선택권이 별로 없는 경우도 있다. 그러나 이런 일이 발생하더라도 가치명료화는 내담자에게 상담에 대한 책임을 가지도록 할 수 있다. 예를 들면, 내담자에게 약물남용이나 분노관리에 대해 작업해 볼 것을 요청하는 경우가 그러하다. 예를 들어, 상담자는 다음과 같이 명료화 질문을 해 볼 수 있다. "우리가 함께하는 시간 동안 얻고 싶은 것이 있나요?" "혼자서 분노에 대해 작업할 수 있다고 말하는데, 지난번에도 그렇게 이야기를 하고 어려움에 처했거든요. 과거에 혼자 시도할 때와 비교해서 지금은 무엇이 다르다고 생각하나요?" 또는 상담자는 가치 연속선 전략(6장의 4. 연속선 참조)을 사용하여 내담자에게 "1점은 '나는 분노관리에 대해 조금도 관심이 없어. 시간 낭비야!'를 나타내고, 10점은 '나는 분노관리에 대해 작업할 필요가 있어. 그것을 여기서 살펴보기를 기대하고 있어.'라는 것을 나타내는 척도가 있다면, 당신은 자신을 몇 점 정도에 배치하겠습니까?" 다시 말하면, 가치명료화 질문과 전략은 저항하는 내담자를 도와서 상담에 대한 목적이나 감정을 명료화하도록 도울 수 있다. 이것은 시작할 때 도움이 된다.

또한 상담자들은 심리교육을 할 때도 있는데, 몇 가지만 예를 들면, 진로, 체중관리, 성 정체성, 은퇴 계획 등과 같은 특별한 화제에 대해 집단으로 작업을 하는 경우이다. 다시 말하면, 희망하기로는 참가자들이 이런 집단에 참여하기를 선택하고, 집단으로부터 자신이 얻고자 하는 것을 공유하며, 상담자는 그런 목적에 반응을 하는 것이다. 그러나 상담자가 어떤 주어진 회기나 활동을 위해 특별한 화제를 선택할 수도 있다.

그래서 그 화제가 내담자나 상담자에 의해 정해졌거나 두 사람이 정했거나 또는 아무도 정하지 않았다 해도 가치명료화는 작업할 가치 풍요 영역을 찾아서 시작된다.

내담자나 집단 참여자가 이슈에 대해 생각해 보고 작업하도록 이끄는 한 가지 이상의 질문이나 활동을 사용하라

가치명료화는 다음에 제시된 것처럼 네 가지 주요 전달 형식을 가지고 있다. 장면에 따라 상담자와 치료사는 명료화 질문, 명료화 인터뷰, 가치명료화 전략 가운데 하나 또는 **세 가지** 전부를 사용할 수 있다.

가치명료화 질문(value-clarifying question)은 내담자가 7가지 가치화 과정 중 하나를 사용하는 데 참여하도록 상담자가 묻는 단일 질문이다. 이것은 개인이나 집단상담에서 사용하는 개입전략이다.

명료화 면접(clarifying interview)은 내담자가 경험하고 있는 가치 딜레마에 대해 작업하기 위해 7가지 가치화 과정 모두 또는 대부분을 사용하는 데 내담자를 참여하게 하는 일련의 가치명료화 질문과 가끔씩 제시되는 가치명료화 전략을 말한다. 이것은 한 상담 회기와 동등한 것이다.

가치명료화 전략(strategy)은 가치명료화 질문을 핵심으로 하여 그 위에 부가적 질문과 연습활동을 진행하는 구조화된 활동을 말한다. 이것은 개인이나 집단 상담에서 사용할 수 있다.

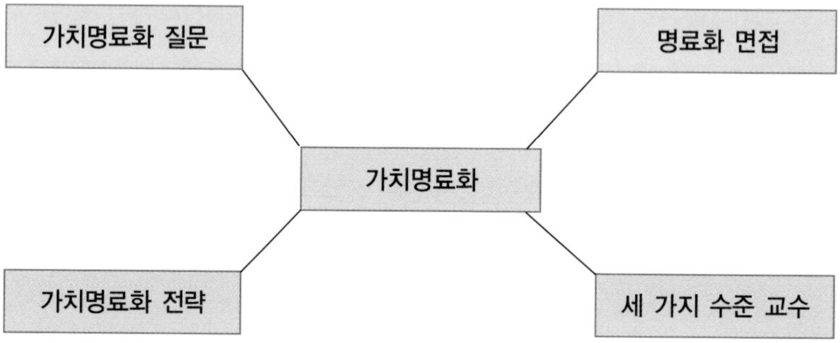

이 책의 이어지는 장에서는 여기에서 제시한 가치명료화의 세 가지 양식(mode)을 각각 설명하고 있다. 상황에 따라 내담자는 독서나 글쓰기, 생각하기, 말하기, 그리기 또는 다른 구조화된 활동에 참여함으로써 가치명료화 질문이나 면접 또는 전략에 반응할 수 있다.

가치명료화의 네 번째 전달 양식은 **세 가지 수준 교수**이다. 이 양식에서는 지도자가 사실 수준과 개념 및 기술 수준을 넘어서서 **가치 수준**에서 학생들과 작업한다. 가치 수준에서 지도자는 가치명료화 질문과 전략을 사용하여 학생들이 학습 내용을 자신의 실제 삶과 가치에 연계시켜 보도록 돕고, 주제 내용을 잘 이해하도록 가치명료화를 진행하고 학생들로 하여금 동기를 갖도록 돕는다. 이 책은 수업이 아니라 상담에 초점을 맞추고 있기 때문에, 세 가지 교수에 대해서는 더 이상 다루지 않고자 한다. 그러나 때로 대학이나 지역사회에서 지도자, 교수자, 교사나 교육자의 역할을 해야 하는 상담자나 치료사는 다른 경우에 대한 세 가지 수준 교수를 탐색해 보기를 원할 수 있다(Harmin, Kirschenbaum, & Simon, 1973 참조). 상담자/임상 교육 및 슈퍼비전의 경우에 대한 세 가지 수준 교수의 사례는 9장에 제시되어 있다.

7가지 가치화 과정을 격려하라

가치명료화 상담자가 사용하는 명료화 질문과 활동은 아무렇게나 진행하는 것이 아니다. 각 질문이나 활동은 내담자가 7가지 가치화 과정 중 1개 이상에 참여하도록 계획된 것이다. 이 7가지 과정은 앞 장에 간략하게 소개되어 있다. 여기서 더 논의해 보자.

높이 평가하기

a. **높이 평가하기와 소중히 여기기**(prizing and cherishing)

명료화 질문과 전략은 내담자가 삶에서 높이 평가하고 소중히 여기는 것이 무엇이고, 우선순위는 무엇이며, 무엇을 찬성하고 반대하며, 무엇이 중요한가를 더 잘 자각하도록 돕는다. 우리에게 무엇이 중요한가를 아는 것은 우리가 무엇을 '원하는가'를 구분하는 것과 나란히 가는 것인데, 이는 목표 수립으로 이어진다. 그래서 이 가치화 과정의 한 측면은 **목표 설정**이다.

b. **단언하기와 소통하기**(affirming and communicating)

이 과정은 공개적으로 자신의 가치를 단언하는 것을 포함하기는 하지만, 단순히 그렇게 하는 것 이상으로 광범위하다. 다른 사람들과 더불어 자신의 느낌과 의견, 신념과 목표 및 다른 가치 지표들을 공유하고, 소통하고, 단언하는 행위는 그 자체로 명료화하는 과정이다. 개인치료나 집단 상담에서 내담자가 가치 지표를 소리 내어 말하면, 즉 한 명 이상의 다른 사람들과 그것을 공유하게 되면 그들은 흔히 거기서 멈추지 않는다. 그들은 그것에 대해 더 생각하게 된다. 그들은 나중에 '나는 치료사나 전체 집단에게 이런저런 얘기를 했어. 그게 맞나? 그것은 내가 정말로 느끼거나 믿고 있는 것인가? 과장하거나 과소하게 말한 것은 아닐까? 이렇게 말하는 것이 더 정확한 것이 아니었을까? 지금 생각해 보니, 새로운 느낌과 생각이 떠오르고 있어.' 등에 대해 골똘히 생각한다. 이런 과정을 지속하면서 그들은 자신이 느끼고 생각하며 믿고 원하는 것과 그렇지 않은 것을 더 분명하게 구분한다. '만약에 다른 사람들이 ~ 안다면' 또는 '내가 다른 사람에게 ~를 말한다면'과 같은 내용을 고려하다 보면, '나에게 중요한 것' 대 '타인들에게 중요한 것'을 포함하는 자아개념의 주제들이 등장한다. 그래서 공유한다는 것은 아무도 반응하지 않는다고 하여도 여러 가지 수준에서 명료화하는 것이다. 그리고 상담자나 집단구성원이 직접적으로 또는 간접적으로 누군가 말한 것에 반응한다면, 명료화를 더 진행시킬 수 있다.

단언하기는 다른 방식으로 가치관을 실현하는 과정의 일부분이다. 우리가 자신의 가치를 단언하게 되면, 그것을 서로 공유하거나 편집자에게 편지를 쓰거나 간에 그 가치들을 세상으로 실현해 가는 것을 돕는다. 어떤 종교 단체에서는 이것을 '증언' '간증하기' 또는 '시험하기'라고 부를 것이다. 우리가 어떻게 느끼고, 믿으며, 행동하는가를 단언하는 것은 우리의 가치를 행동으로 옮기는 한 방식이다. 그것은 자신 및 타인을 위해서 우리가 원하는 세상을 창조하고자 내딛는 한걸음이다.

선택하기

c. 대안을 고려하기

대안을 만들어 내고 고려해 보는 것은 흔히 딜레마를 해결하거나 행동을 취하기 위해 서로 다른 구체적인 선택권을 살펴보는 것을 의미한다. 그러나 대안을 검토하는 것은 또한 다른 각도, 다른 관점에서 이슈를 살펴보는 것을 의미한다. 명료화 질문과 전략이 모두 그러하다. 이들은 내담자가 개인적, 사회적 또는 심지어 정치적 딜레마에 직면하여 새롭고 더 나은 아이디어를 도출할 수 있도록 그의 지평을 확장하고, 상상력을 활용하며, 상자 밖에서 생각하도록 돕는다.

d. **결과를 고려하기**

다시 말하면, 이것은 복잡한 과정을 가로지르는 지름길이다. 그렇다. 가치명료화 질문과 전략은 내담자가 서로 다른 의사결정이나 상이한 대응 방식에 따라 나타날 수 있는 가능한 결과를 생각해 보는 것을 포함한다. 또한 내담자가 서로 다른 대안들의 찬반을 검토하게 하는 것도 포함한다.

다른 장에서 반복해서 말하겠지만, 대안 선택에 따른 가능한 결과를 검토한다는 것이 단순히 내담자 자신을 위한 결과를 살펴보는 것, 즉 자기 자신의 이기심이라는 관점에서 찬반을 검토하는 것만 뜻하는 것이 아니다. 완전하고 성숙한 가치화 과정은 자신의 선택과 행동들이 타인과 사회 및 지구촌에 어떤 결과와 찬반을 가져오는가를 검토하는 것도 포함된다. 가치명료화 질문이나 전략은 적절할 때에 내담자에게 자신이 검토하고 있는 선택들이 가족과 동료, 신도들, 지역사회, 국가 및 환경을 포함한 다른 유의미한 관계에 어떤 의미를 지니는가를 숙고해 보도록 요청한다.

e. **자유롭게 선택하기**

가치명료화는 인간이 어느 정도의 자유의지를 가졌다거나, 운명이나 이전 행동의 강화와 사회적 맥락, 신의 의지나 다른 결정 요소들에 의해 통제되는가와 같은 딜레마를 해결해 준다고 주장하지 않는다. 오히려 자유롭게 선택한다는 것은 주관적 기준이다. 명료화 질문과 활동들은 내담자가 자신의 태도와 의견, 자신들이 만드는 의사결정 또는 살아가는 삶의 방식 등이 **자신의 선택**인 것처럼 느끼게 하는 정도나 자신이 받고 싶은 이상으로 또래나 권위자 또는 외부 압력에 영향 받는다는 느낌이 있는지 등에 대한 **주관적 느낌**과

접촉하도록 요청한다. 가치명료화에서 목적은 내담자가 자기 자신의 선택인 것처럼 느끼고, 책임을 질 수 있는 선택을 하도록 돕는 것이다.

물론 우리의 선택이 온전히 우리 자신의 것만은 아니다. 사회적 · 경제적 · 정치적 힘은 독립적으로 존재하면서 어느 정도 우리의 선택에 영향을 미친다. 가치화 과정에서 자유롭게 선택한다는 부분은 이러한 힘들을 검토하고, 여기에 영향을 미치도록 돕는다. 그러나 종국에 각 개인은 이러한 힘과 영향력에 자신이 어떻게 반응하고 영향을 미칠 것인가에 대한 선택권을 가지고 있다. 그리고 바로 이것이 가치명료화 질문과 활동이 내담자에게 무엇을 할 것인가를 묻는 것이다. 즉, 자신의 결정에 영향을 미치는 힘들과 상이한 선택이 가져올 잠재적 결과를 인식하면서 '이런 상황에서 **나**는 무엇을 선택할 것인가?'를 결정하도록 내담자에게 묻는다.

자유롭게 선택하기 위해서는 우리의 선택과 결정에 영향을 미치는 다양한 현재의 요인들뿐만 아니라 이전에 영향력을 미친 요인들의 중요성 또한 인식해야 한다. 그래서 명료화 질문과 전략은 내담자들이 종종 초기 삶을 되돌아보면서 자신의 가치 지표들(목적, 신념, 습관 등)이 어디서 왔는지 검토할 것을 요청한다. 자신의 가치 지표들은 어디서 만들어져서 주입되었는가? 누가 역할 모델이었는가? 어떤 특별한 이슈에 대해 부모가 믿은 것은 무엇이며, 어떻게 행동했는가? 특별한 믿음을 가지게 된 최초의 기억은 무엇인가? 삶의 초기에 일깨워진 가치들이 좋거나 나쁘다거나 또는 어떤 변화가 필요하다는 것을 말하는 것이 아니다. 오히려 그 목적은 내담자가 자신의 신념과 목표, 선택과 활동을 단언하거나 앞으로 기대어 살아갈 새로운 가치 지표나 가치관의 설정을 선택하게 함으로써 자기 삶을 책임지도록 돕는 것이다.

캄보디아 출신의 한 제자(Chitaphong, 2004)는 가치명료화에 대한 논문에서 "나는 솔직히 어느 누구도 어떠한 가치판단이나 도덕적 영향력으로부터 자유롭게 일상적인 결정을 한다는 말을 할 수 있다고 믿지 않는다. 누구도 타인들의 영향력에서 자유롭지는 않지만 그러한 영향력의 범주 내에서 우리의 삶을 탐색할 만한 자유는 존재한다. 아무리 선택권이 제한되어 있더라도,

그 선택권을 가지고 있다는 것 자체가 자유롭게 만들고 힘을 주는 것이다. 선택은 자기도 모르게 존엄과 자기 가치 및 희망을 고조시킨다. 선택과 대안이 제한되면 우울과 무기력, 희망의 상실과 죽음으로 이끌 수도 있다."(p. 6) 라고 하였다.

행동하기

f. 행동하기

가치명료화 질문과 전략은 내담자가 현재 초점을 맞추고 있는 이슈에 대해 **무엇을 하고 있고, 무엇을 할 것인지**를 고려하도록 한다. 우리가 무엇을 하고 있고, 어떻게 행동하고 있는가는 우리가 무엇을 가치 있게 여기는가를 나타내는 한 지표이다. 그러나 때로는 우리가 하는 것이 그저 습관일 때도 있다. 가치명료화 과정은 내담자에게 그들의 행동이 자신의 신념, 목표 그리고 우선순위와 일치하는지 그리고 자신의 행동을 계속할 것인지 또는 바꾸고자 하는지를 결정하도록 묻는다.

명료화 질문과 전략은 또한 내담자가 믿거나 원한다고 말하는 것과 실제로 삶을 살아가는 방식 사이의 간격을 좁힐 수 있는 목표 지향적 **행동**을 하도록 돕는다. 명료화 질문과 명료화 면접은 내담자가 자신의 목표를 달성하는 방향으로의 첫 단계나 다음 단계를 이해하도록 돕는다.

g. 패턴에 따라 지속적으로 행동하기

또 하나의 가치명료화 과정은 우리의 행동에서 패턴들을 조사하고 수립하는 것이다. 왜냐하면 이 패턴들은 우리가 규칙적으로 반복하는 것들로서 가장 강한 신념을 나타내는 것일 수 있다. 이는 또한 우리의 가장 강력한 습관이나 충동을 나타내는 것일 수도 있다. 그래서 가치명료화 과정은 내담자가 자신의 행동 패턴을 살펴보고, 단일 행위들과 마찬가지로 이 행동 패턴들이 별 생각 없는 습관이나 가장 쉬운 방법인지, 아니면 자신이 그렇게 행동하며 살아가기를 바라는 의식적인 선택인지를 결정할 수 있도록 돕는다. 유사하게, 가치명료화 과정은 흔히 내담자가 삶의 목표와 이상을 나타내는 **더 많은** 행동을 자신의 삶 속에서 해낼 수 있도록 돕는다. 그래서 내담자가 진정으로 가치 풍부 영역에서 원하는 것을 달성하거나 '가치의 삶을 살아가도록' 돕는다(Merchey, 2006).

계속해서 가치명료화의 또 다른 측면은 내담자가 삶에서 하거나 하지 않는 행동들에서 드러나는 불일치성을 살펴보도록 돕는 것이다. 자신의 행동들이 서로 간에 일치하지 않거나 또는 삶의 목표나 신념과 일치하지 않는 모습을 직면하는 것은 불편한 일이다. 가치명료화 질문과 전략은 이러한 모순과 불일치성을 내담자가 안전하고 비교적 위협적이지 않은 방식으로 탐색해 보도록 요청할 수 있다.

안전하고, 존중하며, 가치를 강요하지 않는 분위기를 만들라

개인이나 집단 상담에서 상담자는 **자기 존중**과 **타인 존중**이라는 특징으로 묘사되는 안전한 심리적 분위기를 육성한다.

자기 존중	타인 존중
참여할 권리	깎아내리거나 위협하지 않기
건너뛸 권리	잘 듣기
의견을 가질 권리	숙고

내담자의 자기 존중은 그가 참여할 권리, 건너뛸 권리, 자신의 견해와 가치를 가질 권리가 있다는 것을 분명히 함으로써 강화할 수 있다. 내담자는 어떤 활동에 참여할지 말지를 선택할 수 있다. 개인 내담자와 신뢰관계를 형성하고자 노력하고 있을 때, 자주 다음과 같은 말을 하고 있는 나를 발견한다. "이런 질문을 해도 될까요?" 또는 "만약에 거기까지 가고 싶지 않다면 그

것도 괜찮아요." 또는 "그 주제에 대해 당신이 좀 더 깊이 있게 살펴보게끔 도울 만한 활동이 생각났어요. 여기에는 목록을 만드는 것도 포함됩니다. 한 번 시도해 보시겠어요?" 나중에 더 신뢰가 생기고 내담자가 어떤 활동에 반응하거나 수행하는 것을 거부할 수 있음을 알게 되면, 그런 명확한 요청이나 환기는 필요하지 않을 수 있다.

집단 장면에서 어떤 집단구성원은 타인을 무시하거나 작게 만드는 반면, 다른 구성원은 칭찬하거나 보상하는 것을 하지 않으면서 모든 구성원의 질문을 동등하게 수용할 때, 상담자는 모든 내담자나 집단참여자에게 "**당신의** 참여가 중요합니다. 나는 진지하게 받아들입니다."라는 것을 전달한다. 이것은 자기 존중을 강화하고, 타인 존중에 대한 모델링 효과를 준다. 집단 장면에서 또래 압력은 자주 일어나기 때문에 "나는 통과"라고 말할 권리를 만들고 반복해서 말해 주는 것은 매우 중요하다. 나는 종종 집단구성원들에게 "말하고 싶은 것이 있으면 하세요. 그냥 듣고 있고 싶으면 그것도 좋아요. 그냥 '통과'하고 싶다고 말하세요. 그러면 그다음 사람에게 가면 돼요." 또는 "기억하세요. 통과할 수 있다는 것을!"이라고 환기시켜 준다. 누군가가 '통과'라고 말하면 나는 "좋아요. 부담 없이 통과한 것에 대해 기쁩니다. 이것은 모든 사람의 권리예요."라고 말해 준다.

집단 장면에서 타인 존중은 모든 사람이 참여할 기회를 주는 집단 방법을 사용하고, 잘 들어 주기를 기대한다고 말해 주며, 배려하는 법을 시범 보이고, 의견을 깎아내리거나 위협하는 말들을 수용하지 않음으로써 형성된다. 이것은 집단을 시작할 때 기본 규칙으로 설정하거나 또는 이런 일이 일어날 때 존경하는 행동을 시범 보이거나 예외적 사건을 다룸으로써("그 사람은 자기 의견을 가질 권리가 있어요. 여기서는 모두가 똑같이 생각할 필요가 없어요.") 형성될 수 있는데, 어느 것이든 상담자의 선호도에 따라 진행하면 된다. 나는 두 가지를 모두 사용한다.

11장에서 토론하겠지만, 모든 상담 접근법은 상담 과정에 암묵적으로 가치를 가지고 있다. 가치명료화 같은 접근법은 내담자가 **자기 자신의 가치**를 명료화하고 거기에 따라 행동하도록 돕는다는 목적을 가지고 있기 때문에, 그런 암묵적 가치를 넘어서 내담자에게 가치를 부과하는 것을 피하거나 최소화할 수 있는 모든 방법을 다 사용하는 것은 중요하다. 이것을 하는 방법에는 크게 두 가지가 있다. 첫째는 **옳은 답이나 더 좋은 대답이 있을 것처럼 암시하지 않는 명료화 질문이나 활동을 제시하는 것이다.** 예를 들면, 결혼상담 집단에서 "자신의 파트너와 어려운 느낌을 공유하려는 용기가 필요할 때, 이 연속선상에서 당신은 어디쯤에 위치하고 있습니까? 한쪽 끝에는 '용감한 밥(Brave Bob)'이 있고, 다른 한쪽에는 '겁쟁이 칼(Cowardly Carl)'이 있습니다. 당신은 어디쯤에 있나요?" 이것은 매우 편향된 질문이다. 대부분의 사람들은 용감한 것이 겁쟁이보다 낫다고 생각한다. 그래서 내담자에게 상담자나 사회의 가치를 강요하지 않는 명료화 질문이나 전략을 묻는 방법을 배우는 것은 가치를 부과하는 것을 피하거나 최소화하며, 내담자가 그 이슈를 개방적이고 자유롭게 느끼면서 더 깊이 탐색할 수 있는 안전하고 존중하는 분위기를 만드는 방식이다. ['바보 같은 프레드(Foolhardy Fred)'나 '겁쟁이 칼'이 더 좋은 조합인 것 같다. 이들은 동등한 수준의 가치가 부여되어 있다.] 다음 장에서 좋은 명료화 질문을 하는 것에 대해 다루고자 한다.

둘째로 상담자와 치료자가 내담자에게 가치를 강요하는 것을 피하는 중요한 방법은 **내담자의 진술에 대해 비판단적 수용의 자세로 반응하는 것**이다. 수용이 꼭 내담자가 말한 것에 동의한다는 것을 의미하지는 않는다. 이것은 자신의 견해를 가지고, 스스로 결정하며 행동할 수 있는 내담자의 권리를 인식하고, 내담자의 선택을 인정하며, 다른 관점이나 의사결정 또는 행동을 하도록 내담자를 설득하거나 방향을 틀고자 시도하지 않는 것을 의미한다. 어떤 상담자들은 "여기에는 어떤 옳은 답도 없습니다."라는 말을 사용한다. 이것은 어떤 옳거나 틀린 답 또는 더 좋거나 나쁜 답이 없다는 것을 의미하는 것이 아니라, 이런 장면에서 내담자 자신에게 **최상의 답**이 무엇인가를 결정하는 것은 상담자의 일이 아니라 **내담자의 일**이라는 것이다. 만약에 상담자가 내담자에게 목표나 선택 및 행동에 대해 더 깊이 생각해 보기를 원한다면, 내담자의 반응에 대해 긍정적이든 부정적이든 간에 어떤 언어적 또는 비언어적 판단을 하지 않을 때 가장 잘 일어난다.

비판단적 수용이라는 것이 내담자에게 방임적으로 접근하는 것은 아니다. 상담자는 내담자의 말을 수용하고 나중에 명료화 반응이나 질문을 통해 다시 그것을 다룰 수 있다. 이것이 가치명료화가 작업하는 방식이다. 더욱이 명료화 반응이나 질문 및 전략은 내담자를 설득하여 다른 결정이나 행동 과정을 택하도록 하는 것이 아니라, 내담자가 자신의 선택이나 행동이 관련된 모든 이를 만족시킬 가능성을 증가시키도록 7가지 가치화 과정을 활용하게끔 돕도록 구성되었다.

비판단적 수용은 내담자가 말하거나 행하는 것이 상담자의 전문적 판단이나 개인적 또는 사회적 가치와 갈등을 일으킬 때는 사용하거나 유지하기 어려울 수 있다. 상담자와 내담자의 가치 갈등에 대한 주제는 8장에서 다루고 있다.

상담자와 치료사의 자기 노출

상담전문직과 다른 치료 접근법들 사이에는 상담자의 자기 노출이라는 주제에 대해 관점 차이가 있다. 최근 미국상담학회의 구성원을 대상으로 한 설문조사에서 회원의 87%는 내담자에게 상담자가 자기 노출을 하는 것은 수용할 만한 윤리적 행위로 간주한다고 반응하였다(Neukrug & Milliken, 2011). 비록 자기 노출이 일반적으로는 윤리적이라고 할지라도, 자신의 느낌이나 의견, 가치 및 전문적 관계 외의 일상생활의 삶에 대해 상담자와 치료사는 어느 정도의 일치성을 가지고 어느 정도 자기 노출을 해야 하는가? 상담이론이 무엇이든 간에 내담자가 “어떻게 지내세요?”라거나 “결혼했나요?” 또는 “나에 대해 어떻게 생각하세요?” “혹시 내 입장이라면 어떻게 하실 건가요?”와 같은 자기 노출이나 가치를 공유하는 질문을 받게 되면 그 자리에서 의사결정을 해야 할 필요가 있다.

자기 노출에 대한 일반적 주제를 다루는 것이 이 책의 범위를 벗어나기는 하지만, 가치명료화를 사용하는 상담자가 내담자와 자신의 가치를 공유하거나 내담자에게 묻는 같은 가치 질문에 대해 대답할 것인지의 여부, 시기와 방법을 순서대로 간단하게 살펴보고자 한다. 이 주제를 다룰 때, 나는 개인상담과 집단치료 그리고 심리교육 집단을 구분한다.

개인상담이나 집단치료에서 나는 내담자나 집단에 제시한 명료화 질문이나 전략에 대한 개인적 반응을 드러내는 것을 피하는 편이다. 나는 내담자에게 초점을 맞추기를 원하고, 특히 개인상담에서 내가 질문한 것에 대한 나의 반응을 내가 드러내는 것은 내담자의 상담 과정을 방해하거나 나의 가치를 내담자에게 덮어씌울 위험성이 있기 때문이다. 예외가 있다면 내담자가 내가 물은 명료화 질문을 이해하지 못하거나 명료화 전략을 실행하는 방법을 이해하지 못할 때이다. 이때는 하나의 보기로 나 자신의 반응을 이야기해 준다. 그러나 나의 제한된 자기 노출이 상담관계를 더 진전시키거나 하나의 보기로 유용하다고 생각할 때만 그렇게 한다. 그렇지 않을 때는 보통 개인적이지 않은 사례나 질문을 재진술해 준다.

또 다른 예외는 이것은 1장에서 다룬 폴의 사례에서 상담자는 자신의 친구가 시도한 두 가지의 아이디어를 말해 준 것과 같다. 내담자가 고려해 볼 수 있는 부가적인 대안을 제공할 때이다. 만약에 나 자신의 대안을 공유하는 것이 적당하다고 생각되면, 나는 "이런 상황을 내가 어떻게 다루는지에 대해 관심이 있나요?"라는 식으로 미리 말한다. 이때 내담자에게 최대 이익이 되도록 노력하는 것일 뿐이지, 어떤 효과적이고 즉각적인 규칙이 있는 것은 아니다. 상담자에 따라 편안함을 느끼는 자기 노출 수준이 다르며, 상담자는 치료적 관계에서 이러한 자기 노출을 할 수 있다.

반대로, 심리교육 집단에서는 상담자나 치료사가 **자신의 가치를 내담자에게 부가하지 않으면서 공유할** 여지가 상대적으로 많다. 상담자는 집단에 제시하는 모든 질문이나 활동에 스스로 참여할 필요가 없다. 그러나 상담자가 순서에 따라 가치명료화 전략에 참여하거나 질문에 대한 자신의 반응을 공유하는 것은 도움이 된다. 예를 들면, 상담자는 자신의 이름을 '가치 연속선'의 어디쯤에 넣을지('잭과 앨런 사이의 중간')를 공유할 수도 있고, 활동 마지막에 '나는 배웠다 진술문'(6장 전략 15)에 자신의 의견을 말할 수도 있으며, 특정 시점에 '집단 면접'(6장 전략 13)을 자원하여 받을 수도 있다. 상담자가 집단구성원들과 돌아가면서 말하는 것은 좋은 결과를 가져올 수 있다.

- 이것은 상담자와 집단구성원들 간에 보다 깊은 신뢰 관계를 형성하도록 돕는다.
- 이것은 집단구성원들에게 화제, 반응의 길이, 목소리, 자기 노출의 정도 등에 대해서 적절한 반응이 어떤 것인가를 시범 보여 준다.
- 이것은 집단구성원에게 상담자 같은 사람들도 때로 삶에서 같은 이슈로 고민하고 있음을 알게 하여, 자신에 대해 부정적인 견해를 덜 가지도록 돕는다.
- 이것은 집단구성원들에게 또 다른 대안을 생각해 볼 수 있도록 돕는데, 이 대안은 집단에서 현재 다루고 있는 것보다 더 성숙하고 건강한 대안이 될 가능성이 높다(예를 들면, 분노관리 집단에서 상담자는 '이번 주에 자랑스러운 방식으로 자신의 화를 다룰 때'를 돌아가면서 이야기하도록 해 볼 수 있다).
- 상담자가 그냥 통과하는 모습을 보이면, 이것은 집단에 대한 자기 존중 형태를 시범 보여 주게 되는 셈이다.
- 어떤 활동을 하려고 전체 집단을 두 사람씩 또는 세 사람씩 짝으로 나누는 경우, 상담자는 그 집단에 참여하여 다른 사람의 파트너나 세 명씩 할 때 모자라는 집단에 들어가서 작업을 할 수 있다.

상담자가 집단에 참여하여 자신의 가치를 공유하면서도 강요하는 위험을 피할 수 있는 다양한 방법들이 있다.

- **짧게 이야기하라.** 상담자는 자신의 참여를 짧게 해야 한다. 독점하면 안 된다. 내담자가 대부분의 이야기를 하도록 해야 한다. 자신의 의견을 강의로 만들면 안 된다.
- **개인적인 것으로 하라.** 당신의 의견은 **당신** 의견으로만 말하라. 당신의 이야기는 당신 이야기로만 말하라. 모든 사람에게 그것을 일반화하거나 도덕적인 것으로 이야기하지는 마라.
- **가르치거나 설교하지 말라.** 내담자는 상담자가 어떤 가르침을 주면 쉽게 수용한다. 이것은 그들이 스스로 생각하고 선택하는 것을 당신이 진지하게 원하지 않는다고 생각하게 만들 수 있다. 오히려 그들에게 무엇이 올바른 생각이나 행동하는 방식을 가르쳐 주고 있는 셈이 된다.
- **전략적으로 타이밍을 사용하라.** 때로 상담자는 집단에서 그들이 활동할 내용에 대해 자신의 이야기를 먼저 할 수도 있다. 그러나 선호하는 방식은 모든 집단구성원들이 자신의 생각을 말할 기회를 가진 다음에 마지막으로 말하거나, 항상 마지막 말을 하는 사람으로 보이지 않게 거의 끝에 가서 말할 수도 있다.

개인과 집단 형식

가치명료화는 매우 다양한 개인과 집단형식으로 사용할 수 있다. 개인상담의 경우, 다양한 형식은 반응 방식을 다르게 하는 형태로 이루어진다. 아마도 대부분의 시간에 내담자는 언어로 반응할 것이다. 그러나 많은 가치명료화 질문이나 활동은 서면 반응을 사용할 수도 있다. 그래서 내담자는 종이와 펜이나 연필 등을 사용하여 선택 항목의 순위를 매길 수도 있고, 어떤 연속선상에서 자신의 위치를 표시할 수도 있으며, 목록 만들기나 코딩을 할 수도 있으며, 미완성 문장을 완성하거나 자신의 반응을 그림으로 그릴 수도 있다.

집단 상담이나 심리교육 집단에서도 이와 똑같은 다양한 언어적 또는 서면 반응 양식을 사용할 수 있다. 그러나 집단 역동을 다양하게 만드는 많은 방법들도 있는데, 다음과 같은 방법들이 포함된다.

- **개인적 반영**: 전체 집단에서 개인은 침묵하면서 생각을 하거나 글을 적어서 가치-명료화 질문이나 전략에 대해 반응할 수 있다.
- **전체 집단 무작위 반응**: 전체 집단에서 구성원들은 무작위로 어떤 순서 없이, 골고루 돌아가며 소리 내어 한 번씩 반응한다.
- **전체 집단 토론**: 전체 집단에서 구성원들은 특별한 순서 없이 무작위로 반응하는데, 각자 한 번 이상 반응하는 기회를 가진다.
- **전체 집단 빠르게 돌리기**: 전체 집단에서 구성원들은 둘러앉은 원의 순서대로 매우 짧게 반응하거나 통과하면서 반응한다. 예를 들면, 집단구성원들은 자신들이 완성한 미완성 문장(6장 전략 14)을 단순히 읽거나 말하는 것 또는 자세한 설명은 하지 않은 채로 순위 정하기(6장 전략 2)의 결과를 그냥 진술한다.
- **전체 집단원**: 전체 집단에서 집단구성원들은 순서에 따라 반응하는데, 원으로 돌아가면서 각자 차례에 따라 말하거나 통과한다. 빠르게 돌리기와는 다르게 집단구성원들은 자신의 반응을 세밀하게 말하거나 설명할 수 있다. 예를 들면, 완성된 문장에 대해 말하거나 우선순위를 제시하거나 순위를 정하는 사고 과정을 설명하거나 문장을 확대하여 말할 수도 있다.
- **전체 집단 초점 면접**: 전체 집단에서 상담자나 집단에게 심층적 확대 면접을 받는 한 집단구성원에게 초점을 유지한다.
- **소집단**: 전체 집단을 토의나 활동 목적으로 두 명이나 세 명, 네 명 또는 다른 규모로 나누어 소집단을 만들 수 있다. 어떤 활동은 두 명으로 할 때 더 효과적이고 어떤 경우에는 세 명이나 네 명이 하는 것이 더 효과적일 수 있다. 크게 문제가 되지 않는다면 나는 다양한 집단 규모로 활

동하는 것을 좋아한다.

- **무작위 소집단**: 소집단의 각 구성원은 무작위로 가치명료화 질문이나 전략에 대한 자신의 반응을 공유할 기회를 갖는다.
- **소집단원**: 소집단의 각 집단구성원은 상담자나 자신들이 정한 순서에 따라 가치-명료화 질문이나 전략에 자신의 반응을 공유할 기회를 가진다.
- **소집단 토론**: 소집단에서 각자 주제에 대해 자유롭게 이야기하거나 가치명료화 전략에 대해 자신의 반응을 공유한다.
- **소집단 초점 면접**: 각 소집단에서 다른 집단구성원들이 심층적인 질문을 하는 한 명의 참여자에게 초점을 맞춘다. 한 사람 이상의 집단구성원이 돌아가며 면접을 할 수 있다. 즉, 일정 시간 동안 집단의 초점이 되어 질문을 받는다.
- **신체 움직임**: 집단구성원들은 질문에 대한 자신의 반응을 표시하기 위해 방의 한 장소로 이동한다. 예를 들면, 가치 연속선(6장 전략 4)에 따라 자신의 위치를 나타내거나, 양자택일의 강제 선택(6장 전략 5)에 따라 이쪽 또는 저쪽으로 옮기는 것, 네 가지 대안 가운데 자신이 최상으로 여기는 선택을 표시하기 위해 네 장소 가운데 한 장소로 움직이는 것 등과 같은 것이 있다.
- **연합(Combination)**: 이러한 다양한 집단 형식을 결합하여 사용할 수 있다. 예를 들면, (a) 각 구성원이 차례로 원을 따라 자기 차례를 가지는 것으로 시작해서 (b) 공개 토론을 하거나 (c) 방의 한쪽 구석에서 다른 쪽으로 옮기면서 다른 쪽에 있는 집단구성원과 짝을 맺어서 활동하는 식이다.

1960년대 말과 1970년대의 초기 가치명료화 운동의 주요한 공헌 가운데 하나는 교육 및 개인 성장 장면에서 높은 수준의 참여와 동기를 만들어 내도록 개인 및 소집단 그리고 대집단 형태로 경험적 실습활동을 대중적으로 사용하게 만들었다는 것이다. 가치명료화 자체가 이런 집단 형식을 고안해 내지는 않았지만, 가치명료화 질문과 전략은 손쉽게 다양한 형식으로 전환된다. 상담자가 여러 수준의 개인과 집단 형식에 따라 다양한 명료화 전략을 활용할 때, 내담자가 높은 수준의 관심과 참여를 만들어 내고 유지할 가능성이 커진다.

CHAPTER

04

가치명료화 질문

콜로라도에 있는 한 상담자는 내담자에게 단순한 가치명료화 질문을 즐겨 묻는다. "당신의 목표는 무엇인가요?" "자신을 위한 목표는 무엇인가요?" 그녀는 이런 질문이 가지는 많은 이점을 다음과 같이 말한다(Shinbaum, 2009).

- 내담자가 목표를 설정하도록 돕는다.
- 자신의 목표를 확장하도록 돕는다.
- 자신의 목표에 초점을 맞추도록 돕는다.
- 긍정적인 에너지를 만든다.
- 자기개념 이슈('그런 목표를 가진 나는 누구인가? 그럴 자격이 있는가?')를 증가시킨다.
- 내담자들이 자신의 목표를 성취하려고 하는지, 아니면 타인의 목표를 성취하려고 하는지를 탐색하도록 돕는다.
- 변화에 대한 저항을 높인다('나는 정말로 이런 목표를 성취하려고 하는가? 아니면 지금의 나로 남아 있을 것인가?').
- 다른 상담 주제에 대해 작업하도록 돕는다.

이 모든 것이 간단한 가치명료화 질문에서 나온 것이다.

가치명료화 질문이나 가치관 명료화 질문(여기서는 이 두 용어를 호환하여 사용함)은 상담이나 다른 장면에서 가치명료화를 사용하는 기본이다. 가치명료화 질문은 7가지 가치화 과정에서 발생된다. 이 질문들은 내담자가 자신이 귀하게 여기고 높이 평가하는 것이 무엇인가를 확인하도록 돕는다. 또한 내담자가 의사결정을 하고, 선택한 것을 깊이 있게 검토하도록 돕는다. 이들은 내담자가 자신의 목표를 달성하는 행동을 하며, 느낌과 신념 및 실제 행동 간의 차이를 줄이도록 돕는다.

▌명료화 질문은 어떻게 작동하는가

어떻게 그렇게 되는가? 어떻게 단순히 내담자에게 생각을 불러일으키는 질문을 하는 것이 신념과 행동 간의 차이를 줄일 수 있는가? 한 가지 대답은 인간은 인지적 불일치를 해소하려는 내재적 욕구가 있다는 것이다(Festinger, 1957). 우리가 두 개 이상 서로 모순되는 생각—세상은 평평하다, 세상은 둥글다—이 있는 경우 우리는 이 난제를 해결할 필요가 있다. 우리는 어떤 생각을 다른 생각 위에 두기로 선택함으로써 이 난제를 해결한다(세상은 둥글 수 없다. 왜냐하면 지구는 평평해 보이기 때문이고, 또한 둥글다면 아래나 옆에 있는 사람들은 떨어질 것이기 때문이다. 한편, 지구는 평평할 수 없다. 왜냐하면 배가 지구 저 끝에서도 결코 가장자리로 떨어지지 않고 항해하기 때문이다). 또는 서로 모순되는 생각들을 이해하는 다른 방식을 제공하는 정보를 얻음으로써 해결한다.

심리학자인 Milton Rokeach(1961)는 인지적 부조화 이론을 사용하여 가치명료화 과정이 어떻게 작동되는가에 대한 이해를 돕는 중요한 초기 연구를 하였다. 그는 연구 참여자들에게 궁극적 가치와 도구적 가치를 순서대로 나열하게 하는 가치 질문지를 개발하였다. 궁극적 가치는 진리, 아름다

움, 믿음, 사랑, 자유와 같은 궁극적이거나 보편적인 가치들이다. 도구적 가치는 궁극적 가치로 이끌 것으로 예상되는 가치들인데, 예를 들면 돈, 물질적 소유, 행운, 여가활동, 좋은 집 등과 같은 것이다. 연구 참여자들은 "이 가치들이 당신에게는 얼마나 중요합니까?"라는 질문에 따라 18개의 궁극적 가치와 18개의 도구적 가치에 대해 순서를 매기도록 했다. 그는 또한 참여자들이 자신의 시간과 돈을 어떻게 사용하는지, 그 외에 삶을 어떻게 살았는지 등에 대한 자료를 수집하였다. 그 후 Rokeach와 제자들은 참여자들에게 그들의 행동이 자신이 진술한 가치와 얼마나 모순이 있는가를 보여 주었다. 예를 들면, "당신은 자유를 가치 있다고 말했지만, 당신의 돈을 시민 권리운동에는 하나도 기부하지 않았군요." 또는 "당신은 가족을 가치 있다고 말했지만, 가족들과 함께 보낸 시간은 매우 적군요." 이런 수준의 인지적 부조화를 만들고 나서, Rokeach는 그들의 행동에 어떤 변화라도 있는가를 추적하였다. 그가 발견한 것은 실제로 참가자들인 자신들의 가치와 행동 간의 차이를 좁히기 위해 자신들의 행동을 변경시키는 유의한 통계적 경향성이 나타났으며, 이는 대부분 자신들의 행동에 맞게 가치를 변화시키기보다는 가치에 맞게 행동을 변화시켰다는 것이다. 간단히 말해, 시의 적절하고 좋은 가치명료화 질문이나 활동은 성장과 변화로 이끈다는 것이다.

나는 가치명료화 질문이나 활동이 왜 효과가 있는지에 대한 또 다른 이론을 가지고 있다. 이야기 하나로 그것을 소개하고자 한다. 수년 전에 교사와 상담자를 위한 일주일간의 여름 워크숍에서 실제 청년들에게 가치명료화 전략을 어떻게 사용할 수 있는가를 보여 주기 위해 각자 자녀를 다음 날 아침에 데려오라고 요청하였다. 초등학생부터 고등학생에 이르기까지 8명 정도의 참석자 가운데, 담황색 머리카락에 짓궂은 4학년 학생인 티미가 있었다. 가치 연속선 전략(6장 전략 4)을 시범 보이기 위해 학생들에게 "여러분은 자기 방을 보통 어떤 식으로 유지하나요?"라는 질문을 하고서 "이 선 위에 자신은 어디쯤 있나요?"라고 물어보았다. 한쪽 끝에는 씻는 윌리가 있었는데, 이 학생은 아주 깔끔하고 깨끗해서 세족기를 방 앞에 두고, 방에 들어갈 때는 발을 씻고 들어갔다. 그는 옷장에 빗과 솔을 두는 밑그림을 가지고 있어서, 항상 빗을 빗살 하나하나 그 그림에 맞추어 정렬하여 정확하게 그것이 있어야 할 곳에 두었다. 그런 식이었다. 그 연속선의 다른 쪽 끝에는 돌풍 같은 샘이 있었다. 샘은 깔끔함을 너무 싫어했다. 그래서 부모가 깨끗하게 세탁한 옷을 옷장에 넣어 두면 샘은 세탁물을 전부 꺼내어 방의 모든 표면을 덮을 때까지 집어 던졌다. 그는 방 전체에 작은 정원토를 이리저리 뿌려서 발바닥 밑에 멋진 지구를 느끼곤 했다. 그런 식이었다. (주의: 이것은 비교적 **가치판단이 없는** 가치 질문의 사례이다. 대조적으로 깔끔한 티나와 어지르는 메리라고 말하는 경우, 좋은 쪽과 나쁜 쪽을 암시하게 되고, 결과적으로 양쪽 모두 똑같이 불합리하게 만든다. 결과적으로, 청소년들은 자유롭고 비방어적으로 자신의 위치에 대해 생각할 수 있다.)

이 연속선상에 티미가 반응할 차례가 되었을 때, 그는 자랑스럽게 돌풍 같은 샘에게 최대한 가까운 쪽에 자기 이름을 적겠노라고 말했다. 청중에 있던 어머니가 자기 자리에서 잔뜩 비꼬며 "예, 바로 그게 티미예요."라고 말했고, 다른 워크숍 참여자들은 낄낄거리며 웃었다. 나는 그 연속선상에서 꽤 넓은 범위에 걸쳐 자기 이름을 적어 준 다른 청소년들에게 했던 것과 마찬가지로, 티미에게 반응해 주어 고맙다고 표현했다. 우리는 이 이슈에 대해 더 이상 토론하지 않았다. 우리는 그냥 다른 전략과 다른 이슈들로 나아갔다. 이것이 화요일이었다.

워크숍을 하던 목요일 아침에, 그 엄마는 집단을 시작하기 전에 함께 나누고 싶은 것이 있다고 말했다. 경이롭고 놀라움에 찬 목소리로 그녀는 그날 워크숍을 마치고 티미와 두 명의 친구를 집으로 데려다 줄 때, 그 연속선에 대해 토론도 하지 않았고, 그날 밤과 그다음 날에도 방 청소에 대해 전혀 이야기하지 않았다고 말했다. 그런데 전날 밤에 누구도 그 주제에 대해 이야기하지 않았는데도 티미는 자발적으로 그리고 엄마가 기억하는 한 처음으로 자기 방을 청소했다고 말했다. 단지 깔끔하게 보이는 정도가 아니라 완전히 다른 방을 만들어 놓았다고 했다. 그녀는 믿을 수가 없었다.

나는 이 일화에 약간 놀랐는데, 왜냐하면 이 이야기를 통해 얻기를 원하는 최종 교훈은 올바른 명료화 질문이나 전략을 사용한다면 아이들은 우리가 그들에게 원하는 그 방식 그대로 드러나게 되고, 우리의 내담자는 행복하게 살 수 있다는 것 때문이다. 사실, 이 이야기는 다른 식으로 진행될 수도 있었다. 씻는 월리 유형은 더 어지러운 방을 만들어 보기로 결정했었을 수도 있다. 가치명료화에 수반되는 보증이라는 것은 없다. 오히려 이 이야기는 나에게 **가치명료화 과정의 힘**을 보여 주었다. 티미에게 물어본 것은 그 이슈에 대해 어디쯤 있느냐 하는 것이었다. 이 세상에서 가장 중요한 이슈에 대한 것이 아니라 그의 일상 세계에 있는 이슈였다! 그는 공개적으로 자신의 위치를 단언했다. 그는 도표상에서 다른 사람들이 다른 곳에 표시했다는 것을 알았다. 은연중에 그는 '내가 이 선상에서 지금 내가 있는 곳에 있을 필요는 없어. 나는 다른 점을 선택할 수도 있어.'라는 것을 알아차렸다. 그리고 그는 그렇게 했다. 그는 새로운 행동을 시도해 보는 것을 택했다. 그는 행동을 취했다. 내가 환상적으로 느끼는 것은 그 아이가 이 모든 것을 스스로 했다는 것이다. 단순한 활동 하나가 그로 하여금 자신이 어떻게 존재하고 싶은가를 생각하게 하고, 일단 생각을 하자, 삶에서 새로운 행동을 시도해 보기로 결정했다.

자, 왜 좋은 명료화 질문이 작동하는가, 즉 명료화 질문이 생각과 행동에 변화를 일으키는 데 실제로 기여하는가에 대한 나의 이론은 이렇다. 나는 모든 사람들이 정도는 다르지만 실질적으로 자신의 삶을 더 풍부하고, 더 좋게 만들며, 더 만족스럽고 의미 있게 만드는 다른 가치 지표들(목표, 신념, 행동 등)을 지속적으로 찾고 있다고 믿는다. 나이에 관계없이 **우리는 모두 자신이 더 성장했을 때 어떤 사람이 되기를 원하는지 알아보고자 어느 정도 노력하고 있다.** 내담자가 성인이든 십대 청소년이나 학생이든 간에, 겉으로 저항하고 무관심한 것처럼 보이더라도 그들의 레이더는 계속 작동하면서 자신의 문제에 대한 대안 해결책이나 역할 모델 그리고 아이디어의 지평을 탐색하고 있으며, 자신의 삶을 더 풍요롭게 만드는 방식을 찾고 있다. 이것이 바로 모든 연령대의 사람이 지지하고 판단하지 않는 분위기에서 명료화 질문을 받는 것에 매우 수용적인 이유이다. 다른 사람들이나 집단의 수용적인 관심을 받으며 주인공이 되는 것은 만족스럽고 그 자체로도 치료적이지만, 그것을 차지하고서도 사람들은 자신에 대해 생각하고 말하는 것을 좋아한다. 사람들은 자신이 누구이며, 어떤 사람이 되고 싶은가에 대해 작업하는 것을 좋아한다. 좋은 명료화 질문은 내담자의 내재적 동기를 강화하며 평생에 걸친 자신의 명료화 여행을 하도록 돕는다.

▌사고 촉발 질문

소크라테스가 동료 아테네인들을 사고 촉발 질문(thought-provoking questions)—"무엇이 진리인가요? 만약에 그것이 진리라면, 친애하는 메노 씨, 다음 것도 그렇지 아니한가요?" "어떤 목적을 향해 우리는 살아가나요?"—으로 당황스럽게 만든 이래, 많은 문화권에서 더 나은 지혜를 찾기 위해 질문하는 것을 가치 있게 여겨 왔다(Duane, 2004; Marinoff, 2003). 역사적으로 보다 최근에는 도덕적이고 개인적인 발달을 위해 내면을 살펴보는 과정을 가치 있게 여겨 왔다. 개개인으로서 우리는 방어할 필요를 느끼지 못할 때, 누군가 사고 촉발 질문을 하고 우리 반응에 관심을 보인다면, 우리의 반응을 생각해 보고 함께 나누는 것은 즐거운 일이다. 예를 들면, Gregory Stock(1985)은 『질문에 대한 책(The Book of Questions)』을 저술했다. 이 책은 200가지의 가치명료화 질문을 담고 있다. 가령, "당신에게 10년 이상 유지된 우정은 몇 건이나 되나요?" "당신의 친구 가운데 지금부터 10년 후에도 여전히 중요한 사람은 누구인가요?" "4만 달러를 주면 귀뚜라미 한 접시를 먹을 수 있나요?" "평생에 걸쳐서 해 보고 싶은 것이 있나요? 당신은 왜 이것을 하지 않았나요?" 같은 것이다. 이 책은 인기 있는 베스트셀러가 되었다. 사람들은 파티나 저녁 식탁에 둘러앉아 서로 이런 질문을 하였다.

물론 고전적인 가치-명료화 질문들이 있다. 우리는 모두 이런저런 방식으로 이들에 대해 들어 왔다.

- 당신이 복권에 당첨되면(100만 달러가 있으면), 그 돈을 어떻게 사용하겠는가?
- 앞으로 일 년밖에 못 산다면, 그 일 년을 어떻게 보내겠는가?
- 만약에 황무지 섬에 고립되고, 단 한 명(두 명 또는 세 명)의 동반자를 데려갈 수 있다면, 누구를 선택하겠는가?
- 집에 불이 나서 한아름의 물건만을 가지고 나올 수 있다면, 무엇을 가지고 나오겠는가?
- 만약에 일 년 동안 감옥에 갇혀서 단 한 권의 책을 읽을 수 있다면, 무슨 책을 가져가겠는가?
- 이런 질문은 무수히 많다.

▌명료화 질문

사회적 장면에서 좋은 가치-명료화 질문을 사용하면 재미있고, 서로 더 잘 알게 되며, 각자의 답변을 서로 존중하고 비꼬지 않는 경우, 더욱 밀접하고 신뢰하는 관계를 형성하게 한다. 이러한 결과는 상담 장면에서도 나타날 수 있다. 그러나 두 장면의 결정적인 차이는 상담과 심리치료에서는 가치-명료화 질문이 가능한 한 현재 다루고 있는 화젯거리와 직접 관계가 있어야 하지, 무작정 흥미를 이끄는 반응을 만들어 내기 위해 사용되어서는 안 된다는 것이다. 다시 말하면, 명료화 질문은 상담의 목적을 돕도록 사용해야 한다는 것이다. 상담의 목적을 달성하기 위해 사용하는 명료화 질문은 항상 두 가지 수준에서 작동한다.

첫째, 이 질문들은 내담자가 자신의 목적이나 목표를 명료화하고, 선택과 결정을 하며, 자신의 삶에서 선택한 결정을 실행하여서 실제로 작동할 수 있는 가치 체계를 개발하도록 돕고, **그가 현재 고민하고 있는 이슈에 대해 더 깊이 탐색하도록 돕는다.**

둘째, **이 질문들은 내담자가 명료화 과정을 사용하는 방법을 배워서** 그들이 높이 평가하고 소중하게 여기는 것을 고려하고, 대안을 선택하고 결과를 가정해 보면서 목적과 행동 간의 간격을 줄여 나가고, 다른 가치명료화 과정들을 사용하는 것이 그들의 삶에서 두 번째 본성이 되도록 한다. **실제로 내담자들은 자신들에게 명료화 질문을 묻는 사람이 없을 때조차도 스스로 가치화 과정을 사용한다.**

내담자들은 서로 너무 다르고 그들이 탐색하는 화젯거리가 너무 많기 때문에 개인이나 집단 상담에서 상담자가 물어볼 수 있는 가치-명료화 질문은 무한정이라고 말할 수 있다. 다음에 제시한 것은 내담자가 자신의 목적과 우선순위 그리고 가치를 실현하기 위한 행동 단계를 명료화하도록 돕는 광범위한 질문들의 예이다.

또 다른 유용한 구분은 명료화 질문을 **명료화 반응**이나 **명료화 질문**으로 나눌 수 있다는 것이다. 둘 다 7가지 명료화 과정의 하나 이상에 관여한다는 점에서 명료화이다. 명료화 반응은 항상 내담자의 앞선 진술문에 대한 반응이고, 총괄적인 형식을 지닌다. 즉, 실제로 같은 자구를 여러 다른 화젯거리에 사용할 수 있다. 예를 들면, “혹시 다른 대안을 생각해 보았나요?”라는 말은 내담자의 앞선 진술문에 대해 반응으로서만 의미를 가진다는 점에서 명료화 반응이고, 내담자가 직업 선택, 종교, 거주지나 다른 많은 가치 이슈에 관해 말하고 있는 것이라면 적절한 질문일 것이다. 명료화 질문은 총괄적이거나 정형화된 것이 아니며, 당장의 구체적인 주제에 대해서만 적절한 것이다. 이것은 내담자가 말한 것에 반응하거나 새로운 화젯거리나 방향으로 나아가고자 할 때 물어볼 수 있다. 예를 들면, “지금까지 해 본 일 가운데 가장 만족스러운 것은 무엇입니까?" "믿음이란 당신에게 어떤 의미입니까?"와 같은 질문들은 총괄적 질문이 아니다. 이들은 구체적으로 일과 믿음에 대한 주제에만 적용될 수 있다. 이 장의 후반부에는 7가지 가치화 과정 각각에 관여하는 다양한 명료화 반응과 명료화 질문들을 제시하고 있다.

▌좋은 명료화 질문

좋은 명료화 질문이 충족해야 할 기준이 다수 있다. 몇 가지는 다른 것과 중복되기도 한다. 이 모든 기준을 한꺼번에 살펴보는 것은 너무 무모하다. 그러나 질문이 완벽할 필요는 없다는 것을 염두에 두어야 한다. 내담자가 그 질문이 흥미 있다고 생각하고 상담자가 왜 이러한 질문을 하는지를 믿는다면, 상담자가 어색한 말로 질문해도 쉽사리 이해할 것이고, 기꺼이 참여할 것이다.

첫째, **좋은 질문은 내담자에게 흥미 있거나 관련이 있는 것이어야 한다.** 사람들은 일반적으로 자신에 관해 이야기하기를 좋아한다. 내담자들의 흥미를 사로잡고, 본질적으로 그들 또는 그들의 관심사와 관련된 질문을 하라. 그러면 그들은 계속 나아갈 것이다.

둘째, **좋은 질문은 정보보다는 명료화를 이끌어 낸다.** 내담자가 "나는 대가족 집단에서 자랐어요."라고 말을 한다. 정보를 묻는 질문은 "아이들이 몇 명이나 되었나요?"와 같은 것이다. 명료화 질문은 "대가족에서 자란 것이 중요하다고 생각하나요?" 또는 "대가족에서 자라서 감사한 점은 무엇이고 어려운 점은 무엇이었나요?"와 같은 것이다. 상담자가 정보를 묻는 질문을 하는 것이 도움이 된다고 생각할 때, 이를 물어보는 것은 하등 잘못된 것이 아니다. 그러나 명료화 질문은 내담자가 7가지의 가치화 과정 가운데 하나에 참여하도록 만들려는 것이다. 이것 또한 상당한 정보를 만들어 내지만, 그것이 목적은 아니다. 다시 말하면, 명료화 질문은 주로 상담자가 아니라 내담자를 위한 자료를 제공하도록 의도된 것이다.

셋째, **좋은 질문은 보통 개방형이다.** 좋은 질문은 한 단어나 짧은 답을 이끌어 내는 것이 아니라 생각을 좀 더 확장하도록 초대하는 것이다. "얼마나 오랫동안 그렇게 느꼈나요?"라고 묻는 것은 폐쇄형이다. 간단하거나 툭 튀어나오는 답을 얻을 뿐이다. "당신은 어떻게 그렇게 느끼게 되었다고 생각하나요?"는 개방형이다. 이런 질문은 더 많은 생각을 가져오게 한다.

비록 폐쇄형 질문보다 개방형 질문이 더 많은 가치화 과정을 이끌어 낸다고 하지만 항상 그런 것은 아니다. 때로 단순한 '예-아니요'나 짧은 답을 요구하는 질문이 매우 명료화할 수 있다. 예를 들면, 상담자가 저항하는 내담자에게 "당신이 여기 있는 것을 원하지 않는다는 것을 이해합니다만 나와 이야기하는 것을 그만두고 싶은 **어떤 이유**가 있나요?"라고 묻는 경우이다. 이런 경우 단순히 '예'나 '아니요'라고 대답하기 전에 상당한 양의 생각과 느낌을 가지게 되고, 내담자는 공을 들여 생각하게 되고, 또 그렇게 하도록 요청받게 된다. 유사하게, 마음이 요동치는 내담자에게 "오늘 선택을 해야 한다면, 어떤 것일까요?"라고 물어볼 수 있다. 이것은 짧은 대답을 이끌어 낼지도 모르지만 상당히 진지한 생각을 하고 나서야 대답하게 된다.

넷째, **좋은 질문은 요청하는 형식이지 심문하는 형식이 아니다.** 상담자가 내담자의 대답에 비난이나 판단을 하는 것이 아니라 진정으로 호기심이나 흥미를 가지고 있는 것으로 보이면, 그 질문은 더 깊은 생각을 자아내게 만들 가능성이 높다.

다섯째, **좋은 질문은 일반적인 것이 아니라 개인적인 것이다.** 명료화 질문은 당신 질문(you question)이다. 이것은 철학적인 것이 아니라 개인적인 질문이어야 한다. 예를 들면, 상담자가 나이가 많은 내담자에게 독립성에 대한 질문을 하고 있다고 생각해 보자. 같은 질문에 대해 세 가지 방식으로 물어볼 수 있다.

- "지나치게 독립적이라는 것이 있을까요?"
- "당신이 생각하기에 사람이 지나치게 독립적일 수 있을까요?"
- "당신이 더 독립적이거나 매우 독립적으로 되어 가는 데 어떤 위험이 보이나요?"

이 질문들은 보다 일반적인 것으로부터 매우 개인적인 질문에 이르기까지 연속선상에 있다. 세 번째 사례가 가장 뛰어난 명료화 질문이다. 이는 처음의 두 가지 질문에 요구되는 모든 생각을 이끌어 내면서 동시에 내담자가 그 이슈를 자기 자신에게 적용해 보도록 초청하고 있다. 마찬가지로 성에 대해 작업을 할 때도 상담자는 집단과 개인에게 다음과 같이 물어볼 수 있다.

- "성관계에서 성적 환상 대 신체적 및 정서적 친밀감이 어느 정도로 중요한가요?"
- "당신에게는 성관계에서 성적 환상 대 신체적 및 정서적 친밀감이 어느 정도로 중요한가요?"

두 번째 질문이 더 좋은 가치-명료화 질문이다. (그러나 어떤 장면에서는 첫 번째 질문이 다소 더 안전하게 느껴져서, 더 선호하는 질문이 될 수도 있다.) 소크라테스는 위대한 철학자이지만, 우리가 그에게 가치명료화 질문을 하도록 가르친다면, 우리는 그에게 다음과 같이 움직이는 방법을 알려 줄 것이다.

- "무엇이 진실입니까?"에서
- "당신에게 진실은 어떤 의미입니까?"로
- "당신에게 진실은 얼마나 중요합니까?"로
- "오늘 당신은 얼마나 진실하였습니까?"로

모든 질문이 좋지만, 뒤쪽의 두 가지는 철학적 수준에서 개인적 가치 수준으로 이동한 것이다.

여섯째, **좋은 질문은 내담자가 방어할 필요를 느끼지 못하게 한다**. 이것은 부분적으로는 시기(timing)의 문제이다. 만약 질문이 너무 개인적이거나, 지나치게 심층적이거나, 너무 빠르다면 내담자는 그것을 탐색할 만큼 안전하다고 느끼지 않을 것이다. 또는 내담자의 목소리 톤 때문일 수도 있다. 즉, 톤이 요청하는 투가 아니라 심문하는 투인 경우이다. 또 어떤 점에서는 선택한 말 때문에 그럴 수도 있다. "왜 그랬지요?"라고 말하는 것은 내담자에게 마치 그가 무엇인가를 잘못했거나 무엇을 하지 말았어야 하는 것처럼 비난하는 것으로 들릴 수도 있다. 또는 내담자가 왜 그랬는지를 알아야 하는데, 실제로는 모르고 있다고 암시하는 듯 들리면, 내담자는 방어하려는 마음이 생길 것이다. "당신이 그 선택을 했을 때 마음속에 어떤 생각이 지나갔는가를 함께 나누어 볼 수 있을까요?"라고 묻는다면 이것은 더 부드럽게 질문하는 방식이고 내담자가 방어할 가능성이 높지 않다. 늘 예외는 있지만, 일반적으로 '왜'라는 질문은 피하는 것이 최상이다.

일곱째, **좋은 질문은 옳거나 더 좋은 대답이 있다는 것을 암시하지 않는다**. "누군가 당신에게 그것을 해 주었으면 하나요?" "당신은 이기적인 샘인가요? 아니면 이타적인 앨인가요?" "당신이 부모님에게 하고 있는 것보다 아들이 더 많은 것을 해야 한다고 생각하나요?" "당신은 착한 소녀인가요?" "당신은 그것이 정말 좋은 아이디어라고 생각하나요?" 어떤 경우에는 이런 질문들이 좋은 명료화 질문이 될 수도 있다. 그러나 대부분의 경우에 내담자들은 이런 질문에는 정확하거나 더 낫거나 또는 선호하는 답이 있다는 것을 알아차린다. 만약 상담자가 지금 특별한 답을 바란다는 것을 내담자가 알아차리면 내담자는 가치화 과정에 참여하기보다는 상담자가 원하는 것을 맞추는 데 더 관심을 쏟을 것이다.

설령 상담자가 어떤 정답이나 선호하는 답을 가지고 있지 않다고 할지라도, 내담자가 선호하는 답이 있다고 생각하지 않게끔 질문하는 자구를 사용하는 것이 여전히 중요하다. 그래서 "이런 상황에서 현명한 방법은 무엇인가요?"라고 묻기보다는(이것은 여기에는 현명한 한 가지 방식이 있고, 상담자는 아마도 그것이 무엇인가를 안다는 점을 암시한다), 상담자는 "당신은 이런 상황에서 현명한 선택이란 무엇이라고 생각하나요?"라고 말하거나 또는 "당신이 생각하기에 이런 상황에서 무엇이 현명한 선택이 **될 수 있을까**요?"라고 말하는 것이 더 낫다(might는 명료화 질문에서 자주 사용하는 단어이다. 이 단어의 가정적 성질은 내담자가 미숙한 대답이나 결정을 하지 않고 더 자유롭게 생각할 수 있도록 돕는다).

여덟째, **좋은 질문은 성, 계급, 문화 또는 다른 다양성이라는 측면에 대해 민감하고 편견이 없는 것이다.** 질문을 할 때, 모든 내담자나 집단구성원이 이성애자라거나("남편은 그것에 대해 어떻게 느낄까요?") 기독교인이라고("예수님은 이런 상황에서 무엇을 하실까요?") 가정하면 안 된다. 남성-여성에 대한 고정관념도 피해야 한다("그것은 여성적인 행동인가요?" "진짜 남자라면 그런 식으로 행동할까요?" "멍청한 데이지 아니면 합리적 랄프 가운데 어느 쪽에 가까운가요?"). 모든 커플이 결혼한 것은 아니기 때문에 **배우자**라는 말보다 **파트너**라는 말을 사용하는 것이 더 세심한 질문이다. 인종이나 소수민족의 특징을 반영하는 질문은 쉽게 편향될 수 있다. 왜냐하면 그것이 아무리 통계적으로 타당한 일반화를 나타낸다고 하더라도, 이 일반화는 어떤 대규모의 집단구성원들에게는 적합하지 않고, 다른 대규모 집단의 구성원들에게는 적합할 수 있기 때문이다. 그래서 어떤 질문이나 활동을 할 때는, 모든 사람을 포괄하는 말을 사용하는 것이 좋다. 특히 새로운 내담자나 집단구성원과 활동할 때는 더욱 그렇다. 물론 상담자가 어떤 내담자나 집단을 알고 난 후라면, 어떤 맥락에서 새로운 집단에게는 둔감할 수 있는 질문들(예, 남편이나 예수에 대한 질문 같은)이 그 집단에서는 적합한 것일 수 있다.

가치명료화 질문과 전략을 사용할 때 나타나는 문화적 고정관념과 편견을 피하는 더 자세한 방법은 가치명료화 전략을 다루는 6장과 다문화 이슈를 다루는 11장에서 더 찾아볼 수 있다.

명료화 질문은 어디서 오는가

내가 내담자나 집단과 작업을 할 때, 명료화 질문은 때로 많은 생각이나 어떤 의식 없이 떠오를 때가 있다. 그러한 경우에, 나는 그 질문의 적절성—그 질문은 관련이 있어 보이는가? 도움이 될 것인가? 가치화 과정에 참여하게 하는가? 적절한 시기인가?—에 대해 빠르게 판단을 해 보고, 그렇다는 생각이 들면 계속 진행하여 그 질문을 한다.

때로 명료화 질문은 저절로 오는 것이 아니다. 오히려 나는 빨리 물어볼 질문을 찾아본다. 내담자나 집단구성원이 말하는 것을 귀 기울여 듣고, 거기에 몰입을 하면서 어떤 느낌을 갖게 되면 나는 **높이 평가하기**, **단언하기**, **대안**, **결과**, **자유 선택**, **행동하기**, **패턴**에 대해 혼자 생각해 볼 수도 있다. 나는 이것을 1/2초 만에 짧은 주문을 외우는 것처럼 해낼 수 있다. 사실, 나는 스스로에게 '이것이 내담자에게 중요하다면 물어보는 것이 유용하지 않을까? 내담자가 이런 대안을 고려해 보았는가를 물어보거나 내 마음속에 떠오른 대안을 제시하는 것이 유용한 것일까? 이것에 관해 무엇을 할 것인지 내담자에게 물어보는 것이 흥미를 불러일으킬까?' 등과 같이 자문해 보는 것이다.

이것은 모두 순식간에 일어난다. 이것은 내담자의 내적 경험을 이해하기 위해 흐름을 매우 일치시키고 있어 내담자에게 도움이 되는 유용한 질문을 생각할 틈조차도 없는 완전한 공감적 경청과 같은 것은 아니다. 오히려 나는 관심을 쪼갠다. 그래서 관심의 일부분은 내담자의 이야기를 주의 깊게 경청하는 것에 쏟아서 유의미한 수준의 공감을 이루어 낸다(그리고 다음 장에서 보겠지만, 나는 내담자가 말하려고 하는 것을 이해하고 있는가를 살펴보기 위해 적극적이며 반영적인 경청을 잘하는 편이다). 또 다른 관심의 일부분은 무엇을 말하거나 물어보아야 하는지 전문적 결정을 하고, 또 기술적으로 그렇게 하는 것에 쏟는다. 나는 이것—내담자와 공감적 조율을 유지하고, 내담자 스스로 자신의 내적 경험과 충분히 일치한다고 느껴서 명료화 과정을 계속하게 하는 좋은 명료화 질문을 하는 것—을 할 수 있다고 생각한다.

이런 기술은 하루아침에 만들어지는 것이 아니다. 수천 명의 학생과 워크숍 참가자들에게 가치명료화를 가르치면서 나는 그들이 대부분 새로운 시도를 하는 사람들에게 공통적인 숙달 단계를 거쳐 가는 것을 지켜보았다. 처음에는 이것이 인위적이고, 궁리를 해야 하고, 이상하다고 느낀다. 그러다가 상담자는 보다 숙련되었음을 느끼기 시작한다. 점차 덜 인위적이고, 실수가 줄어들며, 이상하지 않다고 느끼지만, 아직은 자기가 기술을 사용하고 있다는 의식을 한다. 마침내는 그 방법이 내면화되기 시작한다. 이제는 마치 이것이 의사소통하는 정상적인 방법인 것처럼 자연스럽게 느껴진다. 가치명료화 질문은 점차 자연스럽게 떠오르고 상담자와 내담자에게 '편안하게 느껴지는(feel right)' 것이 된다.

▌명료화 질문의 예

7가지의 가치화 과정 각각에 대한 명료화 반응과 질문을 다음에 제시하였다. 다시 말하면, **명료화 반응**은 여러 가지 다른 주제에 대한 내담자의 말에 반응하기 위해 사용할 수 있다. **명료화 질문**은 논의되고 있는 특정 주제에만 국한되는 것이다. 명료화 질문에 대해 무작위로 예를 제시하기보다는 네 가지 유형의 상담과 각 상담 장면에서 나타날 수 있는 이슈를 선택하여 제시하였다.

- **결혼과 가족 상담**: 부부가 함께 보내는 시간과 독립된 시간의 균형을 찾으려고 노력하고 있다. (주제어: **부부**)
- **약물남용 상담**: 청년이 거주형 약물남용 프로그램을 마치고 지역사회에서 독립적으로 살아갈 준비를 하고 있다. (주제어: **회복**)
- **노인상담**: 노인이 집에서 혼자 살아가는 것이 힘들어 이사를 고려하고

있다. (주제어: **노년 생활**)

- **목회상담**: 신도 가운데 한 사람이 신앙위기를 경험하고 있다. (주제어: **신앙**)

종교와 신앙에 대한 가치명료화 적용 사례는 Larson(1976)과 Elkins(1977)를 보라.

이런 각각의 상담 상황에서 상담자가 회기 중 적절한 순간에 물어볼 수 있는 명료화 질문의 예를 제시하였다. 상담자는 심리교육 집단에서 같은 주제에 대해 같은 질문을 할 수 있다. 7가지 가치화 과정의 각 단계에 대한 명료화 반응과 질문의 예를 제시하였다. 때로 명료화 질문은 가치화 과정의 한 단계 이상과 관련되어 있다.

높이 평가하기와 소중히 여기기

우리는 우리의 가치를 높이 평가하고 소중히 여긴다. 명료화 질문은 내담자에게 무엇이 중요하며 무엇을 높이 평가하고 소중히 여기는지 그리고 이에 따른 목적은 무엇인가를 더 잘 이해하도록 돕는다.

명료화 반응

- 이것이 당신에게는 얼마나 중요한가?
- 어떤 일이 일어나기를 바라나?
- 이것을 다루는 방식에 대해 스스로 자부심을 느끼나(기분 좋게 느끼나)?
- 당신은 ……에 관해 무엇을 가장 좋아하는가?
- 사람들이 이것에 대해 알면, 당신은 자랑스러울 것 같은가? 부끄럽거나 또는 다른 감정을 느낄 것 같은가?
- 최상의 결과는 무엇인가?
- 이것에 대해 가장 가치 있게 여기는 것은 무엇인가?

- 이런 것을 더 원하는가?
- 그것에 대해 기쁜가?
- 그것에 대해 어떻게 느끼는가?
- 그것에 대해 많이 생각해 보았는가? (시사점: 당신에게 이것이 중요한 것인가?)
- 그것은 개인적인 선호인가? 아니면 모든 사람이 그것을 믿거나 그것을 해야 한다고 생각하는가?

명료화 질문

- **부부**
  - 당신 둘이서만 함께하기를 가장 즐기는 활동 한두 가지는 무엇인가?
  - 당신이 친구들과 함께하기를 가장 즐기는 활동 한두 가지는 무엇인가?
  - 당신은 당신 혼자서 하는 것이 가장 좋은 활동 한두 가지는 무엇인가?
  - 당신이 친구(들)과 함께하기를 가장 좋아하는 활동 한두 가지는 무엇인가?
  - 당신이 시간을 독립적으로 또는 함께 구성하는 방법에서 자랑스러운 것이 있는가?
  - 자신의 삶에서 함께 그리고 혼자 있는 것의 균형이 괜찮다고 느낀 적이 있는가?

- **회복**
  - 재활시설에 있는 동안 자신이 해낸 일에 대해 자랑스러운가? 그렇게 느끼는 이유는 무엇인가?
  - 다시 지역사회에 나가는 것에 대해 가장 기대하는 것은 무엇인가?
  - 혹시라도 재활시설에서 사는 것에 대해 그리워할 것이 있다면 무엇

인가?
- 지역사회에서 성공하도록 당신을 도울 것 같은 장점은 무엇인가?

● **노년 생활**
- 0에서 10까지 척도에서 독립성은 당신에게 얼마나 중요한가?
- 당신에게 독립성이 항상 중요하다고 생각하는가?
- 당신은 독립적으로 사는 것에 대해 매우 자부심을 느낄 수 있다고 생각하는가?
- 집에서 생활하는 것에 대해 가장 높게 평가하는 것은 무엇인가? 그런 것들 가운데 다른 생활 장면에도 적용할 수 있는 것이 있는가?

● **신앙**
- 당신이 높게 평가하는 신앙은 무엇인가?
- 교회나 절 또는 회교 사원에서 가장 의미 있고 중요한 경험은 무엇이었나?
- 종교나 신앙과 관련하여 소중하게 여기는 역할 모델이 있는가?
- 처음으로 자신의 종교나 신앙을 가치 있게 여기기 시작한 때는 언제인가?

단언하기, 소통하기

우리는 적절한 상황에서 자신의 가치를 기꺼이 단언하고 그리고 그렇게 하고 싶어 한다. 명료화 질문은 내담자에게 자신의 가치를 확정할 기회를 주고, 자신의 가치를 타인들과 공유하거나 적극적으로 나누고 싶은가의 여부를 생각해 보도록 돕는다.

명료화 반응

- 이것에 대해 다른 사람에게 말해 보았는가?
- 다른 사람들에게 자신의 관점을 기꺼이 알리고자 하는가?
- 이것을 공유해도 편한 사람은 누구인가?
- 자신의 견해에 대해 다른 사람들(나, 우리)에게 말하고 싶은가?
- 이것에 대해 당신이 무엇을 하려는지 다른 사람들(나, 우리)에게 말하고 싶은가?
- 그것에 대해 편집자에게 편지를 쓸 것인가?
- 당신은 같은 것을 또 할 것인가? (즉, 내담자는 이전 선택을 확정할 것인가?)
- 이것에 대해 누구에게 이야기할 수 있는가?
- 당신은 ______라고 말하고 있는가? (단언이나 명료화를 요청하라.)
- ______에 대해 말하지 않은 이유라도 있는가?

명료화 질문

- **부부**
  - 파트너에게 혼자 있는 시간을 좀 더 원한다고 말하는 것이 어려운가?
  - 자신의 목적 달성을 위해 파트너에게 이것에 대해 말하려면 무엇이 필요한가?
  - 친구들과 이것에 대해 말할 수 있는가? 당신이 이것 때문에 고전하고 있다는 것을 그들이 알면 당황스러울 것인가?
  - 이것에 대해 또 누구하고 이야기할 수 있을 것인가?

- **회복**
  - 당신이 금주하고 있다는 것을 누가 알기를 원하는가?
  - 지역사회로 돌아왔다는 것을 누구에게 말하고 싶은가?
  - 자신의 회복 경험을 깊이 있게 묘사해 주고 싶은 사람이 있는가?

- 자신이 성취한 것을 자랑스럽게 여긴다고 사람들에게 말한다면 당신은 어떻게 느낄 것 같다고 생각하는가?
- 당신이 지금 하고 있는 것에 대해 말해도 안전함을 느낄 사람이 있는가?

● **노년 생활**
- 당신이 집을 떠나서 요양원으로 간다는 것을 친구들이 알게 된 장면을 그려 본다면, 당신은 어떤 기분을 느낄 것인가?
- 당신의 친구가 요양시설로 갔다는 것을 알게 된다면, 어떤 기분이 들 것인가?
- 친구와 가족에게 당신이 딸과 함께 요양원으로 이사했다는 것을 알려 주는 엽서를 쓰는 장면을 그려 보라. 그들에게 무엇이라고 말할 것인가? 어떤 기분일까? 자랑스럽고 행복하게 그렇게 할 수 있는가?
- 이 이슈에 대해 친구나 친척에게 말한다면, 어떤 느낌이 들까?

● **신앙**
- 자신이 의심하고 있는 바를 다른 사람들과 기꺼이 공유할 수 있는가?
- 교회에서 아직도 기꺼이 (자신이 확신하는 신앙에 대하여 공개적으로) 간증하고 싶은 것이 있는가?
- 신앙적 회의에 대해 나하고 이야기하는 것이 어려운가?
- 과거에 자신의 신앙에 대해 어떻게 확신을 했는가? 그때 진짜 그렇게 느꼈는가? 아니면 그냥 그렇게 느꼈는가?

대안

가치를 선택하는 것은 대안들을 고려한 후에 이루어진다. 명료화 질문은 내담자가 대안적 관점과 활동 과정을 숙고해 보도록 돕는다.

명료화 반응

- 다른 대안을 고려해 본 적이 있는가?
- 그 밖에 무엇을 고려했는가?
- 다르게 한다면 무엇이 있을까?
- 그것을 할 수 없으면 (혹은 작동하지 않으면) 그다음 선택은 무엇일까?
- _______(내담자가 표현하는 것과 다른 생각이나 관점을) 말하는 사람에게 무엇이라고 대답할까?
- 어떤 사람들은 이것을 ______한다. 이것이 당신에게도 효과적일까?
- 이 상황을 다르게 볼 수 있는 방법이 있는가?
- 다른 가능성은 무엇이 있을까?
- 그런 사례를 하나 제시할 수 있을까? 그것은 어떤 의미인가? (내담자에게 더 깊이 살펴보도록 요청하면 자신이 말한 것에 대해 새로운 관점을 얻게 될 때가 많다.)

명료화 질문

- **부부**
  - 함께 하고 싶은 활동은 무엇인가? (이들은 대안을 시각화한다.)
  - 혼자 또는 친구들과 함께 해도 파트너와 아무 문제가 없는 활동은 무엇인가?
  - 파트너가 혼자 또는 친구들과 함께 하면 불편하거나 위협을 느끼는 활동은 무엇인가?
  - 당신은 좋아하지만 배우자는 그렇지 않은 공동 활동을 배우자가 함께 해 준다면, 당신도 그가 정말로 좋아하지만, 자신은 그렇지 않은 공동 활동을 하는 것을 고려해 볼 것인가?
  - 새로운 소일거리나 운동 또는 취미를 함께 개발할 생각이 있는가?
  - 함께 어떤 강좌를 듣는 것을 고려할 수 있는가?

- **회복**
  - 여기서 나갔을 때 당신이 참여하기에 좋을 것 같은 활동 세 가지는 무엇인가?
  - 당신에게 도움이 되지 않는 활동 세 가지는 무엇인가?
  - 당신이 생각하기에 함께 어울리면 건강할 것 같은 세 사람의 이름을 말해 줄 수 있는가?
  - 당신을 문제로 이끌 수 있는 두세 명은 누구인가?
  - 다시 (약물을) 하고 싶은 마음을 느끼기 시작한다면, 당신은 어떤 선택을 할 것인가?
  - 집에서 음주 대신에 혼자 할 수 있는 것들은 무엇인가?

- **노년 생활**
  - 어떤 주거 선택권을 고려하고 있는가?
  - 딸과 함께 양로원으로 가는 것에 대해 이야기하였다. 집에 다른 친구를 초대하여 함께 사는 것을 고려하고 있는가? 아니면 함께 다른 장소를 구하겠는가?
  - 집에서 계속 살기로 결정했다면 거기서 사는 것을 좀 더 용이하게 만들기 위해 도움을 받고 싶은 것이 있는가?
  - 당신과 같은 처지에 있는 친구가 있다면 어떤 충고를 할 것인가? (이것은 대안적 선택이기보다는 그 상황을 바라보는 대안적 방식이다.)

- **신앙**
  - 통찰력을 가지고 있어 당신의 질문에 대해 이야기할 수 있는 사람이 있는가?
  - 당신이 목사(랍비, 이맘 등)라면 당신이 묻고 있는 질문을 들고 온 사람에게 무엇을 말해 주겠는가?
  - 교회 역사나 종교 전통 속에 자신과 비슷한 의심을 가지고 있다고 생

각하는 역사적 또는 성경적 인물이 있는가?
- 내가 이 질문에 대해 어떻게 생각하게 되었는지 들어 보고 싶은가?
- 이런 질문들로부터 벗어나 자신에게 휴가를 줄 용의가 있는가? 예를 들면, 한 달 정도 이런 질문들에 머물지 않고, 이런 질문들에 대해 어떤 생각이나 느낌이 떠오르는지를 보기 위해 휴가를 갖는 것이다.
- 다른 종교에서는 이런 질문에 대해 어떤 생각이나 답을 가지고 있는지를 배우는 것이 도움이 된다고 생각하는가?

결과

가치를 결정할 때는 부정적이든 긍정적이든 그 결과를 고려한 다음에 이루어진다. 명료화 질문은 내담자가 어떤 가치에 대한 찬반과 결과, 의사결정과 선택 및 활동의 다른 측면들을 고려하도록 하여 좀 더 신중하고 반성적으로 선택하도록 돕는다.

명료화 반응

- 그 접근의 장점 또는 이익은 무엇인가?
- 단점 또는 손해는 무엇인가?
- 그것은 어디로 데려가는가?
- 당신 생각에 지금부터 1년 후에도 똑같은 방식으로 느껴지겠는가?
- 그렇게 하는 것이 자신의 삶에서 다른 사람에게는 어떻게 영향을 미치겠는가?
- 그 아이디어의 가장 좋은(나쁜) 점은 무엇인가?
- 이 결정이나 행동이 어떻게 ________(파트너, 자녀 등)에게 영향을 미치겠는가?
- 만약에 이것이 발생하면 당신의 삶은 어떻게 될 것 같은가?
- 이것에 대해 충분히 생각했는가?

- ______에 대해 생각해 보았는가?
- 지금 말한 것이 이전에 말한 것과 일치하는 것인가?
- 그것이 작동될 가능성은 어느 정도인가?

명료화 질문

- **부부**
  - 그것을 선택하면 당신이 말했던 공간을 각자 가지게 되는가?
  - 만약에 존(제인)이 친구와 휴가를 간다면, 당신은 어떻게 느낄 것 같은가?
  - 그녀가 당신하고 있기보다 바깥에서 더 많은 시간을 보내면 화를 낼 것 같은가?
  - 일주일에 최소 한 번의 데이트를 한다면, 당신은 그것을 기대할 것 같은가? 지루할까? 어떨까?

- **회복**
  - 약물을 하지 않아서 당신에게 가장 좋은 점은 무엇일까?
  - 자신에게는 도움이 되지 않는다고 말하는 그 활동에 참여한다면, 가능한 결과는 무엇일까?
  - 당신이 지지자 모임에 빠진다면, 어떤 결과가 생길까?
  - 당신이 회복을 위해 이웃으로 이사를 한다면, 장점과 단점은 어떤 것일까?

- **노년 생활**
  - 집에서 혼자 사는 것의 장점은 무엇일까? 단점은 무엇일까?
  - 당신이 고려하고 있는 다음 선택권의 장점과 단점은 무엇인가?
  - 지금 있는 곳에서 계속 머문다면, 일어날 수 있는 최악의 일은 무엇인가?

- 요양원으로 이사하고서도 마음에 들지 않는다면, 그 결과는 무엇이 될까?

- **신앙**
  - 지금 같은 의심이 지속되면 어떤 결과가 생길까? 어디로 가게 될까?
  - 이런 자기 탐색으로부터 벗어난다면 좋은 점이 있을까?
  - 여기에서 벗어날 때 생길 수 있는 가장 나쁜 점은 무엇인가?
  - 성경의 인물들(야곱, 도마, 욥)이 의심을 경험할 때, 어떤 일이 생겼는가? 결국 어떻게 되었는가?
  - 신앙을 포기한다면(교회를 떠난다면), 자기 삶에서 어떤 것은 여전히 같고, 어떤 점은 달라질까?

자유 선택

가치는 자유롭게 선택하는 것이다. 부당한 권위나 또래 압력으로 선택하는 것이 아니다. 명료화 질문은 내담자가 자기 선택의 원천을 탐색하고 자기 선택에 대한 책임을 맡도록 돕는다.

명료화 반응

- 그것이 자신이 하고 싶은 것인가?
- 이 신념을 어떻게 발달시켰는가?
- 오랫동안 이런 식으로 느껴 왔는가?
- 이것이 최선의 선택이라고 믿는가?
- 전적으로 자신에게 달려 있다고 하면, 당신은 무엇을 하겠는가?
- 당신이 선택한 것인가?
- 이것에 대해 압력을 느끼는가?
- 이것을 하는 것에 얼마나 전념하는가?

- 부모님은 이것에 대해 무엇을 했는가? (부모에 대해 묻는 것은 내담자가 자신의 역할 모델을 그저 따라 하고 있는지, 아니면 스스로 선택하고 있는지를 생각해 보게 한다. 물론 그들의 선택이지만, 자각하면서 선택하는 것이 더 좋다.)
- 그것은 당신이 선택한 것이었는가?
- 이것은 1점부터 10점까지의 척도에서 어느 정도가 당신의 선택인가?

명료화 질문

- **부부**
  - 당신이 생각하는 데이트 아이디어는 당신이 하고 싶은 것인가?
  - 그녀가 그것에 대해 흥미를 느끼고 있는 것 같아서 그런 방향으로 압력을 느끼고 있는가?
  - "아니요."라고 말할 수 있다고 느끼는가?
  - 이런 곤란을 해결하기 위해 당신은 무엇을 하고 싶은가?
  - 자신의 시간을 어떻게 보내는가에 대해 부모님과 같은 길을 가고 있는가, 아니면 다른 길을 가고 있는가?

- **회복**
  - 왜 (약물에서) 깨어 있기를 원하는가?
  - 이런 친구에게는 끌리고, 저런 친구는 피하고 싶다고 말하는데, 그것은 내가 그런 말을 듣고 싶어 한다고 생각해서 그렇게 말을 하는가, 아니면 이것이 당신에게 더 나은 일이라고 정말 믿기 때문에 그렇게 말을 하는가?
  - 이런 초보적인 일자리보다는 마약 거래를 해서 버는 돈이 더 많을 수 있는데, 왜 이런 일을 선택하는가?
  - 중독에서 벗어나기 위해 얼마나 전념하고 있는가?

● **노년 생활**

- 자녀들은 당신이 무엇을 하기를 원하는가?
- **당신은** 무엇을 하고 싶은가?
- 의사결정하는 데 압박을 느끼는가?
- 부모님들은 이 시기에 삶에서 무엇을 했는가? 그들이 했던 것을 하고 싶은가?

● **신앙**

- 주변에 있는 사람들은 당신의 질문을 지지하는가, 아니면 저항하는가?
- 남편(부모)은 당신의 선택을 수용할 것인가?
- 당신은 자유의지로 이 결정을 했다고 느끼는가?
- 예수(무하마드, 부처 등)는 이런 질문을 계속하기를 원할까, 아니면 질문을 멈추고 교화의 가르침을 받아들이기를 원할까?
- 성경(코란, 바가바드 기타 등)을 자유롭게 자기 방식으로 해석해도 된다고 생각하는가?

행동하기

사람들은 자신의 가치에 따라 행동한다. 가치는 사람들의 행동 속에 나타난다. 명료화 질문은 내담자가 자신의 신념, 목적 그리고 가치에 따라 무엇을 할 것인지 또는 하고 싶어 하는지를 생각하게 만든다. 명료화 질문은 자신의 목적을 향해 행동하도록 돕는다.

명료화 반응

● 그것에 대해 무엇을 하고 있는가?
● 그것에 대해 무엇을 했는가?

- 당신의 목적을 달성하기 위해 무엇을 할 것인가?
- 첫 단계는 무엇인가?
- 당신이 마지막으로 ______한 것은 언제인가?
- ______에 관해 무엇을 할 계획인가?
- 이제 무엇을?
- 이것에 전념할 의사가 있는가?
- 이것을 하는 데 어떤 도움이 필요할까?
- 이 일을 하는 데 돈을 쓸 용의가 있는가?
- 얼마나 멀리 갈 용의가 있는가?

명료화 질문

- **부부**
  - 당신이 지금 하는 활동 가운데 앞으로도 함께 계속하려는 것은 무엇인가?
  - 당신 혼자 계속하려고 하는 것은 어떤 것인가?
  - 당신이 함께 하고 싶은 생각이 드는 새로운 활동이 있는가?
  - 그러니까 일주일에 한 번 '데이트'를 하는 것으로 결정했다. 그 날짜를 정할 준비가 되었나? 그 날짜를 언제 정할 것인가?
  - 어떤 도움이 필요할까? 아기 돌보미? 식당 예약?
  - 당신이 하고 싶어 하는 또 다른 것이 있는가?

- **회복**
  - 좋은 출발을 위해, 집에 가서 당신이 할 수 있는 첫 번째 일들에는 무엇이 있는가?
  - 누군가 술을 권하면 무슨 말이나 행동을 할 것인가?
  - 당신이 피해야 할 필요가 있다고 말한 옛날 친구 집단을 보게 되었는데, 그 사람들이 "어이! 우리 파티할 거야. 빨리 와."라고 말하면 당신

은 무슨 말이나 행동을 할 것인가?

- 혼자 있는 것에 대해 어려움이 있다고 말했다. 지금 그것에 대해서 무엇을 할 계획인가? (주의: 이전에 "집에서 혼자 **할 수** 있는 것은 무엇인가?"라는 질문은 **대안 고려하기** 범주에 잘 어울린다. "무엇을 **할 것**인가요?" 또는 "무엇을 할 **계획**인가?"라는 질문은 **행동하기** 범주와 잘 맞는다. 때로 이 구분은 다소 모호하고, 범주는 맥락 속에서만 구분된다. 때로는 한 질문이 두 개의 가치화 과정에 걸쳐 모두 사용될 수도 있다. 그러나 도움이 되는 질문이라면 큰 문제가 되지 않는다.)

● **노년 생활**

- 그래서 당신은 요양원에서 사는 것에 대해 아직 정보가 더 필요하다고 결정했군요. 이 정보를 찾기 위해 무엇을 할 수 있을까요? (대안) 무엇을 할 것인가요? (행동하기)
- 이것에 대해 행동할 준비가 되었나요, 아니면 이것에 대해 좀 더 생각해 보고 싶은가요? 당신 생각에는 언제쯤이면 준비가 될 것 같은가요?
- 집을 팔고, 짐을 꾸려 이사를 하기 위해 당신이 해야만 하는 모든 것에 대해 이야기를 시작할 때마다 거기에 압도당하는 것 같네요. 그 이사를 좀 더 쉽게 할 수 있는 대안들을 탐색해 보고 싶은가요? (이 경우, 행동하기를 돕다가 다시 대안을 탐색하는 것으로 돌아가는 것이다.)
- 예전에 당신이 말했던 것처럼 따님에게 전화할 계획이 있나요?
- 그 밖에 또 무엇을 해야 할까요?

● **신앙**

- 이것을 명확히 밝혀내는 데 도움이 될 수 있도록 당신이 해야 할 활동이 있는가?
- 보다 진정한 종교 경험을 할 수 있도록, 당신이 할 수 있는 것이 무엇

인가?
- 다음 단계는 무엇인가?
- 이것에 대해 함께 기도하고 싶은가?

패턴

사람들은 자신의 가치에 따라 반복적으로 그리고 지속적인 패턴으로 행동한다. 명료화 질문은 내담자가 자신의 활동 패턴을 점검하고, 새로운 패턴을 숙고하며, 가치 지표(목적, 신념, 활동)에서 나타나는 불일치를 직면하도록 돕는다.

명료화 반응

- 이것을 자주 하는가?
- 여기에 어떤 패턴이 있는가?
- 인생에서 이런 이슈를 보통 어떤 식으로 다루는가?
- 이것을 더 하고 싶은가? 다시 할 것인가?
- 이런 일에 변함이 없는가?
- 이런 일에 대해 당신이 말한 것은 실제로 당신이 하고 있는 것과 일치하는가?
- 당신을 잘 아는 사람들은 당신이 ……이었다고 말할까?
- 그것을 성취하기 위해 열심히 노력할 것인가?
- 이전에는 어떤 것이 통했는가?
- 이것처럼 당신이 할 수 있는 다른 것들이 있는가?

명료화 질문

- **부부**
  - 사교 계획을 만들 때 대체로 누가 하는가?

- 그 패턴을 계속 유지하고 싶은가?
- 매주나 매월 또는 정해진 일정을 가진다면, 당신이 원하는 독립된 시간을 가지는 데 도움이 되는가?
- 이것을 같이 하는 것을 즐긴다고 말했다. 이것을 더 많이 하길 원하는가?
- 이것을 규칙적으로 실천하고 싶은가?

● **회복**

- 과거에 문제에 빠졌을 때 나타나는 첫 번째 경고 신호는 무엇이었나?
- 회복 계획을 지킬 수 있도록 돕는 일상적인 일과가 있는가?
- 과거에는 도움을 청하는 것이 얼마나 어려웠는가? 이제는 좀 다른가?
- 주간(weekly) 지지 집단에 계속 참여할 것인가?
- 혼자 있을 때 문제에 빠졌다고 했는데, 지금 가족들과 헤어지고 이사하기로 선택했다. 이것에 대해 염려하는가?

● **노년 생활**

- 보통은 변화를 어떻게 다루는가? 이 방식이 일상적인 것인가?
- 당신은 강인하다고 자기를 묘사했다. 이것이 여기서도 작동하고 있는가?
- 자신의 삶에서 이사를 했거나 이사를 생각해 본 적이 여러 번 있는가? 어떻게 되었는가?
- 삶의 다른 전환기에 배운 것은 무엇인가? 그때 배운 것들 가운데 지금 상황에 적용할 만한 것들이 있는가?

● **신앙**

- 당신에게 의미가 있어서 일상적으로 실행하는 종교 의식이 있는가?
- 당신이 지금 어떤 삶을 살고 있는가를 고려할 때, 외부 관찰자들은 종

교나 신앙이 당신 삶에서 어떤 위치를 차지하고 있다고 말해 줄까?
- 당신 삶에서 신앙이나 다른 주제로 의심을 경험한 다른 시기나 방식이 있었는가?
- 인생을 살아온 방식이 신앙과 일치하는가? 신앙을 포기하면 그 생활 패턴은 달라지는 것인가?

여기까지 제시한 사례들은 상담자가 내담자가 자신들의 신념이나 느낌, 활동, 목적 및 가치를 심층적으로 생각하도록 도울 수 있는 수만 가지의 명료화 질문 가운데 몇 가지일 뿐이다. 내담자의 말에 대해 일반적 명료화 반응을 사용하거나, 내담자가 더 탐색할 수 있도록 상황-구체적인 명료화 질문을 사용하거나 간에 명료화 질문은 내담자와 집단구성원들이 7가지 가치화 과정에 참여하도록 돕는다. 따로 사용하더라도, 단 하나의 좋은 명료화 질문은 통찰과 목적 설정, 의사결정과 행동에 이르는 사고 과정을 시작하게 만든다.

그러나 명료화 질문은 그저 따로 사용하지 않는다. 다음에 나오는 두 장에서 명료화 질문에 대해 더 다루고자 한다. 5장은 명료화 질문을 명료화 면접, 즉 특별한 형식의 상담 회기에서 순차적으로 사용할 수 있는 방법을 다룬다. 6장에서는 명료화 질문을 가치명료화 전략에 적용하는 방법을 보여 준다. 이는 명료화 질문을 하는 더 정교한 활동과 구조에 대한 것이다.

CHAPTER

05

명료화 면접

명료화 면접은 가치명료화를 개인상담 장면에서 사용하는 기본 모형이다. **면접**이라는 단어는 전통적으로 상담 회기를 지칭하기 위해 사용된 용어였다. 실제 상담에서 명료화 면접은 10분이나 전체 회기 또는 여러 회기에 걸쳐 나타날 수 있다.

명료화 면접은 내담자가 가치명료화 과정을 거쳐 가치 실현에 도달하도록 돕기 위해 가치-명료화 질문(4장)을 사용하며 가치-명료화 전략(6장)을 사용할 수도 있다.

명료화 면접의 단계

명료화하기 딜레마 명료화하기 느낌 인식하기
목표 설정 목표와 우선순위 정립하기
대안 대안 만들기
결과 장단점 고려하기
선택하기 자유 선택이나 결정하기
계획하기 다음 단계 결정하기 행동에 전념하거나 해결하기

〈명료화 면접〉

명료화 면접의 단계를 순서대로 열거하였는데, 여기에는 이 순서를 따르는 명백한 논리가 있기 때문이다. 우리는 문제를 해결하기 전에 문제가 무엇인가를 확인해야 한다. 중요한 선택을 하기 위해서는 대안들에 대한 장단점을 고려해야 한다. 이런 식이다. 그러나 실제에서는 이 순서대로 진행되지 않을 때가 있다. 예를 들면, 대안을 만드는 단계(3단계)에서 내담자는 1단계에서 적절하게 표현되지 않은 느낌을 떠올릴 수 있다. 그래서 면접의 관심이 그런 느낌을 탐색하는 것으로 되돌아갈 수 있다. 또는 다양한 대안들의 결과를 탐색하는 단계(4단계)에서 내담자가 어떤 대안도 지금까지 수용할 만한 것이 없다는 것을 깨닫고, 대안을 탐색하는 이전 단계로 되돌아갈 수도 있다. 그럼에도 불구하고, 면접은 때로는 점차적으로 그리고 때로는 빠르게 다음 순서로 진행될 수 있다.

1단계: 명료화하기

딜레마 명료화하기

많은 문제해결 모형은 **문제**를 확인하는 것으로 시작된다. 가치명료화 상담에서는 **딜레마**라는 용어를 선호한다. 왜냐하면 딜레마는 두 가지 이상의 대안들 가운데 선택하는 것을 의미하는바 바로 가치명료화가 가장 적합한 곳이기 때문이다. 만약 내담자의 문제가 자신감이 매우 낮은 것, 희망이 없는 느낌, 신체적 증상과 더불어 다른 여러 가지 심리적 및 감정적 어려움과 같은 것이라면 가치명료화는 그런 핵심 문제를 다루는 데 적합한 상담 방법이 아니다. 그러나 내담자가 서로 비등한 우선순위가 있고, 선택권이 혼란스럽거나 제한되어 있을 때 또는 전략적 사고와 활동 계획이 요구되는 상황에서 목표를 설정하거나 선택할 준비가 되어 있을 때, 가치명료화는 상담을 진전시키는 매우 유용한 방법이다. 실제로 상담이나 치료의 후반부에 자신감이 부족하거나, 희망을 느끼지 못하거나, 감정적 문제로 힘들어하는 내담자가 자신의 목표를 추구하고자 새로운 선택을 할 준비가 되었을 때도 가치명료화는 치료의 유용한 부분이 될 수 있다.

그래서 가치명료화 면접에서 첫 번째 단계는 내담자가 딜레마와 가치 갈등 또는 원한다면 가치문제를 확인하고 명료화하도록 돕는 것이다. 이것은 내담자가 자신의 딜레마에 대해 아주 분명하다면 빠르고 쉬운 과제이다. 그렇지 않으면 그의 곤경을 풀어내고 작업을 할 한두 가지의 이슈를 분리하고 결정하는 데까지 다소 시간이 걸릴 수 있다. 그러나 이것이 한두 회기 이상 걸릴 경우, 가치 딜레마가 감정적 갈등이나 인식되지 않은 느낌들로 인해 복잡한 상태임을 나타내는 것이다. 이때는 다른 부가적 상담 방법을 사용해서 이를 더 깊이 탐색하는 것이 좋다.

좋은 경청은 이 단계를 포함한 모든 명료화 면접 단계에서 상담자가 보여주어야 할 본질적 행동이다. 경청의 목적은 상담자가 생각하기에 중요한 이슈나 선택 사항이 아니라 내담자에게 중요한 이슈나 딜레마를 확인하는 것이다. 이상적으로는 내담자가 만족할 만한 한 문장으로 상담자나 내담자가 딜레마를 요약할 수 있어야 한다. 예를 들면, "그러니까 당신은 직업 사이에 끼어서 무엇을 해야 할지 모른다는 것이군요." "내가 한때 가졌던 자원들을 지금은 가지지 못했습니다. 지금은 수입을 가지고 살아갈 방법을 찾아내려고 노력하고 있습니다." "이 관계는 제대로 기능하지 않아요. 이것을 회복시키고 싶지만, 가능할지 모르겠습니다." "당신은 혼자서 가정을 꾸려 나갈 수가 없군요. 다른 가능한 생활 방식이 무엇인가를 결정하고 싶어 하는군요."와 같다.

'딜레마 명료화하기'는 단순히 확인하는 것 이상이다. 이것은 딜레마를 보다 완전하게 이해하기 위해 딜레마를 탐색하는 것도 포함한다. 이 단계에서 광범위하고 다양한 명료화 질문을 내담자에게 물어서 자신의 딜레마를 다른 관점에서 보도록 하거나 자기 상황에 대해 더 많은 통찰을 얻도록 도울 수 있다. "직장에서 좌절감을 겪기 시작한 것이 언제인가요?" "이 상황에서 혼자라고 느끼나요, 아니면 자신이 경험하고 있는 것을 겪고 있는 다른 사람도 있다고 생각하나요?" "1점에서 10점까지의 척도가 있을 때, 당신은 현재 상황에 대해 어느 정도 신물이 나 있나요?" "이것에 대해 다른 사람들과 이야기를 나누어 본 적이 있나요? 그것이 도움이 되었나요?" 내담자를 더 잘 이해하려는 상담자의 바람과 호기심, 직관 그리고 잠정적인 통찰은 모두 명료화 질문으로 이끄는 유용한 안내자들로서 내담자와 상담자가 여러 각도에서 내담자의 딜레마를 탐색하고 더 풍성하게 이해하도록 도움을 줄 수 있다.

느낌 인식하기

거의 모든 가치 딜레마나 문제는 아무리 인지적이거나 객관적으로 생각을 한다 해도 감정적인 요소를 가지고 있다. 이미 이야기하였듯이 내담자가 직면하고 있는 문제가 감정적인 것이라면, 가치명료화는 그 내담자를 위한 핵심적인 상담 접근법이 아니다. 그러나 내담자가 삶에서 중요한 결정을 내려야 하는 순간에 불안, 두려움, 혼란, 분노, 슬픔과 더불어 변화와 관련된 흥분이나 즐거움, 굳건함과 같은 긍정적 감정들을 느끼는 것은 매우 자연스러운 것이다. 다시 말하면, 상담자는 그러한 감정을 주의 깊게 들어야 할 필요가 있다. 내담자가 그러한 감정들을 표현할 때 가치-명료화 상담자가 공감적으로 이를 인식하여 내담자가 이해받고 수용되고 있다고 느끼도록 도우며, 가치화 과정을 계속해 나아갈 수 있도록 돕는 것은 매우 적절하며 바람직하다. 그러나 내담자가 이 단계를 넘어서서 진행할 수 없는 경우라면, 감정적 이슈들에 대해 더 많은 탐색과 관심을 제공할 필요가 있고, 때로는 다른 상담 또는 치료 방법들을 고려해야 할 수도 있다.

2단계: 목표와 우선순위 정립하기

가치명료화 과정에서 이 단계의 주된 목적은 내담자가 딜레마에 내재되어 있는 가치와 선택이라는 측면에서 무엇을 높이 평가하고 소중하게 여기는지, 내담자가 무엇을 원하고, 무엇이 중요한지를 확인하고 정교화하도록 돕는 것이다. 예를 들면, 중요한 가치들—가족과 직업, 건강과 금전—사이에는 갈등이 있을 수 있다. 보다 세속적인 수준에서 어떤 자동차를 사야 할까 고민하는 내담자는 사회적 지위와 기능 사이에서, 날렵하고 멋지게 보이는 차량과 실용적이고 다목적인 차량 사이에서, 운송 능력(유용성)과 연비(환경 책무) 사이에서 또는 심지어 파란색과 녹색 사이에서 갈등하고 있을 수 있다. 이 단계에서 탐색해야 할 핵심 질문은 "무엇이 당신에게 중요합니까?" "당신의 목표와 우선순위는 무엇인가요?"라는 것이다. 그리고 만약에 가치들 사이에 갈등이 있다면, "당신에게는 어떤 가치가 다른 것보다 더 중요한가요?"와 같은 것이다. 명료화 과정이 진전됨에 따라 자신의 모든 목표나 가치를 완전히 실현할 수 있는 방법은 없다는 것이 분명해진다. 그래서 우선순위를 정하는 것이 중요한데, 가능하다면 지금 그리고 면접 과정의 후반부에서도 그렇다.

3단계: 대안 만들기

이 단계에서 내담자와 상담자는 딜레마에 대한 대안적 해결책을 고려해 보기 시작한다. 내담자에게 가능한 선택권은 무엇일까? 내담자가 가치화 과정에 따라서 대안들 가운데 선택할 수 있을 때 가장 도움이 된다. 그래서 이 지점에서의 목표는 올바른 선택이나 최상의 선택을 즉각적으로 영점 조준하는 것이 아니라, 브레인스토밍 태도를 취하고서 여러 가지 가능한 선택들을 만들어 내고자 시도하는 것이다. 대안들은 대화가 진행됨에 따라 단순히 언어적으로 진술될 수도 있고, 상담자와 내담자가 한 사람 또는 두 사람 모두가 볼 수 있는 필기첩에 적을 수도 있다.

때로는 이 단계를 "당신은 자신의 상황에 대해 가능한 해결책을 살펴볼 준비가 되었다고 느끼나요?" 또는 "제가 느끼기에는 당신이 자신의 딜레마를 분명하게 기술했고, 해결책으로 무엇을 달성하고자 하는지를 확인했다고 느껴지네요. 동의하시나요? 당신 생각에는 그 아이디어를 진전시키는 작업을 시작하고 싶은지요?" 등과 같은 말로 내담자를 부드럽게 초대하면서 시작할 수 있다. 다른 경우에는 상담자나 내담자가 이 국면으로 들어갈 준비가 되었다는 것을 알아차려 요청이나 사전 약속 없이 그냥 시작할 수 있다. 일단 과정이 시작되면 다음과 같은 절차에 따라 진행할 수 있다.

내담자의 대안으로 시작하기

항상 내담자가 만들어 낸 아이디어나 해결책으로 시작하라. 이 단계의 목표는 현재 딜레마에 대한 답을 찾는 것이 아니라 내담자가 평생에 걸쳐 사용할 수 있는 문제 해결, 가치명료화 과정을 배우도록 돕는 것이다. 내담자가 적극적일수록 이 과정을 더 잘 배울 수 있다.

상담자는 다음과 같은 것을 질문함으로써 시작할 수 있다. "그래서 어떤 선택을 고려해 보았나요?" 또는 보다 일반적으로 내담자가 아직 어떤 선택도 고민해 보지 않았을 수 있기 때문에 "이런 상황에서 당신이 할 수 있는 선택들에 대해 생각해 본 적이 있나요?"라고 물어보면서 시작할 수도 있다. 그러면 내담자는 지금까지의 대화를 통해 몇 가지 선택을 이미 찾아냈을 수도 있다. 이 경우에 상담자는, 예를 들어 "지금까지 당신이 두 가지 선택권에 대해 언급하는 것을 들었습니다. 현재 지금 직장을 유지하는 것과 그만두는 것인데, 맞나요? [내담자는 이것을 인정하거나 상담자에게 이전에 언급한 다른 선택권을 기억나게 한다.] 좋아요. 당신이 고려하고 있는 다른 대안들이 있나요?" 또는 "당신과 같은 상황에 있는 다른 사람들이 생각해 볼 수 있는 다른 선택권이 있나요?"라고 말할지도 모른다.

마지막 질문을 하는 두 가지 방식에는 미묘한 차이가 있음을 주목하라. 첫 번째 방식인 "**당신**이 고려하고 있는 다른 대안들이 있나요?"는 내담자가 자신이 진짜로 좋아하는 선택을 찾도록 이끈다. 다시 말하면, 이 질문은 브레인스토밍이나 창의적 생각으로 이끌기보다는 제한되거나 심지어 '무엇이 가장 나에게 올바른 선택인가?'라는 간절한 질문으로 이끈다. 두 번째 질문 방식은 "당신과 같은 상황에 있는 사람이 생각해 **볼 수 있는** 다른 선택권이 있나요?"는 내담자에게 자신을 위한 즉각적인 해결책을 떠올리고, 대안적 선택권에 대해 폭넓게 생각하는 부담을 줄여 준다. 한 가지 방식이 다른 것보다 더 나은 것은 아니다. 이것은 각각의 장점들이 있으며, 필적할 만한 질문들을 다양한 방식으로 말하는 데 익숙한 상담자는 내담자의 진전을 가장 잘 촉진하는 말을 찾아낼 것이다.

선택에 대해 판단해서는, 특히 상담자가 판단해서는 안 된다

그 목적은 상담자가 어떤 것은 다른 것보다 더 낫다는 식의 판단을 피하고 내담자의 모든 생각을 동등하게 존중하면서 수용하려는 것이다. 사실, 상담자는 내담자의 잠재적 선택권들 가운데 어떤 것이 탁월하다고 생각할 수 있다. 예를 들면, 진로 내담자가 "어떤 직업들이 있는지 더 많은 정보가 필요하다고 생각합니다." 또는 노인이 "사람들에게 도움을 청하는 법을 좀 더 배워야 할 것 같아요."라고 말을 하면, 참 좋은 아이디어라고 생각할 수 있다. 유사하게 상담자는 내담자의 대안들 가운에 어떤 것에 대해서는 몹시 염려할 수도 있다. 예를 들면, 장애가 있는 노인 내담자가 자신이 선택할 수 있는 것 가운데 하나는 돌봐 줄 수 있는 사람이 없는데도 집에 혼자 머무르는 것이라고 말하거나, 복지 지원 문제로 어려움을 겪는 내담자가 가난으로부터 벗어나는 방법은 지금 쓸 수 있는 펀드로 복권에 투자하는 것이라고 말하는 것 등이다. 상담자가 내담자와 함께 이런 의견의 타당성이나, 관심 또는 부가적 정보를 살펴볼 때도 있을 수 있다. 그러나 이것은 그런 것들 중의 하나가 아니다. 이 지점에서의 목적은 아이디어(실제적이거나 비유적이거나)—내담자가 처음으로 만들어 내거나 더 명확해진 대안들, 아울러 상담자가 다른 대안들을 고려해 보도록 요청함에 따라 내담자가 생각해 낸 부가적 아이디어 전체—를 꺼내 목록에 올리는 것이다.

상담자가 부가적 대안을 제공할 수 있다

우리의 삶은 상담의 안팎에서 모두 우리가 이전에 인식하지 못했던 새로운 아이디어나 선택권을 만나게 될 때 잠재적으로 더 풍요로워지고 더 세련될 수 있다. 가치명료화 상담에서 상담자는 가능한 유용한 대안들—이전 사례에서 사용한 직업 훈련 정보, 노인 돌봄 선택권, 부채 상담—에 대한 내담자의 인식을 넓혀 주는 적절한 역할을 해야 한다. 핵심은 그러한 대안을 '제공하는 것'이지 '강요하는 것'이 아니라는 점이다.

제공하되 강요하지 않는 한 가지 방법은 내담자에게 이러한 대안들에 대

해 들어 보고 싶은가를 물어보는 것이다. 내담자가 만들어 낸 다양한 대안들을 상담자가 수용하고 존중하고 있음을 보여 준 후에 (상담자가 부가적으로 제공하는 대안을 내담자가 강요하는 것으로 **느끼지** 않는다면) 상담자는 "다른 대안이 떠올랐어요. 들어 보시겠습니까?" 또는 당신과 비슷한 상황에 있는 내 친구(다른 내담자)가 있어요. 그가 시도한 것을 들어 보시겠습니까?" 또는 "어디 보시죠. 하고 싶은 대안으로 세 가지를 생각하셨네요. 내가 들었던 두어 가지 아이디어가 있는데 들어 보시겠어요?"라고 말할 수 있다.

상담과 심리치료에는 흔히 (혹자는 늘) 불평등한 힘의 관계가 존재한다는 것을 인정한다면 또는 대부분의 내담자는 그저 정중하고자 상담자나 치료사의 대안을 들어 보고 싶다고 말할 것이라고 한다. 그러나 나는 이 상황을 조금 다르게 생각한다. 상담자가 지금까지 내담자에게 잘 귀 기울여 왔고, **있는 그대로의 그를** 수용하고 존중하며, 내담자의 과거 행동을 판단하지 않고, 내담자가 이미 만들어 낸 대안들을 수용했다면, 내담자는 상담자가 말해 보고자 하는 것을 **당연히** 듣고 싶어 할 것이다. 이런 점에서 상담은 다른 인간관계와 전혀 다를 바가 없다. 즉, 우리가 다른 사람에게 귀를 기울이고 존중하면 그도 우리에게 귀 기울이고 존중할 가능성이 높다(보장할 수는 없지만 그럴 가능성이 높다). 그래서 나는 내담자가 이쯤에서 나의 개인적 및 전문적 경험에 기초하여 제공하고 싶어 하는 대안들을 개방적인 자세로 듣는 것에 별로 문제를 느끼지 못한다.

그러나 다시 말하면, 상담자의 목적은 대안을 '제공하는' 것이지 '강요하는' 것은 아니다. 이것은 상담자의 단어나 어조에 따라 이루어진다. 만약 상담자가 사용하는 특별한 단어나 사용된 단어의 수 또는 말에 불어넣는 에너지에 따라 상담자는 "그 대안들은 좋습니다만, **여기** 당신이 정말로 진지하게 생각해 보아야 할 아이디어들이 **있습니다.**"라는 식으로 의도를 암시한다면, 그것은 상담자가 자신의 대안을 강요하는 것이다. 이 단계는 아직도 브레인스토밍 단계이다. 상담자가 제시하는 대안들은 간략하게 진술하거나 요약해서 말해야 한다. (아마도 더 세부적인 사항은 내담자가 관심이 있다면 더 말할 수 있다는 것을 시사하면서) 상담자의 말과 어조는 "이것은 다른 사람들에게 유용했었습니다." 또는 "이것이 효과가 있을 것 같네요."라는 정도여야 한다. "이것이 효과 **있을 것**입니다."라고 해서는 안 된다.

내담자는 상담자의 대안에 즉각적으로 반응하고 싶은 유혹을 느낄 수도 있다. 이 경우, 가능하다면 내담자에게 다음 단계까지 평가를 유보하라고 요청하거나 다음 단계로 넘어가는 기회로 사용해야 한다. 그러나 내담자가 상담자의 대안을 즉각적으로 거절한다면, 상담자는 그 아이디어를 기꺼이, 최소한 지금은 버리는 것이 좋다.

4단계: 결과와 장단점 탐색하기

이제 만든 대안들을 평가할 시간이다. 상담자의 역할은 내담자가 다양한 대안들의 장단점에 대해 생각해 보고, 하나 이상의 대안을 선택하기에 앞서 결과를 생각해 보는 시간을 가지도록 돕는 것이다. 내담자는 '목록'을 쓱 훑어보고 가장 전망이 좋은 하나의 대안을 즉각적으로 선택하고 싶은 마음이 들 수 있다. 그러나 상담자는 여기에서 내담자가 지나치게 즉각적으로 선택하는 것을 미연에 방지하도록 노력해야 한다. 각각의 대안은 특정 목표를 달성하는 데 더 도움이 되거나 또는 방해가 될 수 있기 때문에, 내담자가 각각의 대안이나 최소한 여러 가지 대안들에 관해 생각해 보는 과정은 자신의 목표가 무엇인가를 더 분명하게 명료화할 수 있는 기회를 제공한다. 첫 번째 선택은 내담자의 목표 가운데 실제로 어떤 부분을 성취할 수 있을 것이다. 그러나 보다 상세하게 살펴보면, 그 대안으로는 다른 목표들을 성취할 수 없을 수도 있다. 그래서 모든 대안이나 여러 대안들의 결과를 탐색하는 시간을 좀 더 사용하면, 처음의 직관적 반응보다 내담자가 탐색해 볼 수 있는 더 많은 자료를 제공한다. 내담자가 상이한 선택권들의 장단점 그리고 결과를 고려해 보도록 상담자가 물어볼 수 있는 가치-명료화 질문은 매우 많다. 예를 들면, 다음과 같다.

- 그 선택의 좋은 점과 나쁜 점은 무엇인가요?
- 어떤 선택이 첫 번째 목표를 달성하나요? 당신이 제시한 두 번째 목표를 달성하려면 어떤 선택을 해야 하나요?
- 그 선택을 하게 되면 당신에게 어떤 결과로 돌아올 것이라고 생각하나요? 그것을 선택하면 배우자나 자녀에게 어떤 영향을 줄 것이라고 생각하나요?
- 이 선택의 단기적 결과는 무엇일까요? 지금부터 1년이나 5년 후에는 어떨까요?
- 예전에 당신에게 종교(정치)가 얼마나 중요한가에 대해 말했습니다. 목사님(정치적 멘토)은 이런 대안들의 장단점을 어떻게 보실 것으로 생각하는지요?
- 이 선택들에 대해 자신의 목표를 대부분 충족하는 것부터 거의 충족할 수 없는 것 순으로 배열해 볼 수 있나요?
- 각 대안의 장단점을 찾아보기 위해 '결과 찾기'(6장에 설명한 가치명료화 전략 18)를 사용해 볼 의향이 있습니까?

이런 예시들은 상담자가 내담자에게 잠재적 선택권과 해결책을 보다 심층적으로 탐색하도록 물어볼 수 있는 몇 가지 방식에 불과하다. 이 질문들은 상담자가 생각하기에 내담자에게 최상인 선택을 하도록 미묘하게 이끄는 질문이 아니다. 오히려 사람들이 충분한 정보만 있다면 자신과 다른 사람들을 위해 더 좋은 선택을 할 수 있다는 믿음에 기초하는 것이다. 보다 철저하고 정확한 장단점 그리고 결과에 대한 그림은 그러한 정보를 제공한다. 그래서 다양한 대안들이 가져올 결과들에 대해 교육받은 추측이나 투사를 하라.

5단계: 자유롭게 선택하기

이 부분은 두 가지 측면—선택하기와 **자신이** 선택하기—을 갖고 있다.

선택하기는 내담자가 딜레마를 해결하거나 앞으로 나아가기 위해 한 가지 이상의 대안을 선택한다는 것을 의미한다. 이것은 상이한 대안들의 장단점을 탐색한 후에 승리자가 되는 한 가지 선택을 하는 것일 수도 있다. 또는 서로 해결책의 일부분을 담당하는 두 가지 이상의 대안을 택하는 것일 수도 있다. 만약에 내담자가 자신의 이슈를 해결하기 위해 **많은** 대안을 선택하고 싶어 한다면, 이 시점에서 상담자는 내담자에게 좀 더 제한된 수의 선택이나 변화를 고르는 것의 장단점에 대해 생각해 보도록 물어보고 싶을 수 있다.

이 단계에서 의사결정의 또 다른 부분은 내담자가 선택한 것이 실제로 **자신이** 선택한 것인가를 검토하게 하여 자기 결정에 대한 책임감을 갖도록 돕는 것이다. "**당신은** 이것이 자신에게 가장 좋은 것이라고 생각하나요?" "선택을 할 때 어떤 압박감을 느꼈나요?" "이것은 당신의 목록에 내가 제안한 것입니다. 당신은 일부분이라도 **내가** 그것을 선호하기 때문이라고 생각해서 그 대안을 선택한 것인가요?" 이런 질문의 목적은 내담자가 상담의 흐름에 따라 나온 결과이지만 스스로 책임을 지지 않는 부분과 선택 과정에 대해 주인의식을 가지고 적극적으로 자신이 결정한 부분을 분리하도록 하는 것이다. 이 결정은 결과적으로 같아 보일 수 있지만, 내담자가 주인의식을 가질 때, 심지어 이들이 "좋아요. 변화를 위해 정말로 이것을 하고 싶지는 않아요. 그래도 어쩌겠어요. 이것을 해 볼 것입니다."라고 말하더라도, 이들은 **자신의** 가치에 따라 행동하기 시작하고 누군가가 그렇게 하라고 만들었을 때보다 더 성공적인 결과를 얻을 가능성이 높다.

내담자가 압박감을 **느꼈다고** 말하면 어떻게 할 것인가? 예를 들면, 내담자는 부모에 의해 선택하는 것에 대해 압박을 느낀다. 그럼에도 내담자가 자기 선택에 대해 책임감을 가지는 것은 중요하다. 상담자는 다음과 같이 말할 수 있다. "좋아요. 압박을 느끼는군요. 그것이 바로 이 선택의 단점 가운데 하나겠네요. 압박을 느낄 때 당신은 화가 난다고 말씀하셨어요. 탐색해 본 바로는 이 선택의 부정적인 결과 가운데 하나는 당신이 부모님에게 화를 낼 가능성이겠군요. 그래서 잠시 멈추고 생각해 봅시다. 당신은 앞으로 화를 느끼게 될 것이고, 이것을 해결해야만 하는 것을 알면서도 **여전히** 이 대안을 선택할 건가요?" 사람들은 부모나 권위자, 치료사와 같은 누군가가 자기에게 어떤 것을 시켰다고 느끼면, 그것을 실행하는 데 투자를 덜하게 될 것이다. 그래서 윤리적 이유(상담자는 내담자에게 자신의 가치를 강요해서는 안 된다)와 실제적 이유(자유 선택을 했을 때 실행할 가능성이 높다)로 가능한 한 내담자가 자신의 결정을 할 수 있도록 도와야 한다.

자유 선택에 관한 생각 하나 더. 어떤 경우에는 내담자(그리고 치료사)가 단순히 자유 선택이 없는 경우가 있다. 어떤 내담자는 법원의 명령에 의해 약물치료나 분노관리 과정을 수강해야 하는 경우가 있다. 치료사는 내담자에게 법원의 명령을 충족시키는 치료 계획만을 처방해 줄 수도 있다. 이런 경우에도 가치명료화의 가장 강력한 측면 가운데 하나가 드러나는데, 바로 내담자가 책임을 지도록 돕는 방법이다. 내담자와 '계약'을 수립하는 과정에서 상담자가 "법원의 명령으로 당신이 여기 왔고, 화가 나 있다는 것을 압니다. 그래서 당신은 여기에 앉아서 가능한 한 아무것도 하지 않고 있다가 가고 싶은 것인지, 아니면 우리가 함께하는 시간에서 **당신이** 얻기를 원하는 **어떤 것**이 있는지 물어보고 싶습니다."라고 말할 때, 상담자는 실제로 생산적인 작업을 함께 시작할 수 있는 자유 선택이 포함된 결정적 명료화 질문을 하고 있는 것이다.

6단계: 행동 계획하기

내담자는 상담 중에 종종 통찰을 보이고 결정을 하지만, 그렇다고 해서 거기에 따라 행동하지는 않는다. 가치명료화에서 이 단계는 면접의 방향을 목표 설정과 의사결정으로부터 행동하는 것으로 옮겨 간다. 상담자는 촉진자로 남아 있어야 하며 이 과정의 감독이 되어서는 안 된다. 상담자는 내담자에게 행동을 해야 할 시간이라거나 선택한 것을 실행하는 방법에 대해 말하지 않는다. 상담자는 내담자가 자기 결정을 바탕으로 앞으로 나아가고 한다면, 다음 단계는 무엇이며, 어떤 단계들이 남아 있는지를 생각해 보도록 초대할 뿐이다.

'만약에 그가 앞으로 나아가고자 한다면'이라는 것은 이 단계에서 매우 중요하다. 내담자에게는 '선택을 했는데, 이제 어떻게 실천할 것인가요(how are you going to implement)?'라고 묻는 것이 아니라 '선택을 했는데, 이제 어떻게 실천해 나갈 수 **있을까요**(how **might** you implement it)?'라고 물어야 한다. 여기서 목적은 내담자가 '나는 그런 식으로 할 것이다.'라기보다는 '나는 그렇게 할 수 있다.' 또는 '나는 그렇게 하고 싶다.'라는 용어로 생각해 보도록 하는 것이다 (이것은 행동에 전념하기이다.)

내담자가 당장에 어떤 행동을 취하고 싶은가를 즉시 아는 것은 어렵기 때문에 이렇게 구분하는 것은 매우 중요하다. 어떤 사람도 행동 과정에 전념하면서 그것을 끝까지 실천하지 않거나 성공적으로 과업을 끝내지 않기를 원하는 사람은 없다. 내담자가 '내가 말한 것은 반드시 실천해야 해.'라고 느끼지 않는다면, 훨씬 분명하고 창의적으로 다음 단계에 대해 생각할 수 있다. 그래서 행동 계획을 두 단계로 나누는 것이 도움이 된다. 첫 번째는 어떤 행동이 바람직한가를 생각하는 것이고, 두 번째는 그 결정을 실제로 실행하는 것이다.

다음 단계 결정하기

이 단계에서 상담자는 명료화 질문을 가설적으로 넌지시 드러낸다. "이제 당신은 돈을 저축하기를 원한다고 결정하였습니다. 이 결정에 대해 어떻게 행동해 나갈 것인가요?" "당신은 직업 훈련이 경제적으로 안정적이 되기 위해서 추구해야 할 선택이라고 결정했습니다. 직업 훈련 프로그램을 시작할 수 있는 방법에 대해 생각해 볼 수 있나요?" "이 단계의 삶에서 가장 좋은 대안으로 생활지원시설에서 사는 것을 선택했습니다. 이 선택을 바탕으로 더 앞으로 나아가기 위해 할 수 있는 것은 무엇일까요?"

점점 더 작은 인형이 안에 있는 러시아 인형처럼, 때때로 다음 단계 안에는 또 다른 단계들이 있을 수 있다. 그래서 내담자가 생활지원시설로 이사하는 것이라는 자신의 선택을 더 앞으로 진행시키기 위한 한 가지 방법이 다른 생활지원지설을 방문하는 것이라고 말하면, 상담자는 "그러면 그런 시설들을 방문하기 위해 무엇을 해야만 할까요?"라고 물어볼 수 있다. 이에 내담자가 "딸에게 전화해서 차를 태워 달라고 해야지요."라고 말하면, 상담자는 "좋아요. 가능한 다음 단계는 딸에게 전화를 하는 것이군요. 생활지원시설을 방문하기 위해서 해야 할 또 다른 것들이 있나요?"라고 물어볼 수 있다. 그러면 내담자가 "음, 우리가 어디를 방문해야 할지 알아내야 하고 약속을 잡아야 해요."라고 말할 수 있다. 또는 내담자가 그것을 스스로 생각하지 않을 때, 상담자는 "어떤 시설을 방문하고 싶은지 알고 있나요? 아니면 그것을 지금 찾아볼까요?"라고 물어볼 수 있다.

다시 말하면, 상담자의 명료화 질문은 내담자에게 자신이 선택하거나 결정한 방안을 실행하기 위해 거쳐야 하는 한 가지 이상의 단계를 시각적으로 그려 보도록 돕는다. 바라건대, 내담자가 스스로 가능한 몇 가지 행동 절차를 생각해 내는 것이지만, 대안을 파생하는 단계와 마찬가지로 상담자는 내담자에게 다른 행동 절차를 고려해 보도록 초대할 수 있다. 예를 들면, 만약에 내담자가 요양시설 방문을 위해 약속을 정하는 것에 대해 아무런 이야기도 하지 않는다면 상담자는 "약속을 잡을 필요가 있다고 생각하나요?" 또는 "내 경험으로 볼 때 어떤 기관들은 그냥 방문하는 것을 반기기도 하지만, 어떤 시설은 선약이 필요하더군요. 약속을 정하기 위해 전화하는 것에 대해 어떻게 생각하나요?"라고 물어볼 수 있다. 다시 말하면, 상담자는 다음 단계들에 대해 충분히 확인을 했으면 전화를 걸어 약속하는 일과 같은 세부적인 것은 내담자 스스로 생각해 볼 여지를 남겨 두는 것이 가장 좋다는 것을 알아차릴 것이다. 어떤 대인 간 소통에 있어서도 언제 말하고 어느 정도가 충분한가 그리고 어디쯤에서 주제를 바꾸어야 하는가에 대한 민감성은 항상 도움이 되는 자산이다. 만약에 의심이 된다면 내담자에게 "지금까지 계획을 세우는 것을 충분히 이야기한 것 같은가요, 아니면 가능한 세부 사항을 더 탐색하고 싶은가요?"라고 물어볼 수 있다.

행동에 전념하기

이 단계에서 상담자는 내담자에게 깊은 숨을 들이쉬게 하고(비유적으로 또는 문자 그대로) 행동 과정에 전념하도록 요청하거나 혹은 그러지 않는다. '혹은 그러지 않는다'라는 말은 매우 중요하다. 이것은 명료화 면접에서 궁극적인 명료화 질문으로서, "당신은 이것을 할 것인가요?"이다. 이전 단계에서(104쪽의 '다음 단계를 결정하기') 내담자는 목표를 달성하기 위해 자신이 결정한 것을 실행하려면 무엇을 해야 하는가에 대해 작업했다. 이제 그 질문은 내담자가 그 발걸음을 뗄 준비가 되어 있느냐 하는 것이다.

항상 그렇듯이, 상담자가 이 기본적인 명료화 질문을 하기 위해 사용할 수 있는 방식은 여러 가지가 있다. "준비가 되었나요?" "직업센터에 전화를 할 준비가 충분히 되었나요?" "자녀에게 태워 달라고 전화를 할 건가요?" "하루에 20달러씩 저축할 건가요?" "어느 정도나 전념할 건가요?"

어느 때든(언제나), 상담자의 관점에서 이런 질문에 대한 바른 대답이라고 하는 것은 없다. 분명히 우리는 인간이다. 우리는 이 사람과 일정 기간 작업을 해 왔다. 이 단계를 거쳐 자신의 목표를 성취하도록 행동할 준비가 되어 있기를 바란다. 그러나 동시에 내담자가 준비가 되었다고 느껴지지 않을 때도, **상담자는 이것을 수용해야 한다**. 내담자는 자신이 행동을 실천하거나 하지 않거나 상담자가 계속 자신을 수용하고 지지할 것임을 느껴야 한다. 우리의 목표는 내담자가 **자신의 가치를** 개발하도록 돕는 것이다. 내담자가 자신의 의지에 따라 행동하려는 책임을 질 준비가 되어 있지 않더라도, 상담자는 그들을 압박하거나 죄책감을 느끼게 만들기를 원하지는 않는다. 만약 그들이 행동할 준비가 되어 있지 않거나 행동할 것이라고 말하면서 행동하지 않는다면, 우리는 내담자들이 자유롭게 되돌아가서 그 문제를 더 다룰 수 있을 만큼 충분히 받아들여지고 있다고 느끼기를 원한다.

동시에 그들이 전념하겠다는 말—"딸에게 전화를 할 거예요." "일주일에

20달러씩 저축할 거예요."—은 더 명료화하거나 행동 계획을 수립해야 하는 것일 수도 있다. 상담자는 "언제 전화를 할 건가요?" "언제까지 따님에게 전화를 할 건가요?" "첫 번째 20달러를 언제 저축할 건가요?" "매주 같은 날에 저축을 할 건가요?" "20달러를 저축할 때마다 말해 주도록 친구와 약속을 해 놓으면 도움이 될까요?" "그렇게 하는 것이 당신이 끝까지 이 일을 해낼 가능성을 높일까요?"와 같은 질문을 할 수 있다.

이 단계는 언어적 과정으로만 기술해 놓았다. 그리고 대부분은 그렇다. 내담자는 자신의 결정에 따라 행동해 나갈 것이라고 단언한다. 전념하겠다는 것을 기록으로 남겨 놓을 수도 있다. '자기 계약'(6장 전략 24를 보라)이라고 불리는 명료화 전략은 내담자가 스스로 약속을 지키겠다는 선언을 서류로 작성하는 것이다. 이것은 내담자가 '지금부터 일주일 이내에, 나는 직업훈련센터에 전화해서 약속을 정한다.'와 같은 자기 계약을 읽고 상담자가 "자신을 걸고 이 계약서에 이름을 적을 준비가 되었습니까?"라고 물을 때 판돈은 올라간다.

앞의 예가 나타내듯, 명료화 면접 과정은 논리적 순서를 따르지만 엄격하게 고정된 것은 아니다. 이 과정은 우선순위 정하기, 대안 만들기, 행동 계획하기가 새롭게 되풀이됨에 따라 자체적으로 계속 순환된다. 이것은 하나의 공식처럼 진행되지 않는다. 대안을 계속 탐색하는 것이 유용한지 아니면 평가하기 순서로 진행하는 것이 좋은지, 아니면 다음 단계에 머물면서 행동 계획을 세울 것인지 아니면 전념 단계로 이동하는 것이 더 좋은지, 아니면 전념하고자 할 때 인식하게 된 복잡한 감정이 있으면 뒤로 돌아가야 하는지는 내담자와 상담자만이 그 순간에 알 수 있다. 늘 그렇듯이 상담은 예술이자 과학이다.

▌명료화 면접 분석: 폴의 사례 재분석

1장에 간단한 명료화 면접 사례가 있었다. 여기서 그 면접을 가치명료화 상담이라는 관점에서 다시 풀어 보자. 먼저 내담자에 대한 배경 정보를 좀 더 살펴보자.

상담자가 폴을 처음 만났을 때, 9학년인 폴은 자신의 나치 시기로부터 벗어나고 있는 중이었다. 매우 지적이지만 화가 많이 나 있는 청소년인 폴은 다른 사람들에게 우월감을 보이는 태도를 유지하느라 끙끙거리고 있었다. 비백인과 유대인 그리고 다른 소수민족을 희생해서 우월감을 얻으려는 스킨헤드 운동에 잠시 매료되어 있었다. 폴은 이 극단적 운동으로부터 물러섰지만 여전히 관습적인 중산층 가치를 경멸하는 모든 신호를 나타내는 비순응적 행동—더러운 옷, 긴 머리, 노동화—을 즐기고 있는 것 같았다. 그래서 그가 때로 학교에 오토바이를 몰고 오고, 학생 평화 집단의 교직원 자문가가 되며, 학점이 없는 선택 교과인 밥 딜런의 시 수업을 가르치는 학교에 새로 부임한 남성 상담교사에게 이끌리는 것은 자연스러웠다. 역설적이게도 그 상담자는 유대인이었다. 어쨌거나. 폴은 자기를 나타내 줄 인물을 찾고 있었고, 상담자는 잠재적 역할 모델이었다.

상담자는 최소한 폴이 자신의 비현실적 기대를 충족시키지 못하는 아버지에게서 느끼는 소외감, 자기 비난과 의심과 마찬가지로 십중팔구 타인들에 대한 광범위한 비난으로 드러내 보이고 있는 흔들리는 폴의 자존감을 포함하여 중요하고도 해결되지 않은 감정적 문제가 있다는 것을 인식했다. 한편, 독립을 추구하고 자신을 둘러싼 물질문화에 대한 순응을 넘어서서 보려는 어떤 십대가 청소년기의 분노로 고통받지 않았을까? 상담자는 폴을 정신건강 상담의 대상자로 보는 대신 폴이 고통스러운 성장의 과정에 있는 것으로 간주하는 쪽을 택했다. 그래서 당일에 폴이 사전 약속도 없이 상담실로 왔을 때, 그 상담자는 폴이 제시하는 문제를 제시하는 그대로—청소년기라는 숨은 위험을 헤쳐 나가고, 자기 수용과 사회적 수용의 필요성을 균형 맞추고, 정체성을 형성하며, 일련의 가치를 개발하는 것으로—받아들였다.

폴: 나는 그 아이들이 정말 지긋지긋해요. 걔들은 온종일 내 머리가 길다고 나를 괴롭혀요. 걔들이 뭘 알겠어요? 소름 끼치는 놈들! 여기서 나가고 싶어요. 그 얼간이들한테 맞는 것에 질렸어요.

상담자: 정말 학교를 떠나고 싶을 만큼, 그 아이들에게 질렸다는 소리로 들리는구나.

이것은 순수한 공감적 경청이다. 모든 상담관계의 기초이자 주요 요소이다. 그의 전적인 관심, 얼굴 표정, 후두음의 표현(원고로는 완전히 나타낼 수 없는) 그리고 전반적인 처신을 통해 상담자는 진실로 폴이 말하는 것에 관심을 쏟고 있으며, 폴의 안녕을 염려한다는 것을 보이고 있다. 공감적 반응을 통해 상담자는 자신이 폴을 이해하고 있거나 최소한 이해하고 싶어 한다는 것을 보이고 있다. 그는 폴을 좌절로부터 이끌어 내거나 좌절을 최소화하려는 것("저런, 그런 사소한 일로 학교를 그만두어서는 안 돼!"라는 말에서 보듯이)이 아니라 폴이 그 순간 느끼는 그대로 수용하고자 노력하고 있다. 폴의 느낌을 완전히 수용함으로써 상담자는 있는 그대로의 폴을 존중하여, 그 결과 그가 이 관계에서 안전함을 느끼고, 당황스러운 감정을 넘어서 움직이도록 초대하는 상담자의 반응에 개방적이게 만들었다.

폴: 그래요. 내 머리는 내가 알아서 할 일이에요. 나는 그 아이들처럼 보이고 싶지 않아요. …… 걔들은 서로 복사한 것처럼 모두가 똑같아요. 여기는 자유국가이고, 누구나 자기 머리를 자기가 원하는 대로 하고 다닐 권리가 있어요.

상담자: 그러니까 네 머리는 네가 누구인지를 말해 주는 중요한 것이구나? 정말로 네가 원하는 대로 머리를 기르는 것이 너의 권리라고 생각하는구나.

다시, 상담자는 폴의 느낌을 이해하고, 그 상황을 이해하며, 폴에 대한 그의 신뢰와 수용 그리고 관심을 보여 주려는 바람을 드러내고 있다. 그러나 상담자의 공감적 반응에는 가치명료화 개념—폴에게 중요한 것에 초점을 둔다—이 내재되어 있다.

폴: 예. 그렇지만 나는 그 아이들이 나를 괴롭히는 것에 정말 지쳤어요.

상담자: 정말 질렸다는 소리로 들리네. (잠시 멈춤) 한번 물어보자. 너의 긴 머리는 정말 네가 어떤 사람인가를 사회적으로 주장하는 것이니? 아니면 정말 긴 머리를 좋아하는 거야? 네가 긴 머리를 하고 있는 모습이나 느낌…… 예를 들면, 만약에 학교의 모든 남자 아이가 머리를 기른다면, 너는 긴 머리를 좋아하니까 그대로 긴 머리를 유지할 것 같아? 아니면 다르게 보이고 싶어서 머리를 짧게 자를 것 같아?

폴이 말한 것을 상담자가 충분히 이해하려고 노력하고 있음을 표현하는 또 다른 공감을 하고 잠시 멈춘 후에, 상담자는 폴에게 그가 여기서 가치 있게 여기는 것이 무엇인지, 그가 정말로 높이 평가하고 소중히 여기는 것은 무엇인지를 생각해 보게끔 물어보는 명료화 질문을 했다. 그것은 헤어스타일 자체인가, 아니면 다른 학생들과 다르고 싶은 것인가? 상담자는 이 질문에 대한 정답을 마음속에 가지고 있지 않다. 폴이 대답하는 것은 무엇이든 수용할 것이다. 그는 단순히 폴에게 중요한 것이 무엇인가를 스스로 깊이 검토해 보도록 요청하고 있다.

이 질문이 어디서 왔는가? 상담자가 물어볼 수 있었던 모든 유용한 질문 가운데, 왜 상담자는 폴에게 다른 학생들도 머리를 기른다면 어떻게 느낄 것 같은가를 물었을까? 짧은 대답: 그냥 그에게 떠올랐다. 더 긴 대답: 가치명료화 틀 내에서 작업을 하다 보면, 내담자가 어떻게 특정한 가치 지표(호감, 비호감, 의견 등)를 채택하게 되었는가를 포함하여, 자신의 상황을 다른 관점에서 검토해 보도록 묻는 것은 빈번한 행동이다. 이것은 자신의 가치 지표에 대해 생각하게 되면 보다 성숙한 가치를 발달시킬 가능성이 높아진다는 전제에 기초하고 있다. 그래서 상담자는 절반은 직관적으로, 절반은 의식적으로 폴이 머리에 대한 자신의 태도를 좀 더 깊이 살펴보도록 초대할 것 같은 질문을 찾고자 의식의 지평을 살피고 있었고, 이 질문이 마음속에 떠올랐다. 다른 질문을 통해서도 같은 목적을 달성할 수 있었을 것이다. "어떻게 헤어 스타일이 중요하게 되었지?" "네 머리 모양이 항상 중요했었니?" "네가 생각하기에 9학년들은 모두 자기 머리에 많은 관심을 쏟는다고 생각하니? 아니면 이것이 너에게 특별한 것이니?" 등의 질문에 한 가지 옳은 답이란 없다. 질문이 내담자를 가치화 과정에 참여시키는 것이라면 그것은 아마 도움이 될 것이다.

폴: 음…… 그것에 대해서는 한 번도 생각해 보지 않았어요. 처음에는 아빠에게 반대하기 위해 길렀던 것 같아요. 아빠가 시키는 것을 처음으로 거역한 것이었어요. 나를 바꿀 수 없다는 것을 알려 준 것이지요. 그리고는 내가 정말 좋아한 것 같아요. 언젠가는 이런 머리를 싫어할지도 모르죠. 그러나 지금은 다른 학생들이 머리를 기르더라도 계속 기르고 싶어요.

상담자: 그럼 너라는 사람을 표현하기 위해 머리를 기르는 것보다는 네가 정말로 긴 머리를 좋아한다는 것이 더 중요하구나.

다시, 공감적 경청 반응을 한다. 이해와 수용을 전달하는 것 외에도 공감적 경청은 그 자체로 감정적이고 인지적인 명료화라는 것을 기억해 두는 것이 좋다. 폴이 말하려는 바를 상담자가 이해한 대로 다시 폴에게 반영해 줌으로써 상담자는 폴을 위해 거울을 들어 주어, 그가 '이것이 정말 내가 말한 것인가? 이것이 내가 믿는 것인가? 그것이 정말 나의 의미를 찾은 것인가? 아니면 다른 것을 의미하는가? 상담자는 내 느낌을 더 강하게 또는 더 약하게 말해 주었나? 아니면 내가 느끼는 것인가?'를 명료화하도록 해 주었다.

폴: 머리를 자를 수는 있지만…… 그렇게 안 할 거예요.

상담자: 머리를 자른다는 것이 다른 대안이구나…… (이쯤에서 상담자는 옆에 있는 마커를 손에 들고 뒤에 있는 칠판에 "그만두기" 그리고 아래에 '머리를 자르기'라고 적었다.)

이 지점에서 상담자는 문제가 충분히 정의되었고 폴의 가장 즉각적인 느낌이 표현되고 이해되었으며, 대안 탐색을 시작하는 것을 폴이 받아들일 수 있을 것으로 생각했다. 그래서 그는 폴에게 명료화 질문을 하여 딜레마에 대한 대안적 해결책을 탐색하는 과정을 시작하도록 초대하였다. 이 질문은 부드럽게 진술되었고, 폴이 어떤 해결책도 아직 생각해 보지 않았더라도 방어적으로 느끼지 않았을 것이다.

폴: 예. 나는 떠나고 싶어요. 더 이상 참을 수 없어요. 오늘은 정말 심했다는 뜻이에요.

상담자: 그러면 마음속에 제일 먼저 떠오른 것이 학교를 그만둔다는 생각이었구나. (폴: 예.) 다른 것도 생각해 볼 수 있겠니?

(폴이 말한 "오늘은 정말 심했다."는 잠재적 위험 신호이다. 폴은 깊이 모욕감을 느꼈고 감정적으로 그리고 신체적으로 상처를 입었을 수 있다. 그는 보다 심층적인 공감이나 울 수 있는 기회 그리고 심리치료를 통해 자신의 상황에 대한 더 깊은 탐색을 함으로써 도움을 받을 수 있을 것이다. 이 사례에서 상담자는 문제 해결과 가치명료화 수준에 남아 있기로 선택하였다. 또한 이 사안은 상담자에게 학교에서 반드시 개입을 해야 하는 괴롭힘 상황이 있다는 경고를 보내고 있다. 상담자는 지금 회기보다는 다른 시간에 이 주제로 돌아올 것이다.)

여기서 상담자는 폴이 초기에 가진 회피 충동(flight impulse)이 실제로 하나의 대안적 해결책임을 인식하고, 그것을 명확히 알아줌으로써 정당성을 인정했다. 분명히, 상담자는 폴이 이 사건으로 인해 학교를 그만두는 것을 원치 않을 것이다. 결국 상담자도 인간이고, 자신의 느낌과 의견 및 자기 가치를 가지고 있다. 그러나 그는 자신의 가치판단을 폴에게 강요하기를 원치 않았다. 그는 폴이 그 주제에 대해 **스스로** 끝까지 생각해 보고 스스로 최상의 결정을 하도록 돕기를 원했다. 상담자는 또한 폴이 이 특별한 문제를 넘어 사려 깊은 결정을 **하는 방법을** 배우기를 원하고 있다. 그래서 폴의 첫 번째 대안은 있는 그대로 수용되었다. 그러나 상담자는 여기서 멈추지 않았다. 가치명료화 과정을 따라 상담자는 폴에게 또 다른 대안들을 생각해 볼 수 있는지를 묻는다.

사실, 폴의 첫 번째 대안이 성숙하고 현실적인 제안이어서 상담자가 생각하기에 긍정적인 선택이었다고 하더라도, 상담자는 '여전히' 폴에게 어떤 다른 대안을 가지고 있는가를 물어보았을 것이다. 이것은 매우 중요한 점이다. 이것은 상담자가 생각하기에 지혜롭고 좋은 것을 폴이 하도록 만드는 연습이 아니다. 폴이 자신에게 최상인 선택을 찾도록 돕는 행위이다. 어떤 주제에 대해 생각해 볼 수 있는 안전하고 지지적인 분위기가 주어진다면, 내담자가 진짜 좋은 또는 더 나은 선택을 할 수 있다는 것을 상담자가 정말로 믿어야 한다. 내담자에 대해 그런 기본적 신뢰가 없는 상담자는 가치명료화를 사용하면 안 된다.

폴: 머리를 자를 수는 있지만…… 그렇게 안 할 거예요.

상담자: 머리를 자른다는 것이 다른 대안이구나…… (이쯤에서 상담자는 옆에 있는 마커를 손에 들고 뒤에 있는 칠판에 "그만두기" 그리고 아래에 '머리를 자르기'라고 적었다.)

상담자는 처음부터 대안 목록을 만들 계획이 없었다. 그러나 이제는 있다. 그는 폴에게 대안들에 대해 질문을 했고, 폴은 두 번째 대안을 이야기했다. 그리고 상담자는 대안 목록을 만들어 갑자기 시각화했다. 그래서 그는 대안들을 적어 내려갔다. 그는 이것을 자신과 폴이 볼 수 있도록 종이에 적을 수도 있었고, 가상 목록(virtual list)을 만들어 반복해서 그 대안들을 말할 수도 있었다. 그러나 상담자는 자기 뒤편에 칠판이 있었고 그래서 바로 그것을 사용하기로 결정하였다. 그 대안들의 목록을 만듦으로써 상담자는 대화에 초점을 맞추고 폴의 아이디어를 존중하고 있음을 드러내 보였다.

폴: 나는 그렇게 하지 않을 거예요.
상담자: 그 점에 대해 상당히 확실하구나. 그러면 다른 대안들이 있을까?

화나고 정당하지 않다는 폴의 느낌이 여기서 다시 올라오고 있다. 그래서 상담자는 공감적 경청으로 다시 바꾸었다. 상담자가 가치명료화 전체 과정을 통해 공감과 수용을 유지하는 것은 중요하다. 이것은 상담 과정이 내담자에게 계속 초점을 맞출 수 있도록 도와주며, 상담자가 자신의 해결책을 강요하려는 것이 아님을 알기 때문에 내담자가 상담자를 신뢰하면서 가치명료화 과정을 기꺼이 계속 진행할 수 있게 한다. 폴은 자신의 느낌을 이해받고 수용되어서 안정되고 다른 대안들을 계속해서 살펴볼 준비가 되었다.

맞추어야 할 정확한 대안의 숫자는 없다. 모든 상황은 다르다. 여기서 상담자는 폴이 상황에 대해 생각해 보고, 스스로 더 멀리까지 나아가 볼 수 있을 것임을 알아차렸다. 내담자에게 다른 대안을 계속 생각해 보라고 요청함으로써 상담자는 더 많은 대안을 책상 위에 쏟아 내도록 촉진할 뿐만 아니라 내담자에게 떠오르는 첫 번째나 두 번째 대안을 반드시 고를 필요 없이 대안을 찾는 과정을 가르치고 있는 것이다.

폴: 조금은 자를 수 있을 것 같아요. 자기가 무엇을 하는지 아는 사람들이 하는 그런 식으로요. 지금 자를 거예요. 잘 자르면 더 나아 보일 수도 있을 거예요…….
상담자: 좋아. 머리를 약간만 더 짧게 잘라서 괜찮게 보이는 것이 또 다른 대안이네. (상담자는 앞의 목록에 '전문적인 커트'를 보탰다.)

단시간에 폴은 자신의 머리카락을 자르지 않겠다고 고집하는 것에서 조금은 자를 수도 있다고 생각해 보는 것으로 나아갔다. 이것은 가치명료화의 비판단적 수용의 힘이다. 폴은 자신이 말하거나 생각하는 것에 대해 방어적일 필요가 없다. 폴은 창의적으로 생각하고 새로운 대안에 개방적일 수 있다.

다시 말하면, 상담자는 폴의 가장 최근 대안에 대해 가치판단을 하지 않는다("이제 이야기하는구나!"). 폴의 아이디어 가운데 몇 가지는 상담자의 관점에서 더 나아 보일 수 있다. 그러나 서로 다른 대안들을 칭찬하거나 비난하는 것은 상담자의 일이 아니다. 아주 미묘하게라도 말이다.

폴: 그런데 나는 그럴 돈이 없어요.
상담자: 아하, 내게 한두 가지 다른 생각이 있어. 들어 볼래?

다시 말하면, 상담자의 "아하"("알겠어"나 고개를 한 번 끄덕거리는 것 같은 것이었을 수도 있다)는 수용과 공감을 전달하고 있는데, 이 시점에서 매우 중요하다. 왜냐하면 상담자는 폴에게 상담자의 아이디어 가운데 몇 가지를 들어보고 싶은가를 물어보고자 하였다. 상담자가 하지 말아야 할 것은 "좋아. 너의 아이디어를 책상 위에 꺼내 놓는 의무적인 단계를 거쳤어. 이제 정말로 **좋은** 아이디어를 찾아볼 거야. 그것이 바로 내가 생각하는 것이지."라고 하는 것이다. 그 반대로, 상담자는 폴의 아이디어보다 자신의 아이디어를 더 선호할 수도 있고, 그렇지 않을 수도 있지만, 그는 폴이 결정을 하고, 그 결과와 더불어 살아가야 하는 사람임을 알고 있다. 그래서 그는 어떤 아이디어를 어떤 다른 아이디어 위에 두려는 특권을 행사하지 않으려고 노력하고 있다. 그것이 항상 가능한 것은 아니다. 때로 상담자로서 우리 자신이 가진 편견들, 이 사례의 경우 성인으로서 가지는 편견들은 감추고자 해도 몰래 스며들어 온다. 때로 그것은 괜찮다. 내담자가 최상의 대안을 찾도록 상담자가 진정으로 원하고 있다는 것을 내담자가 믿고 있다면, 상담자가 때로 오류에 빠지는 것을 무시할 수 있을 것이다.

아마도 상담자는 폴에게 "또 다른 선택 사항이 있을까?"라고 물어 보았어야만 했고, 폴이 "아니요."라고 말했을 때만 상담자는 자신의 대안을 소개하기 시작할 수 있을 것이다. 그러나 옳거나 틀리거나 간에 상담자는 폴이 자신의 모든 아이디어를 꺼냈고, 상담자는 이들을 비판단적으로 수용해 왔으며, 이제 폴에게 자신의 대안을 제공하는 것이 시의적절하다는 것을 알아차렸다. 그래서 폴은 자신의 제한된 자원과 정보 및 상상력에 맡기지 않았다. 상담자의 경험과 지식, 창의성이 폴의 가치명료화를 지지하는 역할을 한다. 그러나 상담자는 먼저 폴에게 새로운 대안을 듣고 싶은가를 물어 본다. 그는 폴에게 대안들을 강요하고 싶어 하지 않는다.

폴: 예.

상담자: 자, 내 친구 중에 한 명은 긴 머리를 뒤로 묶었어. 그리고 또 다른 친구는 머리를 깔끔하게 유지하기 위해 머리띠를 했거든.

폴: 어, 나도 저번에 친구가 준 머리띠가 집에 있어요. 어디 뒀는지 모르겠네요.

폴은 상담자의 아이디어 가운데 하나에 즉각적으로 긍정적 반응을 보이는 것 같다. 나는 '제안'이라기보다는 '아이디어'라고 말한다. 상담자는 폴이 머리띠를 착용**해야만 한다고** 제안하는 것이 아니다. 그는 단순히 아이디어의 목록에 대안을 더하고 있을 뿐이다. 일단 목록에 있으면, 폴은 그 아이디어를 상담자가 소유권을 가지고 있는 상담자의 아이디어로 지각하기보다는 그 아이디어 자체의 장점을 객관적으로 평가할 수 있다. 이것은 내가 가치명료화 과정에 대해 언급할 수 있는 가장 중요한 포인트 가운데 하나이다. 그것은 청소년들과 작업할 때 특히 극적이다. 만약 상담자가 진실로 내담자의 관점을 존중한다면, 내담자는 상담자의 관점을 듣는 데 더 개방적이 될 가능성이 높다.

이것은 아동 및 청소년들에게 가치명료화를 사용할 때 겪는 커다란 역설이다. 많은 성인들은 우리가 청소년들이 스스로 자기 결정을 하도록 허용하거나 격려하는 정도에 따라 부모나 사회의 지혜도 무시할 것이라고 걱정한다. 역설적이게도 나는 그 정반대가 진실이라는 것을 발견하였다. 생각이 깊은 과정일 경우, 우리가 그들이 선택하는 과정을 존중하면 할수록, 우리가 제공해야 하는 대안들이 무엇인가에 대해 더 많은 관심을 가졌다. **우리가 그들에게 더 귀를 기울일수록 그들도 우리에게 더 귀를 기울인다.**

상담자: ('뒤로 묶기'와 '머리띠'를 목록에 추가한 다음) 자, 우리의 아이디어를 살펴보자. 이 각각의 방법에 대해 어떻게 생각하니? 이런 방법들을 사용하면 아이들이 너를 괴롭히는 것을 줄일 수 있을 것이라고 생각하니?

여기서 상담자는 서로 다른 대안들의 장단점 및 결과를 고려하는 다음 단계로 이동하고 있다. 그러나 그는 이것을 자연스러운 방식으로 진행하고 있다. 그는 "이제 이 대안들의 결과를 고려해 보자. 각각의 대안에 대한 장단점을 살펴보자."라고 말하지 않는다. 어떤 상황에서 그러한 말들은 괜찮을 수 있지만, 이 사례에서 이런 말을 했다면 너무 형식적이고 공식에 따른 말로 느껴졌을 것이다. 상담자가 이런 용어로 그것을 충분히 생각한 것이 아니라면, 폴에게 선택 사항들을 평가해 보자고 요청한 질문은 그저 상담자가 불현듯 자신에게 자연스럽고 편안한 질문으로 여겨지는 질문을 떠올린 것이다.

폴: 모르겠어요. 여전히 그만두고 싶어요. 그러나 그렇게 하면 그들에게 내가 굴복하는 것으로 생각돼요. 머리에 밴드를 하는 것도 좀 웃긴 것 같아요. 내가 히피나 뭐 그런 사람들처럼⋯⋯ 머리를 뒤로 묶거나 전문가에게 헤어 커트를 받는 게 좋겠어요.

상담자: 그러니까 이 두 가지가 너에게 가장 좋은 아이디어인 것 같구나. 그러니?

상담자의 반응은 폴의 마지막 말에 대한 공감적 반영이기도 하고, 폴이 대안들을 줄여 나가도록 돕는 가치명료화 질문이기도 하다.

폴: 예. 누군가 내 머리를 잘라 주면 더 나아 보일 것 같아요. 집에서 기른 것 같지 않을 거예요. 돈을 좀 마련할 때까지는 뒤로 묶어 볼까 해요. 머리를 그런 식으로 묶은 친구도 있어요.

폴은 임시로 결정을 한 것처럼 보인다. 때로 상담자는 내담자가 짧은 대안 목록 가운데 하나를 결정하는 것으로, 그러고 나면 자신이 거기에 따라 행동할 선택으로 그리고 행동에 전념하는 단계로 옮겨가는 것을 돕기 위해 한 가지 이상의 질문을 해야 한다. 때로는 다음 사례에서 보듯이 저절로 일어나는 경우도 있다.

상담자: 돈을 마련해서 머리를 자르기 전까지는 뒤로 묶고 다니겠다는 것이구나. 언제부터 머리를 묶을 생각이니? 오늘? 아니면 다음 주?

상담자는 자신이 폴의 선택이라고 이해한 것을 요약하고 있다. 비록 또래 압력이 어떤 결정을 할 필요성을 유발했지만, 상담자는 폴이 이 결정을 하는 데 또래나 권위자로부터 부당한 압력에 굴복하고 있다는 것을 전혀 느낄 수 없다. 그래서 상담자는 "이 결정에 대해 편안함을 느껴?" 또는 "이것이 네 결정이라고 느껴? 그러니까 나를 포함해서 누구도 다른 대안 말고 머리를 뒤로 묶는 방법을 택해야 한다고 압박을 가하지 않고서 내린 결정인지 묻는 거야."와 같은 질문을 하지 않는다. 대신에 상담자는 다음 단계를 탐색하는 다음 단계로 나아간다. 즉, 그는 폴에게 자신의 결정에 따라 실행할 행동을 생각해 보라고 요청한다.

폴: 글쎄요…… 아마 내일 아침에요.

상담자: 좋아. 그럼. 내일 들러서 어떻게 되었는지 알려 주렴. 괜찮겠니?

폴: 그럴게요. 고맙습니다.

때로 내담자가 제시한 활동이 비현실적일 때가 있다. 예를 들면, 저축을 시작하려는 내담자가 지금부터 단돈 한푼까지 모두 모으겠다고 말할 수 있다. 이런 사례의 경우, 이것이 현실적인 목적인지 또는 심지어 돈을 아끼는 대안적 속도나 방법을 생각해 보는 단계로 돌아갈 것인지에 대해 명료화 질문을 할 수 있다. 그러나 이 사례에서 바로 다음 날 머리를 뒤로 묶겠다는 폴의 전략은 자신과 상담자에게 매우 현실적인 것으로 보인다. 그래서 상담자는 폴의 계획을 단순하게 "좋아. 그럼."이라고 인정하고 있다.

상담자는 또한 결과에도 관심이 있다는 것을 전달한다. 실제로 상담자는 폴의 안녕에 대해 진실한 관심을 보여 주고, 폴의 결정과 활동을 실제 결과에 비추어 평가하는 명료화 과정에 대해 문을 열어 두고 있다. 사실, 많은 문제 해결 모형에서 **평가는** 마지막 단계이다. 일정 수준의 평가는 가치명료화 과정에서 필수적인데, 이 사례에서 폴이 새로운 행동을 실천했는지 그리고 원하는 목적을 성취했는지를 경험한다. 그 이상의 평가는 폴이 그렇게 하고자 원한다면 다른 상담 회기에서 진행할 수 있다.

결과적으로, 머리띠 접근은 폴에게 유효하였다. 그는 머리띠를 하는 것이 멋지다고 생각했고, 집단 괴롭힘을 완전히 벗어나지는 못했지만 그 덕에 그가 참을 수 있는 수준으로 감소했다. 그러나 그 해결책이 작동하지 않았다면, 상담자는 폴이 돌아와서 문제에 대해 더 작업하는 것을 안전하게 만들어야 한다.

이 간단한 가치명료화 상담 일화는 폴의 모든 감정적 주제—예를 들면, 아버지와의 불편한 관계, 약한 자기 존중감과 같은 문제—를 해결하고 있는가? 물론 아니다. 이런 것들은 더 긴, 아마도 평생에 걸친 과제들이다. 이런 노력이 집단 괴롭힘과 또래 압력이 있는 환경에서 내담자가 자신의 목표를 달성하는 방법과 정체감을 확보하는 방법을 좀 더 분명하게 만드는 결과를 가져왔는가? 그렇다. 그것도 분명히 그의 자기 존중감을 손상시키지 않으면서 말이다.

폴의 사례는 우리에게 이 책을 시작할 때 가치명료화 상담과 정신건강 상담을 구분해 놓은 것을 생각나게 한다. 20대 후반의 남자가 직업을 잃고 자신의 목적과 진로 방향에 대해 혼란스러워하고 있다고 가정해 보자. 그는 근심하고 있다. 그의 자기 존중감은 떨어지고 있다. 부모를 실망시키는 것에 대해 걱정하고 있다. 파트너와의 관계는 고통받고 있다. 그는 폐인처럼 느낀다. 그는 정신건강과 진로상담에 능숙한 상담자에게 간다. 이 내담자에게 필요한 것은 무엇인가? 이들은 그의 불안과 낮은 자존감, 부모와의 관계 및 파트너와의 관계 또는 그의 진로 혼란에 대해 작업하는가? 정신건강 상담 또는 가치명료화 또는 진로상담 가운데 어느 것이 더 적합한가? 둘 다 적합하다면 어느 것부터 시작해야 하는가?

일반적으로 나는 내담자가 이끌도록 한다. 내담자가 가장 압박을 느끼는 이슈나 지금 있는 이슈라고 지각하는 것에 대해 작업한다. 명료화 면접의 맥락에서 볼 때, 우리의 첫 단계는 가장 압박을 느끼는 주제나 딜레마가 무엇인가를 명료화할 것이다. 그렇게 말하고 나서 의심스러울 때, 나는 압박을 가하는 가치 딜레마를 제일 먼저 다룬다. 가치명료화를 사용하여 내담자의 진로 혼란에 대해 작업하는 것은 현재 또는 다가올 몇 년 동안 매우 유효할 것이다. 이것이 커다란 가치 명료성과 적절한 직업으로 이끈다면, 그 다른 주제들은 배경으로 사라질 수 있다. 그러나 불안과 낮은 자존감, 대인관계 주제가 아주 크다면 이들은 조만간 다시 표면으로 올라올 것이다. 유사하게, 다른 내담자들과 직장의 문제를 해결하고, 조직화하고, 다이어트와 운동 및 건강에 대해 좋은 선택을 하는 것 등은 자존감과 기분 그리고 관계에 경이로움을 부여할 수 있다. 저변에 깔려 있는 감정적 또는 정신건강 이유는 여전히 관심을 필요하지만, 이들은 곧 표면으로 올라올 것이다.

CHAPTER

06

가치명료화 전략

도입

가치명료화 전략은 가치명료화 질문에 구조화된 형식을 덧붙여 반응할 수 있도록 만든 것이다. 내담자는 자신의 반응을 저널로 적거나, 일련의 대안들에 대해 선호하는 순서를 매기거나, 반응 연속선상에 자신의 위치를 표시하거나 어떤 목록을 작성하거나 문장 줄기를 완성하며, (집단 장면에서) 수신호에 따라 동의하거나 거부하는 것을 표시하는 것 등을 할 수 있다.

가령, 상담자가 재가 재활 프로그램에서 회복 중인 약물남용자와 자신의 지역사회로 돌아가서 겪게 될 도전 과제들에 대해 작업하고 있다고 가정해 보자. 구체적인 주제는 내담자가 그의 옛날 친구들이 술이나 약물을 제안했을 때 "아니요."라고 말할 수 있는 방법에 대한 것이다. 가능한 가치명료화 질문은 다음과 같을 것이다.

- 친구가 당신에게 술을 권했을 때 좋은 반응은 무엇일까요?
- 친구가 술을 권했을 때 당신이 반응할 수 있는 다른 방식은 무엇인가요?

- 당신이 친구에게 "나는 술을 끊었어. 만약 원한다면 너는 술을 한잔 마셔. 나는 탄산음료(혹은 다른 무엇)를 먹을 거야."라고 말할 때 얼마나 편안할 것 같은가?
- 친구가 당신과 술에 대해 무엇을 이해할 수 있기를 바라나?

동일한 질문들이 반응을 할 수 있는 구조화된 형태로 결합하면 가치명료화 전략으로 바뀔 수 있다. 예를 들면, 다음을 보자.

순위 정하기

친구가 당신에게 술을 권할 때의 가장 좋은 반응은 무엇일까? 모든 선택에 있어 가장 좋은 것에서 가장 나쁜 것까지 순위를 정하라.

- "괜찮아."라고 말하기
- 잔을 받되 단 한 모금만 마시기
- "몸이 좋지 않아."라고 말하고 자리를 뜨기
- 당신이 왜 먹을 수 없는지 설명하고 상대방의 도움 청하기

연속선

당신이 친구에게 "고맙지만 나는 술을 끊었어. 만약 원한다면 너는 술을 한잔 마셔. 나는 소다(혹은 다른 무엇)를 먹을 거야."라고 말할 때 얼마나 편안할 것 같은가? 다음 두 개의 극단점 사이의 선 위에 자신의 위치를 표시하시오.

완전히 편한__________________________________ 믿을 수 없을 만큼 불편한

목록화하기

친구가 술을 권할 때 당신이 할 수 있는 모든 반응 목록을 만들어라. '가능한'을 나타내는 P를 적고, 그 옆에 자신이 행동하려고 생각하는 모든 반응을 적으라. '아니요'를 나타내는 N을 적고, 목록 가운데서 완전히 비현실적이거나 자신이 절대로 할 것 같지 않은 반응들은 무엇이든 여기에 적으라. 확실하지 않은 반응은 의문 표시(?)를 하라. 그다음에 가능하다고 생각한 선택들을 실행 가능성이 가장 높은 것부터 가장 낮은 순으로 차례를 매겨라.

문장 줄기

다음 문장을 어떻게 완성할 것인가? (한 가지를 골라라) 또는 종이 위에 다음의 미완성 문장 가운데 세 가지를 선택하여, 각각의 문장을 혼자 완성시켜 보라.

- 어떤 친구가 술을 권하면, 나는 ______할 것이다.
- 어떤 친구가 술을 권하면, 나는 ______하지 않을 것이다.
- 나는 친구가 ______을 이해하기를 바란다.
- 나는 친구에게 ______을 말하고 싶다.
- 내 친구 가운데 누구도 ______하지 않을 것이다.

각 전략은 개인이나 집단 상담, 집단치료 그리고 심리교육 집단에서 사용할 수 있다. 개인이나 집단 장면에서 전략을 그 자체로 목적으로 생각하면 안 된다. 이들 각각은 해당 주제에 대한 추후 탐색으로 이어질 수 있고, 아마 그렇게 해야 한다.

집단 상황에서 내담자는 무작위로 소리 내어 반응할 수 있고, 원형으로 돌아가며 반응할 수도 있고, 두 사람 또는 세 사람씩 짝을 이루어 진행할 수도 있으며, 전체 집단에서 함께 이야기해 보거나 3장에 기술해 놓은 다양한 방식의 집단으로 진행해 볼 수 있다. 가치명료화 전략은 비교적 내담자가 쉽게 반응하고 집단 장면에서 최대한 참여할 수 있도록 구조화되어 있다. 집단에서 가치명료화가 가지는 진정한 장점 가운데 하나는 모든 사람이 참여할 기회를 가지고, 성공적이며 집단의 일부로 느끼도록 한다는 점이다.

상담자 또한 때로 이런 활동에 참여할 수 있다. 상담자의 참여에 대한 안내는 3장에 제시되어 있다.

41가지의 가치명료화 전략이 여기에 소개되어 있다. 다음에 제시된 표는 그 전략의 목록이고, 집단과 개인 장면 가운에 어디에 적합한지를 나타내 주고 있다. 대부분의 전략은 비록 반응 양식은 다르더라도 개인과 집단 장면 모두에 사용할 수 있다. 이 표는 또한 그 전략이 가치명료화 '기본' 전략인가를 나타내 준다. 기본 전략은 반복적 또는 필수적으로 사용하는 전략이다. 버터 바른 빵은 전통적인 미국 식단에서 (나쁘거나 좋거나) 기본 식품인 것과 마찬가지로, 필수 또는 기본 전략은 계속해서 반복적으로 사용할 수 있다. 예를 들면, 한 내담자나 집단에게 상담의 과정에 걸쳐서 또는 집단의 진행 과정에서 서로 다른 주제에 대해 '연속선'(전략 #4) 질문을 여러 번 사용할 수 있다. 반대로, '가치 명찰'(전략 #26), '지갑에 무엇이 있나요'(전략 #27)는 특별한 집단에서 단 한 번만 사용될 것이다.

#	전략	개인	집단	기본(반복)
1	목록 작성	×	×	×
2	우선순위, 순위 정하기	×	×	×
3	강제 선택 사다리	×	×	
4	연속선	×	×	×
5	양자택일의 강제 선택		×	
6	매우 동의하는/매우 동의하지 않는		×	
7	가치 투표		×	×
8	자부심 질문	×	×	×

9	요술 질문	×	×	×
10	퍼센트 질문	×	×	×
11	생애 파이	×	×	
12	공공 면접		×	×
13	집단 면접		×	×
14	미완성 문장	×	×	×
15	나는 배웠다 진술문		×	×
16	나는 궁금하다 진술문		×	×
17	대안 찾기	×	×	×
18	결과 찾기	×	×	×
19	패턴 찾기	×	×	
20	대안 활동 찾기	×	×	×
21	역장분석	×	×	×
22	행동 장애물 제거하기	×	×	
23	착수하기 또는 다음 단계들	×	×	×
24	자기 계약	×	×	×
25	우리가 알고 있는 것과 우리가 알기를 원하는 것		×	×
26	가치 명찰		×	
27	지갑에 무엇이 있나요		×	
28	1분 자서전		×	
29	자서전 페이지	×	×	
30	역할 모델 분석	×	×	
31	이사회	×	×	
32	의자들	×	×	×
33	생애선	×	×	
34	당신은 누구인가요	×	×	
35	묘비명	×	×	
36	자기 부고		×	
37	자기 추모사		×	
38	생애 목록	×	×	
39	가치 카드		×	×
40	가치 일기	×	×	×
41	가치 저널	×	×	×

나는 이처럼 다양한 가치명료화 전략을 무수히 많은 상담 주제에 대해 그저 열거하기보다 10가지의 상담 주제—회복, 진로, 일, 부부, 돈, 성, 건강, 종교/영성, 상실 그리고 노화—를 선정하였다. 그다음에 이 주제나 다른 주제들을 다룰 때 각 전략을 사용하는 방법을 제시하였다. 이렇게 한 이유는 가치명료화 전략이란 그냥 책에서 가져다가 기계적인 활동으로 사용하는 것이 아님을 보여 주고자 한 것이다. 특정 내담자나 집단이 자신들과 관련된 주제에 참여하도록 상담자가 이러한 가치명료화 전략을 만들거나 적용해야 한다.

1. 목록 작성

수년 전 어느 날, 1학년생치고는 조숙했던 존이 완전히 좌절한 모습으로 내 사무실로 걸어 들어와서 삶이 아무런 의미가 없다고 말을 걸어 왔다. 그는 알베르 까뮈의 에세이를 막 읽었고, 생애 처음으로 실존적 절망을 직접 바라보고 있는 것처럼 보였다. 약간 이야기를 듣고 말을 주고받다가, 나는 한 장의 종이와 펜을 준 다음, 삶에서 그가 정말로 하기를 좋아하는 활동을 10개에서 15개 적어 보라고 요청했다. 그는 약간 당황스러워하면서도 의연하게 작업을 시작했고 재빨리 그 요청에 맞게 12가지 정도의 활동을 적어 냈다. 목록을 적어 나가는 동안, 그는 나를 보았다. 나는 그에게 "어떻게 생각해요?"라고 물었다. 그는 "감사해요."라고 대답했다. 그리고 그는 완전히 다르게 그리고 더 힘차게 사무실 밖으로 나갔다. 이것은 분명히 존이 실존적 고통을 거머쥐고 씨름할 마지막 시간은 아닐 것이다. 그러나 어쨌든 지금 이 간단한 가치명료화 전략은 존이 또 하루를 견뎌 내도록 도왔다.

〈천 명의 어릿광대(A Thousand Clowns)〉라는 영화에서 조카 닉이 '목록 제작자 가족(a family of list makers)'에 의해 입양될 것이라는 점 때문에 비통에 잠겼던, 비록 미성숙하지만 사랑스러운 주인공 머레이 번에게 사과를 보내면서, 목록 작성은 내담자가 자신의 삶에 있는 선택권을 보다 자세히 볼 수 있도록 돕는 놀라운 전략이다.

'당신이 하기를 좋아하는 20가지'는 아마도 가장 유명한 가치명료화 전략이다. 이것은 개인과 집단에 모두 유용하다. 내담자나 집단구성원들은 종이에 다음 그림과 같은 표를 그린다.

하기를 좋아하는 것들	혼자(A) 사람들과(p)	$	아버지(F) 어머니(M)	마지막으로 해 본 때
1.				
2.				
기타				

상담자나 지도자는 자신이 하기를 좋아하는 것들 20가지 목록—크거나 작거나 상관없음—을 작성하도록 요청한다. 자신의 마음속에 떠오르는 순서대로 작성하면 된다. 자신이 그 내용을 공유하고 싶어 하지 않는 한, 누구도 이 목록을 볼 수 없기 때문에 목록을 작성할 때 매우 정직하게 답변해도 편안함을 느낄 수 있다. 목록을 다 작성하면, 상담자는 이들이 무엇을 높이 평가하고 소중하게 여기는지를 보다 자세히 검토할 수 있도록 다음과 같은 여러 가지 코딩 질문을 던진다.

1. **혼자** 하는 것을 선호하는 항목 옆에 A라고 적으라. 다른 **사람**들과 함께 하기를 선호하는 항목에는 P라고 적고, 혼자 또는 다른 사람들과 함께 하는 것이 똑같이 괜찮은 항목에는 AP를 적으라.
2. 그것을 하는 데 돈이 들어가는 항목에 대해서는 달러 표시($)를 하라(돈이 들지 않거나 무시할 만한 수준이면 공백으로 남겨 두라).
3. 당신의 아버지나 어머니(혹은 할아버지나 보호자 등)가 좋아했던 것을 나타낼 수 있도록 **아버지**의 경우 F, **어머니**의 경우 M을 사용하라. (이것은

가치화 과정의 자유롭게 선택하기 단계에서 사용할 것이다.)

4. 언제 그것을 마지막으로 **했는가**? 마지막으로 한 때를 나타내는 칸에 날짜나 일시 또는 단어로 적어 넣어라. (이 질문은 가치화 과정의 행동하기 단계에서 사용한다.)
5. 자신의 목록 가운데 삶에서 자신이 가장 하기를 좋아하는 것 5가지 옆에 별표를 하라. 마지막으로 이 5가지에 대해 1에서 5까지의 숫자를 이용해서 당신이 가장 하고 싶은 것(당신이 포기해야 한다면 이 세상에서 가장 마지막으로 포기할 것들이다), 두 번째, 세 번째, 네 번째 그리고 다섯 번째로 순서를 매겨라.

이러한 목록은 어떤 규모의 집단 장면에도 사용할 수 있도록 미리 짜 놓은 전략이다. 다른 목록은 미리 준비할 수도 있고 현장에서 만들 수도 있다. 1장에서 보듯 폴과의 면접에서 그 순간에 폴에게 머리가 길어서 힘들 수 있다고 생각하는 모든 가능한 반응 목록을 달라고 물어볼 생각이 떠올랐다. 그는 목록을 작성했고, 나는 각각을 적어 내려갔다.

- **회복**: 친구가 술을 권할 때 보일 수 있는 모든 가능한 반응의 목록을 만들어 보라.
- **진로**: 당신이 그 직업에서 실제로 일하고 있는 사람들을 알고 있는 직업 목록 20가지를 만들어 보라.
- **일**: 당신이 직장에서 수행하고 있는 서로 다른 과업의 목록을 10~20개 만들어 보라. 1에서 5점 척도로 각 과업이 얼마나 만족스러운가를 표시해 보라.
- **부부**: 혼자서 하고 싶은 것 10가지, 함께 하고 싶은 것 10가지, 친구와 하고 싶은 것 10가지에 대한 목록을 만들어 보라.
- **돈**: 거의 항상 자신에게 즐거움을 주고 나중에도 후회하지 않는 지출 목록을 만들어 보라. 종종 자신을 실망시키고 나중에 후회하는 지출 목록

을 만들어 보라.

- **성**: 파트너에게 성적 즐거움을 주기 위해 자신이 하는 모든 것에 대한 목록을 만들어 보라.
- **건강**: 건강을 위해 자신이 지금 하고 있는 것을 5~10개까지 적어 보라. 이제, 건강에 좋지 않은데 자신이 지금 하고 있는 것을 5~10개 정도 적어 보라.
- **종교, 영성**: 자신이 신이나 우주의 더 큰 힘과 연결되었다고 느낀 모든 순간들을 기억해 보라. 이것이 교회나 다른 종교 구조물에서 일어났으면 C, 자연에서 일어났으면 N, 종교와 관련되어 있으면 R, 증언을 했거나 자신의 경험에 대해 대중적인 선언을 했으면 W라고 적으라.
- **상실, 사별**: 당신이 정말 하기를 좋아하는 것 20가지 목록을 만들어 보라. 당신이 상실을 경험한 후에 덜 하게 된 것은 무엇인가(-기호를 사용하라). 더 하게 된 것은 무엇인가(+)? 상실 전과 비슷하게 하고 있는 것은 무엇인가(=)? 장차 더 많이 하기를 바라는 것은 무엇인가(++)? 누가 뭐라고 하지 않더라도 장래에 더 많이 하고 싶은 것을 실제로 시작할 준비가 되었다고 생각할 때는 언제인가? 각각에 대해 날짜를 적으라.
- **노화**: 당신이 정말로 하기를 좋아하는 것 20가지 목록을 만들어 보라. 지금부터 5년 동안 해 보고 싶거나 기대하는 것에 5라고 적어 보자. 지금부터 10년 동안 해 보고 싶거나 기대하는 것에 10이라고 기록하라. 죽을 때까지 계속 하고 싶은 것에 D라고 표시하라. 앞으로 당신이 배워서 해 보고 싶은 새로운 항목을 1~5개까지 추가해 보자.

2. 순위 정하기(우선순위 정하기)

우선순위는 내담자가 무엇을 높이 평가하고 소중하게 여기는가를 분명하게 하고, 더 좋거나 덜 좋은 선택을 평가하며, 선호하는 행동 단계의 순서를 정하도록 돕는다. "그것에 대해 가장 좋은 것은 무엇인가?" 또는 "당신이 좋아하는 것은 무엇인가?"와 같은 가치-명료화 질문(4장)은 우선순위를 정하는 과정을 이끌어 낼 수 있다. 그러나 '순위 정하기'와 '강제 선택 사다리' 같은 다른 가치명료화 전략은 내담자가 더 구조화된 방식으로 우선순위를 정할 수 있게 만든다.

순위 정하기는 전형적으로 내담자가 선호도에 따르거나 또는 질문의 내용에 따라 서너 개의 선택 사항을 제시한다. 예를 들면, 다음과 같다.

- **회복**: 당신이 술에서 깨어 있도록 하는 데 가장 도움이 될 것이라고 생각하는 집단은 무엇인가?
  ________ 가족
  ________ 친구
  ________ 조력 전문가
  ________ 종교적 · 영적 접촉

이 아이디어는 내담자나 집단구성원이 **모든** 선택권을 순서대로 놓는 것이다. 이 경우에는 가장 도움이 되는 것, 두 번째로 도움이 되는 것 그리고 거의 도움이 되지 않는 것 순으로 배열한다.

선택은 내담자가 스스로 언급한 대안들로부터 또는 집단으로부터 나올 수 있다. 또는 상담자가 제공할 수도 있다.

이런 실습은 제공된 정보가 제한되어 있고, 내담자의 순위는 환경에 따라 달라질 수 있다는 점에서 강제 선택이다. 그래도 괜찮다. 그 목적은 내담자의 모든 느낌과 의견을 완벽하게 반영하는 순위를 정하는 것이 아니라 내담자가 그 주제에 대한 여러 가지 느낌과 태도, 생각과 이슈 그리고 질문들에 접촉하도록 돕는 것이다. 내담자가 모든 항목에 대해 순위를 정하라고 요청을 받은 결과로 생각에 빠지는 것보다 순위가 더 중요하다. 일반적으로 내담자는 순위 정하기를 하고 난 후에 상담 회기나 집단토론에서 더 자세히 탐색할 수 있는 좋은 재료를 많이 제공하면 할 말이 매우 많아진다.

만약에 내담자가 순위 정하기에 저항한다면, 그것에 대해 논쟁하지 않아도 된다. "내가 당신에게 말해 준 것보다 당신이 첫 번째로 뽑은 것을 더 잘 나타내 주는 다른 선택은 무엇인가요?"라고 물어라. 또는 "좋아요. 순위 정하기는 잊어버립시다. 순위 정하기라는 주제가 제시되어 당신이 여기에 대해 생각하기 시작했을 때, 마음속이나 몸에서 지나간 생각이나 느낌은 무엇인가요?"라고 물어보면 된다.

다음에 제시된 것은 다른 주제들에 대한 순위 정하기 예시들이다. 다른 모든 가치명료화 전략과 마찬가지로, 내담자가 선택사항에 대해 토론하고 있는 바로 그 지점에서 순위 정하기를 하는 것이 가장 좋다. 내담자가 어떤 주제에 대해 두세 가지 대안을 언급할 때, 이렇게 하면 될 것 같은 순위 정하기가 나에게 떠올랐다. 내담자에게 순위 정하기를 제시하느냐 하는 것은 그것이 관련된 것으로 여겨지는지, 대화의 흐름에 맞는지 또는 내담자의 과정을 방해하는지, 도움이 된다고 인식했는지, 최근에 비슷한 연습을 해서 너무 반복되는 것 같은지 등 여러 가지 요인에 따른 선택이다.

- **진로**: 어떤 식으로 일하는 것을 대체로 가장 좋아하는가?

  ________ 개인적으로
  ________ 다른 사람과 함께
  ________ 소집단으로

- **일**: 상사가 당신에게 지나친 업무를 부여할 때, 당신은 어떤 말을 할 가능성이 가장 높은가? (그러면, 당신은 그 사람에게 가장 말하고 싶은 것이 무엇일까? 어느 것이 가장 전문적인 반응일까?)

  ________ "스스로 하십시오."
  ________ "시간이 없습니다."
  ________ "알겠습니다."

________ "시간에 한계가 있는데, 먼저 하던 일을 놔두고 이것을 해야 할까요?"

- **부부**: 토요일 오후에 부부가 함께 시간을 보낼 예정이라면 어떤 것을 선호하는지 순서를 매겨 보라.

________ 산책을 간다.
________ 연극이나 콘서트 또는 문화 활동을 한다.
________ 운동을 한다.
________ 성관계를 한다.

- **돈**: 돈을 관리하는 방법에서 당신은 누구하고 가장 같다고 생각하는가?

________ 어머니
________ 아버지
________ 가장 친한 친구
________ 배우자나 파트너

- **성**: 성관계를 가장 즐기는 때는?

________ 아침
________ 점심
________ 저녁
________ 일정치 않은

- **건강**: 당신은 어떤 원인으로 죽을 가능성이 가장 높다고 생각하는가?

________ 심장마비
________ 폐암
________ 노령
________ 사고

- **종교, 영성**: 신(알라, 도 등)을 생각할 때, 당신이 생각하는 신의 개념에 가장 가까운 것은?

  ________ 사람 같은 모습

  ________ 추상적 개념

  ________ 일종의 에너지

  ________ 신에 대한 개념이 없음

- **상실**: 파트너를 잃는다면 무엇이 가장 두려운가(무엇이 가장 힘든 것인가?)

  ________ 재정 문제

  ________ 혼자 있는 것

  ________ 친밀감의 상실

  ________ 일상생활의 영위

- **노화**: 나이가 들어 가는 것에 대해 가장 기대하는 것은 무엇인가?

  ________ 내적으로 좀 더 평화로운 것

  ________ 더 지혜로운 것

  ________ 재정적으로 독립하는 것

  ________ 손자가 있는 것

  ________ 은퇴하는 것

앞에서 제시한 서너 개 선택 사항 가운데 마술같은 것은 없다. 더 많은 선택 사항들도 가능하다. 더 많은 선택 사항이 있을 때는 강제 선택 사다리 전략을 사용하는 것이 가장 유용하다.

3. 강제 선택 사다리

우선순위를 사용하는 다른 전략들이 있다. 예를 들면, 강제 선택 사다리는 사다리 또는 계단 도형을 사용한다. 내담자에게 여러 가지 선택 사항들을 주고 거기에 대해 순위를 정해 보라고 요청한다. 모든 선택 사항을 한꺼번에 주고 순위를 정하면서 각 선택의 키워드를 사다리나 계단의 한 칸에 쓰라고 할 수 있다. 또는 한 번에 한 가지 선택 사항을 주면서 새로운 선택 사항을 받을 때마다 주제에 대해 다시 생각해 봐서 순위를 달리 정하게 할 수도 있다.

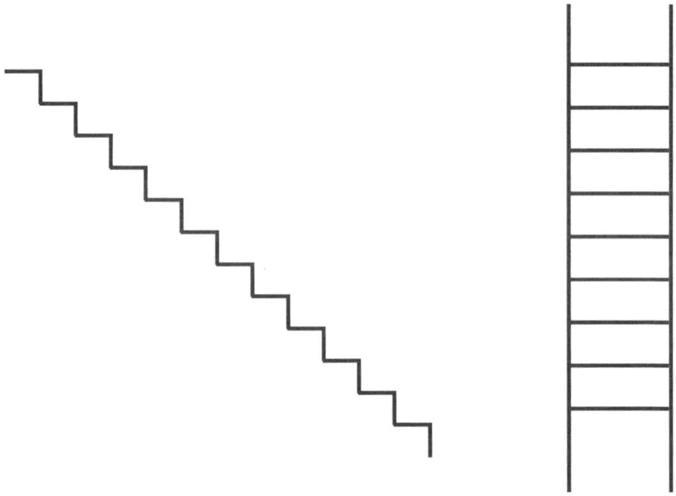

예를 들면, 회복 집단에서 작업을 하는 상담자가 각 참여자에게 비어 있는 12계단을 그려 놓은 종이 한 장과 12개의 작은 빈 종이 슬립을 각 구성원에게 나눠 주고 설명을 한다. "상황은 이렇습니다. 당신은 알코올치료를 마치고 집에 왔습니다. 3주 동안 금주를 하고 있는 상태입니다. 당신과 친구 세 명이 한 친구의 집에서 포커 게임을 하고 있습니다. 주인이 작은 술통과 잔을 가져왔습니다. 한 친구가 한 잔을 따라 당신에게 권합니다. 당신은 '고맙지만 사양하겠어.'라고 말을 합니다. 친구 중에 한 명이 '왜 그래! 너 절대금주자로 변했어?'라고 말을 합니다. 다른 친구가 '겁쟁이가 되어 가는 거 아니지?'라고 말합니다.

이제 당신에게 이 상황에 대해 한 번에 하나씩 12개의 다른 반응을 줄 것입니다. 각 반응에 대한 하나 또는 두 개의 키워드를 줄 것입니다. 그러면 당신은 그 반응을 계단의 한 칸에 놓으면 됩니다. 가장 위쪽은 이 상황에서 가장 좋은 선택이라고 생각하는 것이고, 바닥은 그 상황에서 최악의 선택이라고 생각하는 것입니다. 준비됐나요? 시작합니다.

- "입 닥치고 카드나 돌려." (키워드: 닥쳐)
- "너희가 내 친구라면 내가 음주 문제가 있다는 것을 알 테니, 내가 끊을 수 있도록 지지해야지." (키워드: 친구라면)
- "좋아. 채워!" —그리고 자신은 마시지 않는다. (채워, 마시지 마라)
- "조금만 줘." —그리고 당신은 마시지 않는다. (조금만, 마시지 마라)
- "그만둬. 나는 술을 끊을 수 없어." (나는 할 수 없어)
- "아, 채워." —그리고 당신은 아주, 아주 천천히 홀짝거리며 밤새도록 유지한다. (채워서 홀짝거리다)
- "기분이 별로야. 떠나야겠어." (떠나다)
- "난 3주 동안 금주했어. 깨고 싶지 않아." (깨지 않는다)
- "알코올 문제가 있어. 그냥 콜라나 마실래. 고마워." (문제-콜라)
- "오늘 밤에는 술을 마시고 싶지 않아." (하고 싶지 않아)
- "위가 안 좋아. 안 마시는 것이 좋을 것 같아." (위 아픔)
- "내 차에는 시동 장치에 음주 측정기가 있어. 마실 수 없어." (음주 측정기 거짓말)

다른 주제들에 대해서도 유사한 예를 만들 수 있다.

- **진로/일**: 십대들이 여름에 하는 일 12가지를 생각해 보라. 가장 흥미 있는 것부터 가장 흥미 없는 것까지 사다리에 배치해 보라.
- **부부**: 여기에 부부들이 잘하는 것(함께 노는 것, 의사결정하기, 싸움, 성관계, 여행 등) 12가지가 있다. 당신과 파트너가 가장 잘하는 것으로부터 가장 못하는 순으로 사다리에 배치해 보라.
- **돈**: 다음 10가지 가운데 어느 것에 돈을 가장 많이 사용할 것 같은가? 가장 많이 사용할 것에서부터 가장 사용하지 않을 것 순으로 배치해 보라. 이것들 가운데 지출했을 때 자신이 원하는 만족감을 가장 많이 줄 것부터 가장 적게 줄 것의 순서대로 재배열해 보라.
- **성**: 사람들이 성관계에서 즐거움을 느끼는 12가지가 있다. 가장 즐거운 것부터 가장 즐겁지 않은 순으로 이것들을 배치해 보라.
- **건강**: 여기에 15종류의 음식이 있다. 가장 건강에 좋은 것부터 가장 건강에 좋지 않은 것 순으로 계단에 배치해 보라. 이것을 당신이 가장 자주 먹는 것부터 가장 덜 먹는 것 순으로 재배열해 보라.
- **종교/영성**: 여기 성경(또는 다른 종교의 경전)에서 인용한 15가지의 이야기가 있다. 가장 의미 있는 것부터 가장 의미 없는 것 순으로 배열해 보라.
- **노화**: 여기 사람들이 나이가 듦에 따라 때로 일어나는 것(현명해지거나 우울해지거나 평화롭거나 불안하거나 원숙해지는 것 등) 10가지가 있다. 당신이 나이가 듦에 따라 당신에게 일어날 가능성이 가장 높은 것부터 낮은 것 순으로 배열해 보라.
- **상실**: 이제 스스로 해 볼 차례이다. 12가지 여가 활동 중에서 당신이 가장 해 보고 싶은 것부터 가장 하기 싫은 것 순으로 배치해 보라.

계획판

가치명료화의 창시자 가운데 한 사람이고 많은 명료화 전략을 만든 Sid Simon은 이 글을 쓸 때를 기준으로 85세이며 여전히 워크숍을 이끌고 있다. 그때 당시에 그가 좋아하는 가치명료화 전략은 자신이 '계획판(Planning Board)'이라고 불렀던 것으로 강제 선택 사다리를 변형한 것이다. 이것은 같은 사다리 또는 계단으로 시작한다. 그러나 사다리나 계단에 키워드를 직접 쓰는 대신에 집단구성원들이 여러 개의 접착성 노트나 포스트잇에다가 키워드를 적는다. 상담자나 집단지도자는 우선 세 가지 키워드를 설명해 준다. 참가자들은 이 키워드를 자신의 접착식 노트에 적고, 순서를 정하여 각자의 도표 위에 있는 세 칸이나 3단 위에 이들을 순서대로 배치한다. 그다음에 둘씩 또는 셋씩 앉아 자신들의 순위에 대해 토론한다.

그다음에 상담자는 집단에 세 가지 선택권을 더 준다. 그들은 키워드를 접착성 노트에 적고, 새로 받은 세 가지 선택권과 기존의 선택권을 함께 순서를 매겨 계단이나 사다리에 붙인다. 접착성 노트가 좋은 점은 새로운 선택사항이 주어지면 집단구성원이 순서에 만족할 때까지 도표 위에 종이를 뗐다 붙였다 하며 계속 이동시킬 수 있다는 것이다. (비접착성 종이 슬립도 사용할 수 있지만, 쉽게 위치에서 벗어나거나 날아갈 수 있다.) 다시 말하면, 참여자들은 자신의 순위를 다른 사람이나 소집단에서 토론한다. 이 과정은 모든 선택 사항이 제시되고, 순위를 정하고, 토론을 다 할 때까지 반복된다.

Simon이 즐겨 사용했던 마지막 변형 양식은 집단구성원들에게 마지막 선택 사항 세트에 '와일드카드'를 주는 것이다. '와일드카드'는 스스로 만드는 선택 사항이다. 예를 들면, 그들에게 제시된 모든 선택 사항보다 더 선호될 수 있는 선택권이다.

4. 연속선

연속선은 삶에서 겪는 많은 이슈나 딜레마가 A나 B라는 대답을 가지고 있는 것이 아니라 양극단 사이에서 우리가 고를 수 있는 여러 가지 선택권이 있다는 것을 도표로 보여 준다. 연속선은 내담자가 자신이 사용할 수 있는 선택 대안이 무엇인가를 인식하도록 돕는다. 자신 앞에 펼쳐진 대안들을 보는 것은 **자신이 선택권을 가지고 있다**는 것과 이 가능성의 연속선상에서 과거에 있었던 곳에 계속 남아 있을 필요가 없다는 생각을 강화해 준다.

연속선은 정반대되는 끝을 가지고 두 끝 사이에 여러 가지 위치—아마도 무한대의 위치—를 가진 직선이다. 연속선은 거의 모든 가치나 상담 및 치료 주제에도 사용할 수 있다. 이 아이디어는 내담자가 자신이 해당될 수 있는 위치를 연속선상에서 가장 잘 나타내는 위치에 놓는 것이다.

연속선을 구성하는 방법에는 세 가지가 있다. 숫자로, 양극 단어로 그리고 상징적 단어나 예를 가지고 구성할 수 있다. 예를 들면, 이사하는 것을 고려하고 있는 노인 내담자에게 "당신은 얼마나 독립적입니까?"라고 물을 수 있다. 이것은 내담자가 생각해 보고 반응할 수 있는 적절한 **가치명료화 질문**이다. 그러나 똑같은 질문을 **연속선** 형식으로 물어볼 수 있다. 다음에는 "당신은 얼마나 독립적인가요?"라는 명료화 질문에 근거하여 만든 5가지 연속선이 있다.

- 숫자들

1 ———————————————————————————— 10

여기에서 1은 전혀 독립적이지 않은 것을 의미하고, 10은 완벽하게 독립적인 것을 의미한다. 당신의 독립성 정도를 나타내는 숫자는 무엇인가?

- 양극 단어

당신은 얼마나 독립적인가? 이 연속선상에서 당신은 어디쯤 위치하는가?

전혀 아닌 ________________________________ 완전히

완전히 의존적인 ________________________________ 완전히 독립적인

● 상징적인 이름과 기술

의존적인 도나		독립적인 이르마
도와줘, 헨리		저리 가, 칼로스

의존적인 도나(또는 '도와줘, 헨리')는 지나치게 의존적이어서 자기가 무릎에 종이티슈를 떨어뜨렸을 때, 다른 사람에게 그것을 집어 달라고 부탁을 한다. 독립적인 이르마(저리 가, 칼로스)는 너무 독립적이어서 상담자가 그에게 다른 쪽 끝까지 20피트인 통나무를 트럭에 들어올리는 데 도움을 주겠다고 하면, 그는 차라리 혼자서 하겠다고 말할 것이다.

한 형식의 연속선이 다른 형식보다 반드시 더 좋다고 볼 수 없다. 각각은 다용도로 사용할 수 있어 무수히 많은 주제나 상황에서 사용할 수 있다. 비록 예외가 많이 있지만, 나는 집단 장면에서는 상징적인 이름이나 기술을 사용하고, 개인상담에서는 숫자나 양극 단어를 사용하는 경향이 있음을 발견하였다. 양쪽 끝에 사람의 이름을 사용하면 더 활기차고 덜 추상적이 될 수 있다. 양쪽 끝을 극단적이거나 때로는 유쾌한 사례를 가지고 기술하면 연습 활동을 더 재미있게 만들며, 연속선상에서 멀리 떨어진 사람이 판단을 받는 느낌이 들지 않는다. 오히려 그들은 "나는 그 정도 끝은 아니에요."라고 반응한다.

이런 예들을 계속 생각해 보면, 나는 또한 '도와줘, 헨리'와 '저리 가, 칼로스'를 '의존적인 도나'와 '독립적인 이르마'보다 더 좋아한다. 나는 또한 '완전히 의존적인'과 '완전히 독립적인' 것보다 '전혀'와 '완전히'를 더 좋아한다. 그 이유는 **독립**과 **의존**은 가치가 부과된 단어이다. 여러 서구 문화, 특히 미국에서 독립성은 높이 평가하는 가치이고 의존성은 약하고 바람직하지 않은 것으로 간주된다. (다른 문화와 미국의 하위 문화 가운데는 가치판단이 거꾸로 되어 있는 특성이 있어, 독립성은 바람직하지 않은 성격 특성으로 간주된다.) 이런 단어들을 연속선의 양 끝에 배치하면 내담자에게 더 바람직한 것과 덜 바람직한 위치 가운데 선택할 수 있다. 다시 말하면, 이것은 속임수를 써서 내담자를 독립적인 영역으로 움직이도록 미미한 압력을 가한다. 대조적으로 두 개의 재미있는 극단은 연속선의 양 끝이 똑같이 불합리하게 보이게 되고, 따라서 참가자들은 자신이 정말 속한다고 생각하는 곳에 더 자유롭게 자신을 위치하게 한다.

유사한 이유로, 나는 연속선의 양 끝에 같은 성별을 놓는 것을 선호한다. 예를 들면, '의존적인 **도나**'와 '독립적인 어윈'은 성 고정관념을 강화할 위험성이 있다. 심지어 고정관념이나 문화적 편견이 작동하지 않더라도, 남성 내담자는 연속선상에서 남성 이름과 동일시하고 여성 내담자는 여성 이름과 동일시할 수 있다. 이것은 특히 젊은 내담자나 집단에서 더욱 그렇다.

유사하게 그 명칭이 시사하듯, 늘 보수적인 끝을 오른쪽에 두고, 자유로운 끝을 왼쪽에 둔다. 이것은 그런 기대를 강화하지 않더라도 더 생각하도록 자극한다. 한쪽에는 긍정적인 것을, 다른 쪽에서는 부정적인 것을 배치하는 것도 늘 같이 간다.

다음에 표본 주제들에 대한 가치 연속선의 예가 있다.

- **회복**: 얼마만큼 금주(또는 약물 중단)하고 싶은가?

현재 있는 그대로 행복하다.	————————	금주(약물 중단)하기 위해 무엇이든 하겠다.

- **일**: 아침에(또는 일하러 갈 때마다) 일하러 가는 것을 얼마나 기대하거나 또는 기대하지 않는가? (또는 이 연속선상에서 당신이 수용할 만한 위치는 어디인가?)

지겨운 댄: 이불을 걷어 내고 침대에서 끌어내야 해.	————————	신나는 어니: 두 시간 전에 출근하고, 밤에는 청소부가 쫓아내야 해.

- **부부**: 당신이 자유롭게 임의로 결정할 수 있는 시간 가운데 어느 정도를 파트너와 함께 하는 일에 사용하고 싶은가? 또는 혼자 아니면 다른 사람들과 하는 일에 보내고 싶은가?

100% 함께 ―――――――――――――――――――― 100% 혼자 혹은 다른 사람들과

- **돈**: 돈은 당신에게 얼마나 중요한가?

수도승 마리아 ―――――――――――――――――――― 미다스 메리

- **성**: 파트너와 성관계에서 어느 정도의 다양성을 가지고 싶은가?

항상 다른 ―――――――――――――――――――― 항상 같은

- **건강**: 누군가 당신이 사는 모습을 본다면, 당신에게 건강이 얼마나 중요하다고 말해 줄 것 같은가?

전혀 중요하지 않은 ―――――――――――――――――――― 매우 중요한

- **종교**: 자신의 종교가 가르치거나 제공하는 것 가운데 어떤 측면이 당신에게 가장 중요한가?

신이나 우주와의 관계 ―――――――――――――――――――― 타인이나 도덕성에 대한 관계

- **상실**: 당신은 가장 어떻게 될 것 같은가?

영원히 슬퍼할 프레드 ―――――――――――――――――――― 다음날 회복할 톰

주어진 연속선에 다양한 변화를 주어서 내담자에게 자기 위치를 표시하라고 요청할 수 있다.

- 그들은 지금 어디에 있는가?
- 그들은 어디에 있고 싶은가?
- 그들은 어디에 주로 있었나?
- 그들의 부모, 파트너 또는 종교는 그들이 어디에 있기를 바라는가?
- 그들을 조금 아는 사람들은 그들을 어디에 놓을 것 같은가?
- 그들을 잘 아는 사람들은 그들을 어디에 놓을 것 같은가?
- 그들의 부모, 파트너 또는 역할 모델은 어디에 있을 것 같은가?

개인상담이나 치료에서 상담자는 이 연속선을 언어적으로 제시할 수도 있다("직선이 하나 있다고 상상해 보세요. 한쪽 끝에는 '전혀 독립적이지 않은'이라는 말이 있고, 다른 쪽에는 '완전히 독립적인'이라는 말이 있습니다. 당신은 그 선상의 어디쯤에 있을 것 같은가요?"). 그러면 내담자도 언어적으로 대답할 수 있다("아마도 중간에서 독립적인 끝 사이의 중간쯤에 있을 것 같아요."). 또는 상담자가 종이를 꺼내 선을 긋고 양쪽 끝에 적은 다음, 내담자에게 그 연속선상에서 어디쯤 속하는지를 표시해 보라고 요청할 수 있다. 내담자가 말하면서 자신의 위치를 선 위에 표시할 수 있거나 상담자가 선 위에 점을 표시하면서 "여기인가요?"라고 물어봄으로써 내담자의 반응을 이해하고 있는가를 검증해 볼 수 있다.

집단 장면에서 모든 집단구성원이 실제로 자신의 이름이나 첫 글자를 연속선 위에 배치할 때 최고로 작용한다. 이것은 보통 세 가지 방식으로 일어나는데, (a) 상담자는 집단구성원에게 각자의 종이에 연속선을 긋고 양쪽 끝에 적은 다음, 자신에게 해당되는 지점에 자기 이름이나 첫 글자를 적어 보라고 요청한다. (b) 상담자가 마분지나 신문용지 위에 연속선을 긋고, 집단구성원 전체나 일부에게 다가서서 자신이 속한다고 생각되는 점에 자기 이름이나 첫 글자를 놓으라고 요청한다. (c) 상담자가 방을 가로질러 허공에 연속선을 긋고(혹은 마스킹테이프를 이용해서 실제 선을 만들고) 선 위의 양끝 점을 표시하여 설명한 다음, 모든 사람에게 어떤 주제에 대해 자신을 가장 잘 나타내는 지점에 직접 가서 서도록 요청한다. 이렇게 한 다음, 연속선에서 자신과 가까운 사람들이나 또는 다른 점에 있는 사람들과 대화를 해 보도록 할 수 있다.

사람들이 연속선 위에 자기 이름을 놓을 때, 이들은 보통 그 위치가 어떤 의미를 지니는지에 대해 설명하기를 좋아한다. 이것은 수학처럼 엄격한 활동은 아니다. 1~10점 선상에서 어떤 사람의 7점은 다른 사람의 5점일 수도 있다. 중요한 것은 내담자의 가치화 과정이 일어난다는 것이다. 이것은 내담자가 그 연속선에서 나타나는 자신의 느낌, 생각, 행동 패턴을 생각해 보고, 집단 장면이라면 자신의 반응을 드러내고, 다른 사람들의 반응을 보고 듣는 과정에서 일어나게 된다.

당신의 내담자나 집단구성원이 연속선상의 같은 지점에 전부 있지 않다면, 당신은 좋은 연속선을 만드는 방법을 익히고 있다고 보면 된다. 이것은 어느 정도 복잡하면서도 의도적으로 '더 정확한' 대답을 강요하지 않는 질문을 했다는 뜻이다.

▌5. 양자택일의 강제 선택

가치 연속선 전략(4)은 내담자에게 양극단에서 무수히 많은 가능한 위치 가운데 자신은 어디에 속하는지를 생각하도록 묻는다. **양자택일의 강제 선택 전략**은 양극단에서 하나를 선택해야 한다면 어느 쪽이 더 자신 같은지 또는 어느 쪽을 더 선호하는지를 묻는다. 순위 정하기 전략(전략 2)과 마찬가지로 강제 선택을 해야 하지만, 이 전략은 내담자나 집단구성원들로 하여금 여러 가지 태도와 의견 그리고 이슈들을 다루고 나서야 선택을 할 수 있게 만든다. 이 전략 활동의 가치는 최종 순위 또는 이것이냐 아니면 저것이냐를 결정하는 것에 있지 않다. 오히려 그들이 의사결정을 하고, 타인들과 더불어 자신의 과정을 나눌 때 사용하는 가치화 과정에 있다.

개인상담에서 내담자는 "이것 아니면 저것을 선택해야 한다면, 어느 것을 선택하겠는가?" "당신은 이것이 더 좋은가, 아니면 저것이 더 좋은가?" 또는 "당신을 아는 사람들은 당신을 이 방식과 저 방식 가운데 어떤 식으로 말해 줄 것 같은가?"와 같은 양자택일의 명료화 질문을 받을 수도 있다. 그러나 정교하게 만든 전략인 '양자택일의 강제 선택'은 대체로 집단 상담에서 참여자들이 자신의 태도와 선택, 행동 그리고 다른 가치 지표를 분명하게 확인하고 다른 사람들로부터 배우는 것을 돕기 위해 사용한다.

상담자는 먼저 어떤 이슈나 질문과 이에 대한 상반되는 입장이나 답을 찾아낸다. 예를 들면, 진로발달 집단에서 상담자는 "당신은 팀 멤버가 좋은가요, 아니면 독립적인 것이 좋은가요?"라고 물어볼 수 있다. 회복 집단에서 상담자는 술을 마실 것인지 금주할 것인지에 대해 선택권을 줄 수 있을 것이다. 재무 상담 장면에서 **양자택일의 선택**은 낭비벽이 있는지 아니면 구두쇠인지 하는 질문이 될 것이다.

여기 각 표본으로 택한 주제들에 대한 예를 제시하였다. 각 주제에 대해 무수히 많은 또 다른 사례가 있다. '가치 연속선'(전략 4)의 양극단은 종종 양자택일의 전략에 사용할 수 있는 좋은 반대되는 선택들이 된다.

- **회복**

  당신은……? 금주하는지 또는 취했는지
  당신은……? 주저하는지 또는 의욕이 있는지

- **진로**

  당신은……? 팀 멤버인지 아니면 독립적인지
  당신은……? 피고용인지 아니면 기업가인지

- **일**

  당신은……? 일 중독인자인지 아니면 게으름쟁이인지
  일이란 당신에게……? 끔찍한 것인지 아니면 즐거움인지

● **부부**

파트너와 있을 때 당신은 좀 더 …… 같은가? 어머니 또는 아버지
파트너와 있을 때 당신은 ……? 리더인지 아니면 따르는 편인지

● **돈**

당신은 ……? 구두쇠인지 아니면 낭비벽이 있는지
당신은 ……? 태평한지 아니면 염려하는지

● **성**

당신은 ……? 중독자인지 아니면 수도승인지
당신은 ……? 절제하는지 아니면 절제하지 않는지

● **건강**

당신은 ……? 정크푸드 중독인지 아니면 건강한 견과류인지
당신은 ……? 폐인 또는 역할 모델

● **종교/영성**

당신은 ……? 종교적인 또는 세속적인
당신은 ……? 성인 또는 죄인

● **노화**

당신은 ……? 게으름쟁이 또는 활동가
당신은 노화를 어떻게 간주하는가? 실패 또는 기회

● **상실**

당신은 어떤 상태에 있는가? 슬퍼함 또는 회복되었음
당신은 ……으로 가고 있는가? 제멋대로임 또는 자제함

집단구성원들에게 현재 고민하고 있는 주제와 관련하여 양자택일의 선택 활동들을 한 장의 종이에 제시하고, 자기의 관점이나 자아개념과 가장 가

까운 선택 사항에 동그라미를 치도록 할 수 있다. 이 행동에 더 흥미를 느끼고 에너지 넘치는 방법은 방의 양쪽 끝에 양자택일의 선택권을 붙이고, 집단구성원들에게 한쪽 끝에 가서 서라고 하는 것이다. 그들은 사실 양쪽 선택의 모두에 해당할지도 모른다는 생각에 그들에게 동정을 느낄 수도 있다. 그러나 때로 인생은 우리에게 완벽하지 않지만 어느 한쪽을 골라야 하는 선택 사항을 제시하기 때문에 그들에게 어느 한 쪽을 골라야만 한다면, 그 방의 어느 쪽으로 갈 것인가를 묻고 있다는 것을 상기해야 한다. 상담자는 그들에게 원하기만 하면 아무리 복잡해 보이는 것이라도 저절로 설명이 되겠지만, 지금 당장은 이쪽 아니면 저쪽을 골라야 한다는 것을 재확인시켜 줄 수도 있다.

집단구성원들에게 선을 따라서 자신의 위치를 나타내는 위치에 설 수 있는 기회를 주게 되면 이 행동을 가치 연속선 연습으로 바꿀 수도 있다. 그러나 '양자택일의 강제 선택'으로 사용할 때 대부분의 사람은 좁은 범위 내에서 기꺼이 활동하고 양쪽 끝으로 자신의 위치를 움직일 때, 그 방에는 좋은 에너지가 발생한다. 만약 어떤 집단구성원이 마지막에 선택을 할 수 없거나 하지 않으려고 하면 이것을 다른 가치명료화 활동에서와 마찬가지로 완전히 수용해야 한다. 이들이 자리에 앉아 있든("나는 그냥 지나갈래요."와 마찬가지이다) 아니면 항의의 뜻으로 중간에 서 있든 모두 괜찮다. 그럼에도 그들은 여전히 그 주제나 질문에 대해 생각을 하고 있으며, 심지어 재빨리 어느 한쪽을 선택한 사람보다 더 깊이 생각하고 있을지도 모른다.

일단 집단구성원들이 종이 위에 양자택일의 선택을 하거나 방에서 자신의 위치를 나타내는 곳으로 이동하면 (a) 그들에게 자기 옆에 있는 사람이나 세 명이서 왜 자신이 그런 선택을 했는지 서로 이야기하게 한다. (b) 맞은편에 있는 사람과 한 명 또는 두 명씩 집단을 만들어서 다시 왜 자신이 그런 강제 선택을 했는지에 대해 서로 이야기하게 한다. 그리고/혹은 (c) 전체 집단에서 각자 자기의 선택에 대해 이야기해 보게 한다. 어떤 집단 형식에서도 집단구성원들은 자신의 복잡한 생각과 느낌 그리고 자신들을 그 방향으로 몰아간 갈등을 일으키는 힘과 이슈에 대해 전부 자유롭게 이야기할 수 있다.

▌6. 매우 동의하는/매우 동의하지 않는

이 행동에서 상담자는 집단구성원들에게 현재 토론하고 있는 주제에 대한 단정적인 진술문을 제시한다. 집단구성원들은 각 진술문에 대해 **'매우 동의하는' '약간 동의하는' '중간 또는 결정할 수 없는' '약간 동의하지 않는' '매우 동의하지 않는'**에 표시한다. 사회과학 연구에서 익숙한 이 도구를 가치명료화 전략으로 사용할 수 있다. 이것은 제시된 가치 지표에 대한 개인의 태도, 느낌, 신념, 의견과 강도 등을 분명하게 이끌어 낸다. 이 행동은 특히 심리교육 집단에서 상담자가 참여자들로 하여금 집단에서 분명히 다룰 수 없었던 주제에 대해 자신의 태도와 의견을 확인하고 생각해 보도록 돕고자 사용할 때 유용하다. 어떤 주제에 대한 참여자들의 관점을 확인하고, 자신의 태도가 얼마나 강한가를 알고 나면, 집단구성원들은 이러한 관점을 전체 집단에서 공유하고 확인하며 다른 사람들의 관점과 의견을 듣고자 하는 동기가 더 많이 일어나게 되는바, 이는 가치-명료화 과정을 확장시켜 나간다.

매우 동의하는/매우 동의하지 않는 전략이 **많은 진술문** 목록을 가지고 있을 때는 주로 집단 전략으로 사용된다. 개인 내담자의 경우에는 진단 도구로 사용하거나 대화하기를 주저하거나 반응하기를 꺼리는 경우, 대화에 참여시키는 방법 등으로 사용할 수 있다. 그러나 가치명료화 과정은 주로 집단 전략이다. 그러나 **단일 진술문**(single statement)에만 초점 맞출 때는 매우 동의하는/매우 동의하지 않는 전략을 개인상담에서도 사용할 수 있다. 예를 들면, 상담자가 내담자에게 적절하다고 생각하는 순간에 "누군가 당신에게 ____라고 말하는 것을 들을 때, 당신은 강하게 동의하는지, 다소 동의하는지, 다소 동의하지 않는지 또는 매우 동의하지 않는지?" 또는 "당신은 ____라는 생각에 대해 어느 정도 강하게 동의하거나 동의하지 않는가?"를 물어볼 때 사용할 수 있다.

이 장의 나머지 부분은 집단 장면을 위한 것이다. 집단 회기 전에, 상담자는 그 주제에 대한 일련의 선언적 진술문을 준비한다. 각 진술문은 그 페이지의 왼쪽에 두고, SA, AS, NU, DS, SD 반응 선택지는 그 오른쪽에 둔다. 이런 진술문은 전부가 상담자나 관습적인 지혜가 동의하는 문장으로 구성되면 안 된다. 그렇지 않으면 집단구성원들은 곧 이런 질문들에는 정답이 있고, 거기에 맞게 대답을 해야 한다는 생각을 하게 될 것이다. 이상적으로는 진술문의 일부나 다수가 집단구성원들에게 긍정적인 반응과 부정적인 반응을 이끌어 내어, 각 진술문에 대해 어떤 명확한 반응은 없을 만큼 복잡하게 보여야 한다.

회기가 진행되는 동안, 상담자는 집단구성원 각자에게 활동지를 복사하여 준다. 집단구성원들은 개별적으로 각 항목을 내려가면서 각 진술문에 대한 자기 반응에 동그라미를 친다. 다른 방식으로 진행하려면 상담자가 집단에게 그 활동을 설명하고, 모든 사람이 볼 수 있도록 선택 반응(SA, AS 등)을 벽이나 마분지 위에 붙여 놓은 후, 번호를 매긴 각 진술문을 읽어 주어 집단구성원들이 자기 종이를 가지고 해당하는 번호 옆에 반응을 적어 넣도록 할 수 있다. 전자가 더 좋은 방식이다. 왜냐하면 집단구성원들이 그 활동 및 이어지는 토론의 전 과정에 걸쳐서 자기 앞에 그 진술문을 계속해서 가지고 있기 때문이다.

일단 집단구성원들이 각 진술문에 대해 반응하면, 상담자나 집단이 어디로 가기를 원하는가에 따라 모든 진술문에 대한 각자의 반응을 토론할 수도 있고, 한두 가지 선택된 진술문에 대해 반응할 수도 있다. 또한 두 명, 세 명 또는 소집단이나 전체 집단으로 토론할 수도 있다. 또는 무작위 집단이나 토론할 진술문에 대해 동의하거나 동의하지 않은 사람들로 구성된 집단에서 자신들의 반응을 토론할 수도 있다.

여기 10개의 주제에 대해 매우 동의하는/매우 동의하지 않는 진술문의 예시가 있다. 더 아이디어를 얻으려면 '가치 투표 전략'(전략 7)을 참고하라.

● 회복

1. 나는 절제하면서 마실 수 있다. SA AS NU DS SD
2. 12단계 집단들은 겁쟁이이다. SA AS NU DS SD
3. 신이 내 삶의 모퉁이에 없이는 술 남용을 끊을 수 없다. SA AS NU DS SD
4. 마리화나는 합법화되어야 한다. SA AS NU DS SD
5. 다시 산다면, 멍청하게 약물을 사용하지는 않을 것이다. SA AS NU DS SD

● 진로

1. 성공을 결정하는 것은 네가 무엇을 아는가가 아니라 네가 누구인가를 아는 것이다. SA AS NU DS SD
2. 내 일생에 하나의 진로를 가지고 싶다. SA AS NU DS SD
3. 나를 부자로 만드는 진로를 원한다. SA AS NU DS SD
4. 나는 내 진로를 찾았다. SA AS NU DS SD
5. 나의 (바라는) 진로에 역할 모델을 가지고 있다. SA AS NU DS SD

● 일

1. 일의 종류가 무엇이든, 위신과 자부심을 가지고 할 수 있어. SA AS NU DS SD
2. 대부분의 사람들은 일하러 가는 것을 싫어한다. SA AS NU DS SD
3. 노동조합원 감소는 불행한 일이다. SA AS NU DS SD
4. 나는 자주 일하는 것을 즐긴다. SA AS NU DS SD
5. 나는 혼자 일하거나 다른 사람들과 함께 일하거나 신경 쓰지 않는다. SA AS NU DS SD
6. 실직하면 자신감을 유지할 수 없다. SA AS NU DS SD

● 부부

1. 긴 결혼생활에 두 사람이 서로에게 완전히 충실하기를 기대하는 것은 비현실적이다. SA AS NU DS SD
2. 많은 부부들이 시간이 지나면서 서로 사랑이 깊어진다. SA AS NU DS SD
3. 나는 헌신하는 것에 별 문제가 없다. SA AS NU DS SD
4. 게이나 레즈비언 관계에 있는 것은 이성애 관계에 있는 것이나 다를 바 없다. SA AS NU DS SD

5. 가끔 따로 여행을 가는 것은 우리 관계에 유익한 것이다. SA AS NU DS SD

● 돈

1. 돈은 모든 악의 근원이다. SA AS NU DS SD
2. 나는 돈에 대해 건전한 태도를 가지고 있다. SA AS NU DS SD
3. 나는 쇼핑에 중독되어 있다. SA AS NU DS SD
4. 돈이 정말 많다면 나는 더 행복한 사람일 것이다. SA AS NU DS SD
5. 나는 충분한 자선을 하지 못하고 있다. SA AS NU DS SD

● 성

1. 좋은 성관계는 성공적인 결혼에 필요한 것이다. SA AS NU DS SD
2. 친밀감은 오르가슴보다 더 중요하다. SA AS NU DS SD
3. 성적 다양성은 좋은 성 생활을 유지하는 데 중요하다. SA AS NU DS SD
4. 십대의 혼전 성관계는 나쁜 것이다. SA AS NU DS SD
5. 성은 과대평가되어 있다. SA AS NU DS SD

● 건강

1. 운동은 다이어트보다 더 중요하다. SA AS NU DS SD
2. 병원에 가지 않도록 거의 모든 것을 다할 것이다. SA AS NU DS SD
3. 내 건강에 나쁜 소식이 있다면, 알고 싶지 않다. SA AS NU DS SD
4. 고콜레스테롤의 위험은 대체로 과장되어 있다. SA AS NU DS SD
5. 건강은 대체로 유전자 때문이다. 그러니 왜 신경을 써? SA AS NU DS SD

● 종교, 영성

1. 내세가 있다. SA AS NU DS SD
2. 신은 죽었다. SA AS NU DS SD
3. 내가 좀 더 영적이면 하고 바란다. SA AS NU DS SD
4. 나는 정말 목사님(신부, 랍비, 이맘 등)을 존경한다. SA AS NU DS SD
5. 모든 사람이 같은 종교를 가진다면 우리는 더 나아질 것이다. SA AS NU DS SD

● 상실

1. 내가 먼저 죽기를 바란다. SA AS NU DS SD
2. 사랑한 그 사람이 내가 여전히 상심하기를 원치 않을 것이다. SA AS NU DS SD
3. 죽음 및 애도와 관련된 나의 종교적 및 문화적 의식은 도움이 되지 않는다. SA AS NU DS SD
4. 내가 정말로 어떻게 느끼고 있는가를 이해하는 한 명 이상의 친구나 가족이 있다. SA AS NU DS SD
5. 법적으로 그리고 고통 없이 그를 지금 만날 수 있다면, 그렇게 하고 싶다. SA AS NU DS SD
6. 이것은 위대한 삶이다. SA AS NU DS SD

● 노화

1. 내 나이인 것이 좋다. SA AS NU DS SD
2. 지금 내가 알고 있는 것을 알고 있으면서 다시 청년이 되면 좋겠다. SA AS NU DS SD
3. 나는 죽는 것이 무섭다. SA AS NU DS SD
4. 내가 살아 있고, 지금의 삶을 살고 있는 것이 행운이라고 느낀다. SA AS NU DS SD
5. 우리 사회는 노인들에게 친절하다. SA AS NU DS SD

7. 가치 투표

당신들 가운데 몇 명이 _____________을 좋아하는가?

당신들 가운데 몇 명이 _____________을 믿는가?

당신들 가운데 몇 명이 _____________하기로 선택할 것인가?

당신들 가운데 몇 명이 _____________할 것인가?

당신들 가운데 몇 명이 절대 _____________하지 않을 것인가?

가치 투표는 수 명에서부터 수천 명에 이르기까지 여러 집단에서 사용할 수 있는 인기 있는 가치명료화 전략이다. 나는 즉각적인 주제와 관련된 몇 가지 투표 질문을 하지 않고서 공개적인 발표를 한 적이 거의 없다. 이것은 사람들이 그 주제에 대해 무엇을 지지하거나 반대하는지, 그들이 무엇을 믿거나 믿지 않는지, 집단이나 주변의 다른 청중들과 어느 정도 유사한지 아니면 다른지 등에 대해 즉시 생각하게 한다. 이것은 그 방의 에너지 수준을 끌어올린다. 이것은 교육학에서 **기대 수준**(anticipatory set)이라고 불리는 것을 만들어 낸다. 그것은 그 주제에 초점을 맞추고 참여하려는 동기이다.

집단구성원들은 손으로 투표한다. 세 개나 다섯 개의 수신호 선택 사항을 제시하면서 다음과 같이 설명한다.

- 당신이 좋아하는 것, 우호적인 것, 동의하는 것 또는 실제 생활에서 하고 있는 것을 묻는다면, 다시 말해서 당신이 그 질문에 대해 우호적이거나 긍정적으로 생각한다면, 손을 들어 주세요. (내가 시연한다.)
- 당신이 싫어하는 것, 호의적이지 않은 것, 동의하지 않는 것 또는 실제 생활에서 하지 않는 것을 묻는다면, 다시 말해서 이 질문에 부정적으로 생각한다면, 엄지손가락을 이렇게 밑으로 내려라. (내가 시연한다.)
- 만약에 좋아하는지 아닌지 또는 확신이 없거나 누구에게도 말하고 싶지 않다면 '통과'하겠다는 의미로 이렇게 팔짱을 끼세요. (내가 시연한다.)
- 이제부터 무릎에 손을 놓아서는 안 됩니다. 손을 들거나, 엄지손가락을 내리거나 또는 통과하든지 간에 적극적으로 의사 표시를 해야 합니다.

선택적으로

- 자, 때로 삶에서 어떤 것에 대해 동의할 뿐만 아니라 **매우 동의할** 때도 있습니다. 어떤 것을 그냥 할 뿐만 아니라 **항상** 그것을 할 때도 있습니다. 그래서 내가 묻는 것 가운데 **매우 긍정적인** 반응을 한다면 손을 흔들

수 있습니다. (다시, 내가 시연한다.)

- 그리고 내가 묻는 것에 대해 동의하지 않을 뿐만 아니라 **매우 동의하지 않거나**, 동의하지 않을 뿐만 아니라 그런 것을 한다는 **생각만으로도 끔찍하다면**, 다시 말해 당신이 **매우 부정적**으로 생각한다면 엄지손가락으로 커피를 휘저을 때처럼 이렇게 하세요. (내가 엄지손가락과 팔을 위아래로 또는 빙글빙글 움직인다.)

좋습니다. 수신호를 이제 연습해 봅시다. 내가 묻는 것에 대해 우호적인 반응을 느낀다면 무엇을 해야 하지요……? 맞습니다. 부정적인 반응을 가지고 있는 것에 대해 묻는다면, 무엇을 하겠습니까……? 그렇지요. 누구하고도 말하고 싶지 않다면……? 아주 탁월하네요. 통과하면 됩니다. 자, 이제 여러분이 투표할 질문들이 있습니다. ……

그 질문들은 주제와 직접 관련되어 있다. 나는 보통 여섯 개에서 열 개 정도의 투표 질문을 할 것이다. 내 질문은 높이 평가하기, 선택하기, 행동하기 질문이 섞인 것이다. 이렇게 함으로써 여러 가지 가치명료화 과정을 이끌어 낼 수 있다. 다음에 각 사례 주제에 대한 몇 가지 예를 제시하였다. 가치 투표 질문에 대해서 더 알아보려면 매우 동의하는/매우 동의하지 않는 전략(전략 6)을 참고하라.

- **회복**: 여러분 가운데 몇 명이……
  - 이 집단에 자발적으로 왔습니까?
  - 금주를 유지하는 것이 생각보다 힘들다는 것을 알게 되었나요?
  - 필요할 때 이야기할 수 있는 후원자나 믿을 만한 사람이 있습니까?
  - 당신이 겪고 있는 것을 이해하지 못하는 가족이 있습니까?
  - 자신의 미래에 대해 희망을 느낍니까?
  - 유혹을 느낄 때 무엇을 해야 하는가를 알고 있습니까?

- 당신의 전 생애에 걸쳐 회복될 것을 진정으로 믿습니까?
- 상처 준 것에 대해 사과하고 싶거나 보상하고 싶은 사람이 있습니까?
- 지난 몇 주에[혹은 어떤 시간 구도이건 간에] 얼마만큼 왔는지에 자부심을 느끼나요?
- 누군가 술이나 마약을 권할 때 사용할 수 있는 좋은 말이나 반응이 있나요?

- **진로**: 여러분 가운데 몇 명이……
  - 직업(job)이 아니라 진로(career)를 정말로 가지고 있다고 생각하나요?
  - 세상이 자신의 진로를 필요로 한다고 생각하나요?
  - 사람들이 당신이 어떤 일(career)을 하고 있는가를 알게 될 때 때로 당황하나요?
  - 진로선택과 관련하여 부모로부터 압력을 받은 경험이 있나요?
  - 현재 직업을 선택했다기보다는 떠밀려 왔다고 말하고 싶나요?
  - 완전히 다시 시작할 수 있다면 다른 진로를 선택하겠습니까?
  - 때로 진로(careers)를 바꾸는 것을 고려하나요?
  - 은퇴하기 전에 일(job)이 아니라 당신의 진로(career)를 바꾸려고 생각하나요?
  - 청년들에게 자신의 진로를 추천하겠습니까?
  - 자신의 진로에 대해 말하고자 학교에서 개최하는 '진로의 날' 행사에 갈 것입니까?

- **일**: 여러분 가운데 몇 명이……
  - 자신이 하는 일에 자부심을 느끼나요?
  - 직장에서 기술이나 재능으로 당신을 감탄하게 만드는 사람이 있나요?

- 직장에서 당신의 기술이나 재능에 감탄하는 사람이 있나요?
- 아침에(또는 출근할 때마다) 일하러 가는 것이 싫습니까?
- 일하는 모습 가운데 어떤 면에서 더 나아지고 싶습니까?
- 돈이 문제가 안 된다면 다른 직업 훈련이나 교육을 받아 보겠습니까?
- 정기적으로 직업을 바꾸는 패턴이 있습니까?
- 정년을 할 때까지 현재 직장에 남아 있을 것 같습니까?
- 정년을 할 때까지 현재 직장에 남아 있고 싶습니까?
- 최근에 수정한 이력서가 있습니까?

● **부부**: 여러분 가운데 몇 명이……
- 자기 파트너와의 의사소통이 아버지와 엄마의 의사소통보다 낫다고 생각하나요?
- 당신이 부부관계에 대해 감탄하는 다른 부부가 있나요?
- 부부상담이나 가족상담을 받으러 가는 부부를 무시하나요?
- 부부관계에서 심각한 어려움을 느끼면 부부상담자를 찾아가나요?
- 파트너에게서 더 많은 칭찬이나 감사함을 받고 싶은가요?
- 파트너에게 규칙적으로 칭찬하거나 감사를 표현하나요?
- 배우자와 함께 적절한 양의 자유 시간을 사용하고 있습니까?
- 자주 함께 즐겁게 웃습니까?
- 부부가 함께 즐기는 한 가지 활동이 있나요?
- 매일 서로 이야기하고 관계를 가지는 데 충분한 시간을 사용하나요?

● **돈**: 여러분 가운데 몇 명이……
- 개인 또는 가족의 생활비 예산을 가지고 있나요?
- 돈에 관해 생각하는 데 너무 많은 시간을 사용하고 있다고 생각하나요?
- 자신을 충동적 구매자라고 생각하나요?

- 부모님은 돈을 사용하는 법에 있어 좋은 역할 모델이라고 생각하나요?
- 종종 구매 후에 후회하나요?
- 자선사업이나 명분 있는 일에 기부하나요?
- 때로 친구를 재정적으로 돕나요?
- 필요하다면 친구에게 돈을 빌려 달라고 부탁할 건가요?
- 수입 가운데 높은 비율로 저축을 하고 싶나요?
- 당신을 아는 사람들이 당신에게 너무 물질적이라고 말할 것이라고 생각하나요?

● **성**: 여러분 가운데 몇 명이……
- 우리 사회는 성에 대한 건강한 태도를 가졌다고 생각하나요?
- 자신은 성에 대해 건강한 태도를 가졌다고 생각하나요?
- 성적 능력은 자신의 행복에 항상 중요할 것이라고 생각하나요?
- 성적 환상을 가지고 있나요?
- 파트너가 당신의 성적 환상에 대해 물어보면 함께 이야기할 건가요?
- 용기가 있다면 배우자에게 어떤 것을 해 달라거나 그것을 더 해 달라고 부탁할 건가요?
- 파트너와 성관계를 한 후에 오르가슴에 도달하지 못해도 행복하게 잠자리에 들 수 있나요?
- 빅토리아 시크릿의 카탈로그 보는 것을 즐기고 있나요?
- 타이밍이나 빈도, 다양성 등의 측면에서 자신의 성관계 패턴을 좋아하나요?

● **건강**: 여러분 가운데 몇 명이나……
- 건강 이슈는 중요한 것이라고 생각하나요?
- 자신의 건강에 대해 걱정하고 있나요?

- 자신은 건강한 편이라고 말할 수 있나요?
- 건강한 식단을 따르고 있다고 생각하나요?
- 우리 문화에서 건강에 대한 우리의 관심이 지나치다고 생각하나요?
- 건강 이슈 및 실천과 관련하여 자신은 어머니(당신이 여성이라면)나 아버지(당신이 남성이라면)와 유사합니까?
- 당신에게 맞는 운동 양식을 가지고 있나요?
- 충분히 수면을 하고 있나요?
- 할머니가 "건강이 제일 중요해."라고 말하는 데 동의합니까?
- 건강 주제를 다루는 잡지를 최소한 하나 이상 읽어 보고 있나요?

● **종교/영성**: 여러분 가운데 몇 명이나……
- 종교나 영성이 자신의 삶에서 중요하다고 느끼나요?
- 자신은 영적이라기보다는 종교적이라고 생각하나요?
- 자신은 종교적이라기보다는 영적이라고 생각하나요?
- 개인적으로 신의 존재를 경험해 본 적이 있나요?
- 종교가 세상의 많은 문제에 대해 책임이 있다고 생각하나요?
- 부모님이 믿는 종교를 믿고 있나요?
- 종교를 바꿀 것을 고려할 수 있나요?
- 종교 예배에 규칙적으로 참가하나요?
- 일반 상담자보다 목회상담자를 선호할 것 같습니까?
- 좀 더 자주 성경(코란 또는 다른 종교 경전)을 읽고 싶은가요?

● **상실**: 여러분 가운데 몇 명이나……
- 여전히 비통해하고 있나요?
- 여전히 비통해하고 있는 것 때문에 당혹감을 느끼고 있나요?
- 배우자나 파트너가 사망하고 나서, 6개월이 지난 후에 데이트하는 사람을 보면 부정적으로 판단할 것 같나요?

- 애도에 대하여 종교적 또는 문화적 관습을 따르나요?
- 비통과 사별에 관한 책을 읽은 적이 있나요?
- 때로 떠난 사람에 대해 이야기하고 있는 자신을 발견한 적이 있나요?
- 때로 떠난 사람에 대해 생각 없이 2시간 이상 시간을 보내고 있나요?
- 이 정도 지났으면 웃고 즐거운 시간을 가져도 괜찮다고 믿나요?
- 자신의 상실감에 대해 이야기할 수 있는 사람이 있나요?
- 언젠가 데이트를 하거나 다른 친밀한 관계를 가질 준비가 될 것이라고 생각하나요?

- **노화**: 여러분 가운데 몇 명이나……
  - 이전보다 더 현명하다고 생각하나요?
  - 우리가 노령화 사회에 살고 있다고 생각하나요?
  - 자신의 건강 상태가 지금처럼 유지된다면, 앞으로 20년을 더 살고 싶나요?
  - 앞으로 20년은 더 살 것이라고 생각하나요?
  - 죽은 이후에도 자신의 '자아'는 어떤 형태로 남아 있을 것이라고 믿나요?
  - 잘 늙어 가는 것에 대한 역할 모델이 있나요?
  - 유서를 작성했나요?
  - 크게 고통을 받고 있고 가능하다면, 자살 조력 받는 것을 고려할까요?
  - 더 많은 것을 얻고 싶나요?
  - 지금의 삶을 꽤 좋아하나요?

'매우 동의하는/매우 동의하지 않는 전략'(#6)과 마찬가지로 투표 질문도 늘 집단구성원들로부터 긍정적 반응이나 부정적 반응을 이끌어 내는 것은 아니다. 이상적으로는 그 질문들 가운데 몇 개 또는 다수가 집단구성원들로부터 다양한 긍정적 및 부정적 반응을 이끌어 낼 것이다. 이것은 그 질문이 충분히 복잡해 정해진 반응이 없다는 것이고, 또한 그 질문들은 상담자가 자신의 관점이나 선호도를 집단구성원들에게 미묘하게 강요해서 상담자가 원하는 방향으로 투표하게끔 이끌지 않았다는 것을 보여 준다.

8. 자부심 질문

'자부심 질문'은 내담자가 자신이 높이 평가하고 소중하게 생각하는 것을 숙고해 보고, 이것을 타인들과 공유하며 단언하는 가치화 과정에 참여하게 만든다. 물론 가치명료화에서 이끌어져 나오는 자부심은 다른 사람들보다 더 낫다는 느낌의 거짓된 자부심을 의미하지는 않는다. 오히려 자신의 목적을 성취하고 자신의 이상에 따라 살아 내고, 자신이 높이 평가하는 것을 달성함으로써 얻는 자부심이다. 자부심 질문은 내담자가 자신의 신념과 활동에 대해 자부심을 느끼는 정도를 더 잘 깨닫도록 돕고, 그들이 자랑스럽게 느끼는 것들을 더 할 수 있도록 격려한다. 집단 장면이라면 내담자는 다른 참여자들의 삶에서 새로운 대안들도 또한 듣게 된다.

기본적인 형태의 자부심 질문은 개인 내담자가 집단구성원들이 말했던 어떤 내용들을 따라가 주는 단순한 가치-명료화 반응이 될 수 있다.

- 그것이 자랑스럽나요?
- 이것을 높이 평가하나요?
- 이것이 당신에게 매우 중요한가요?

보다 구조화된 형태로 집단 장면에서 사용하는 자부심 원 또는 자부심 돌리기(whip, 원을 따라 재빨리 돌리는 것)는 각 참여자에게 현재 토론중인 주제에 대해 자부심을 느끼는 것들을 함께 나눌 기회를 제공한다. 예를 들면, 상담자가 요양시설에서 노화라는 주제를 두고 노인들과 함께 작업할 때, 상담자는 "원을 따라 돌면서 말하고 싶은 사람 각자에게 독립적으로 사는 것, 즉 스스로 무엇을 하는 것에 대해 자부심을 느끼는 것에 대해 말할 수 있는 기회를 줄 거예요."라고 말할 수 있다.

비슷한 방식으로, 상담자는 집단에게 예를 들면, '당신이 자부심을 느끼는 것은……'과 같이 다른 주제들에 대해 자부심 원 만들기 활동을 할 수 있다.

- 이번 주 자신과 알코올에 대한 것(**회복**)
- 지난번에 만난 이후 일에 대한 것(**일**)
- 파트너(배우자)와 의사소통에 대한 것(**부부**)
- 돈을 절약하기 위해 한 일(**돈**)
- 파트너(자신)의 요구를 만족시키는 것에 대한 것(**성**)
- 건강을 위해 한 것(**건강**)
- 영적 삶을 위해 행한 것(**종교/영성**)
- 자신의 슬픔(상실)을 존중하기 위해 행한 일들(**상실**)

자부심 원은 같은 주제에 대해 다음과 같은 것들을 연결하여 사용할 수 있다.

- 당신이 했던 것
- 당신이 하지 않았던 것
- 당신이 배운 것
- 당신이 새롭게 시도한 것
- 자신을 돌보기 위해 했던 것
- 자신이 다른 사람을 돌보기 위해 했던 것
- 자신이 도움을 청하거나 받아들이기 위해 했던 것
- 자신이 창의성을 발휘해서 했던 것

- 당신이 버텨 냈던 것 등

상담자는 자신이 하려는 활동을 설명하면서 칠판이나 신문용지 위에 "나는 _____한 것이 자랑스럽다" 그리고/또는 "나는 _____점에서 자랑스럽다." 라고 문장 줄기(sentence stem) 방법을 쓸 수 있다.

자부심 원 활동은 상담이나 치료에서 특별한 주제나 일반적인 주제를 가진 어떤 집단에도 사용할 수 있다. 예를 들면, 상담자는 집단 회기를 다음과 같이 말하면서 시작할 수 있다.

> 이번 주는 자부심 원으로 시작합시다. 이번 주에 한 일 가운데 당신이 자부심을 느낄 만한 것을 생각해 볼까요? 지난주에 지금 우리가 작업하고 있는 주제(또는 자신의 삶에 어떤 것이라도 관계가 있는 주제)와 관련하여 자신이 행한 것 가운데 스스로 좋다고 느끼는 것은 어떤 것이라도 됩니다. 원을 따라서 진행해 볼까요? 이렇게 말하면서 시작하면 됩니다. "나는 ____점에서 자부심을 느낀다." 그리고 마지막에는 그 일로 인해 자신에 대해 좋게 생각하게 된 것을 말하고 마치면 됩니다. 물론 통과하고 싶다면 "통과"라고 말씀하시면 그다음 사람으로 넘어가면 됩니다.

문장 줄기를 만들 때 "나는 _____이 자랑스럽다."라거나 "나는 _____에 대해 자랑스럽다."라고 말하는 것보다 "나는 내가 _____점에서 자랑스러움을 느낀다."라고 말하는 것이 더 좋은 이유는 내담자들의 초점을 자신이 직접 행한 것에 맞추게 하기 때문이다. 이것은 그들의 책임감을 강조한다. 대부분의 경우, 우리가 자신의 삶을 어떻게 살고 있는가라는 위험한 질문을 다루는 것보다는 "나는 아들이 자랑스럽다."라거나 "양키에 자부심을 느껴."라고 말하는 것이 훨씬 쉽다. 경험에 따르면 "나는 내가 _____**점에서** 자랑스럽다."라고 몇 마디 더 붙이는 것은 더 유익한 수준의 개인적 탐색을 이끌어 냈다.

그러나 때로 초점이 더 광범위하여 다양한 반응이 적절할 때는 "나는 내가 점에서 자랑스럽다."라는 문장 줄기에 반응을 제한시킬 필요가 없다. 예를 들면, 줄어들고 있는 능력 때문에 자존감에 어려움을 느낄 수도 있는 노인병 환자와 작업하는 상담자의 경우, 내담자들이 자기 인생에서 자랑스러워할 만한 이유가 있는 것들을 많이 회상해 내도록 하는 것은 크게 도움이 된다. 개인 내담자에게 "자신의 긴 인생에서 자부심을 느끼는 것들을 정말 들어 보고 싶어요. 저에게 그러한 것들을 몇 개 이야기해 주실 수 있나요?"라고 묻는 것이다. 집단 장면에서 상담자는 다양한 문장 줄기를 전면에 붙여 놓을 수도 있다.

- 나는 ____이 자랑스럽다.
- 나는 ____에 대해 자랑스럽다.
- 나는 ____인 것이 자랑스럽다.
- 나는 내가 ____라는 점에서 자랑스럽다.

그리고 참여자에게 원으로 돌아가면서 " ____에 대해 당신이 자랑스러워하는 것"과 관련하여 문장 줄기를 완성해 보라고 요청한다.

- 당신의 가족
- 당신의 국가
- 당신이 해 온 것
- 성취
- 종교 혹은 신앙
- 관계
- 노화
- 운동
- 취미
- 기타

9. 요술 질문

고전적 가치명료화 전략 가운데 하나는 '요술 상자'이다. 이 상자는 크기가 늘어나거나 줄어들 수 있으며, 상자를 소유한 사람이 소망하는 세 가지를 담을 수 있다. 알라딘의 요술램프처럼 요술 상자는 소유한 사람에게 세 가지 소원을 들어 준다. 기본적으로 이 전략은 개인이 바라는 세 가지 소원이 무엇인가를 물어보는 것이다. 그 소원은 구체적이든 추상적이든, 자신을 위하든 가족을 위하든, 세상을 위하든 아니면 다른 누구를 위한 것이든 관계가 없다.

요술 상자는 다음과 같은 특별한 주제나 상담 장면과 주제에 맞추어 사용할 수 있다.

- **일**: 당신의 상자 안에는 고용주가 근무환경에 제공할 수 있는 변화를 세 장의 종이에 각각 적어 두었습니다. 세 장의 종이에 무엇이 적혀 있을 것 같습니까?
- **부부**: 당신의 요술 상자를 열었습니다. 당신의 파트너가 말하기만 하면 즉시 세 가지를 변화시키겠다고 합니다. 그것들은 무엇일까요?
- **성**: 요술 상자 안에는 세 가지 그림이 있습니다. 그 그림은 각각 당신이 성관계 시 해 보고 싶거나 보다 자주 하고 싶은 체위 세 가지를 보여 주고 있습니다. 그것들은 무엇일까요?

보다 폭넓게 보면, **요술 질문**은 우리로 하여금 불신을 잠시 중지하고, 다소 변경된 현실을 상상하게 하여 우리의 소망과 바람, 원함과 우선순위 및 다른 가치 지표를 드러내도록 돕는 일종의 명료화 질문이다. '만약 ……이라면?' 질문처럼 요술 질문들은 우리에게 일시적으로 현재 상황을 대안적 관점에서 보게 하고, 그래서 우리의 발달과 의사결정에 도움이 될 수 있는 통찰력을 얻도록 만든다.

일반적인 요술 질문은 다음과 같은 것들이 포함된다.

- 요술 상자 안에 들어 있는 세 가지는 무엇일까요?
- 세 가지 소원을 들어주는 램프가 있다면, 당신을 무엇을 빌까요?
- 당신이 원하는 어떤 곳에서도 살 수 있다면, 거기는 어디일까요?
- 만약에 당신이 빌과 멜린다 게이츠의 부를 가지고 있다면, 당신의 삶은 어떻게 달라질까요?
- 당신이 이백 살까지 살고, 평생 건강하다는 것을 안다면, 지금부터 당신은 어떻게 살 것 같은가요?

요술 질문은 또한 특별한 상담 상황에 맞추어 사용할 수 있다.

- 다른 사람에게 상처 준 것을 포함하여 당신이 과거에 저지른 실수 세 가지를 바꿀 수 있다면, 어떤 실수나 상처를 지우고 싶습니까? **(회복)**
- 고용주가 회사를 경영해 보라고 한다면, 당신은 직무 기술서를 어떻게 고쳐 쓰겠습니까? **(일)**
- 당신의 관계를 다시 시작할 수 있다면(지난달을 다시 시작할 수 있다면) 어떤 것을 다르게 할 것 같습니까? **(부부)**
- 돈이 문제가 안 된다면, 이것이 당신의 결정에 어떻게 영향을 미칠까요? **(돈)**
- 당신이 가지고 있는 성적 환상은 무엇인가요? (당신의 파트너와 이것을 기꺼이 공유할 것인가요?) **(성)**
- 만약에 건강 문제가 없다면, 삶에서 당신이 다르게 하고 싶은 세 가지는 무엇일까요? **(건강)**
- 당신이 신(알라 등)에게 말할 수 있고, 신이 당신에게 응답한다면, 무엇을 말하거나 물어보고 싶은가요? **(종교/영성)**

- 사랑했던 사람이 당신을 지금 바라보고 있다면, 그 사람은 당신이 무엇을 하기를 원할까요? (상실)
- 50년을 더 살 수 있다면, 무엇을 하고 싶은가요? 어디를 가고 싶나요? 무엇을 배우고 싶은가요? (노화)

요술 질문은 개인상담이나 집단 장면 중에도 사용할 수 있다. 집단에서는 각 반응을 개인적으로 간직할 수도 있고, 파트너나 소집단에서 나눌 수도 있으며, 전체 집단에서 공유할 수도 있다. 단, 항상 그렇듯이, 통과할 권리는 존중하면서 말이다.

▌10. 퍼센트 질문

상담자는 내담자나 집단구성원에게 "자신의 일이 만족스럽다고 생각하나요?" 또는 "자신의 일이 얼마나 만족스럽다고 생각하나요?"라고 물어볼 수 있다. 둘 다 괜찮은 질문이지만, 첫 번째 것은 양자택일 반응을 묻고 있다. 반면에 두 번째 것은 보다 복잡한 생각을 하게 만든다. 이것을 사용하여 퍼센트 질문으로 한 단계 나아갈 수 있다. "일하는 시간 가운데 몇 퍼센트나 만족한다고 생각합니까?" 이것은 응답자가 그 질문에 대해 더욱 구체적이고 철저하게 생각해 보도록 만든다.

퍼센트 질문은 생애 패턴에 초점을 맞추는 경향이 있다. 이는 내담자가 그들이 실제로 어떻게 삶을 영위하고 있으며, 어떻게 살고 싶은지를 탐색하도록 돕는 데 유용하다.

- **회복**: (약물을-역자 주) 사용하는 것에 대해 하루에 몇 퍼센트 정도 생각하나요?
- **일**: 일하는 날 가운데 몇 퍼센트 정도나 '오늘 일을 잘했어'라고 느끼면

서 나오나요?

- **부부**: 각자 집안일을 몇 퍼센트씩 하고 있나요?
- **돈**: 당신의 수입 가운데 몇 퍼센트를 자선단체나 대의명분에 따라 기부하나요?
- **성**: 성관계에서 몇 퍼센트나 오르가슴에 도달하나요?
- **건강**: 칼로리 가운데 몇 퍼센트가 지방이고 몇 퍼센트가 당분인가요? 등
- **종교/영성**: 교회(절, 사원 등)에 있는 시간 가운데 몇 퍼센트나 신과 영적으로 연결됨을 느끼나요?
- **상실**: 배우자가 살아 있을 때, 당신의 활동 가운데 몇 퍼센트를 그 사람과 함께했나요? 다른 사람이나 혼자 하는 활동은 몇 퍼센트였나요? 다른 사람들과 지금은 몇 퍼센트나 함께 하고 있나요?
- **노화**: 아파트를 떠나는 날이 몇 퍼센트 정도 되나요? 이상적으로 아파트를 떠나고 싶은 날들은 몇 퍼센트인가요?

11. 생애 파이

이 전략은 퍼센트 질문 전략(전략 10)을 정교하게 만든 것이다. 이것은 생애 영역을 여러 가지 목록으로 나눈 다음, 내담자에게 각 목록에 바치는 시간과 돈 또는 다른 기준의 퍼센트를 추정해 보라고 요청한다. 그렇게 하는 과정에서 내담자는 자기의 삶에서 나타나는 행동 패턴을 보다 깊이 탐색하고, 다른 방식의 삶이 가능한가를 고려해 보게 된다.

상담자는 내담자나 집단이 탐색하고 있는 주제에 기초하여 생애 파이(pie of life) 활동을 즉각적으로 만들 수도 있고, 미리 만들어서 상담 회기에 가져갈 수도 있다. 예를 들면, 어떤 부부가 한 사람 또는 두 사람 모두 함께 살고 있는 삶의 질에 얼마나 만족하지 않는지를 이야기하고 있을 수 있다. 어떤 지점에서 상담자는 이들에게 두 사람이 '함께 할 수 있는' 다른 활동을 열거

해 보라고 요청할 수 있다. 그 목록은 다음과 같다.

- 가족 행사
- 영화, 연극, 콘서트 관람하기
- 사랑 나누기, 성, 신체적 애정
- 대화하기
- 신체적 활동: 산책, 운동
- 취미: 정원 가꾸기
- 집안일하기
- 여행
- 기타

이 활동은 **목록 작성**(전략 1), **퍼센트 질문**(전략 10) 또는 **생애 파이** 활동으로 이어질 수 있다. 상담자가 원을 그리고, 각자 또는 함께 진행하면서 각 참여자에게 각각의 활동에 그들이 함께 투자할 수 있는 대략적인 비율을 나타내 보라고 묻는다. 예를 들면, 여행하는 것은 제쳐 두고 그들이 집에서 생활하면서 함께하는 것에 초점을 맞추기로 결정했다고 가정하자. 이들의 파이는 다음과 같이 보일 것이다.

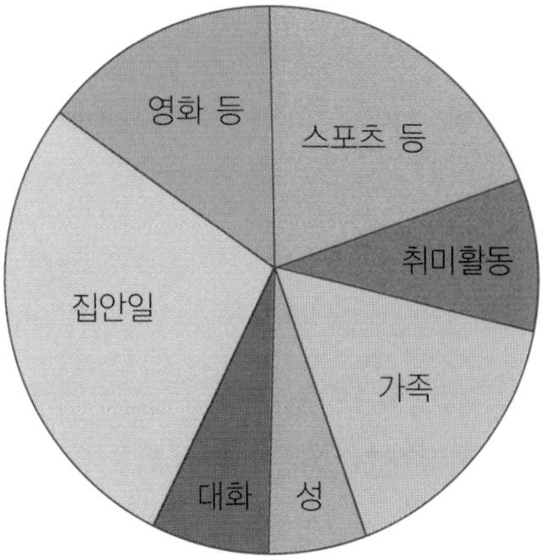

그들이 함께하는 시간을 보내는 방식에 대해 서로 가끔씩 다르게 지각한다는 것을 이야기하는 것만으로도 유용한 것이다. 그러나 일단 그들이 동의하여 자신들의 생활을 나타내는 방식으로 파이를 나누고 나면, 그들은 이런 패턴에 대해 어떤 느낌을 가지며, 무엇을 다르게 해 보고 싶은지에 대해 더 탐색할 수 있게 된다. 그들은 일반적 수준("우리는 충분히 함께하지 않아." 또는 "우리는 모든 여유 시간을 당신 가족들하고 보내.")에서 어떻게 함께 시간을 보내고 싶은가에 대해 주의 깊게 살펴보는 방향으로 나아간다.

때로 하나의 생애 파이가 다른 것으로 이어질 수 있다. 예를 들면, 그들이 함께 참석한 관중 이벤트(spectator events)가 결국에는 한 사람 또는 두 사람 모두에게 갈등이나 불만족의 원천이 될 수도 있다. 상담자는 그 활동을 영화, 콘서트, 극장 그리고 스포츠 이벤트 등으로 나눈 조각을 가지고 생애 파이를 해 보자고 제안할 수 있다.

물론 이런 분할이 수학적으로 엄격하지는 않다. 내담자에게 이런 활동들은 추정과 근사치라는 것을 환기시켜 줄 필요가 있다. 그것만으로도 그 주제와 관련된 가치 이슈와 다른 이슈들을 만들어 내는 데 충분하다. 중요한 것은 파이 자체가 아니라 이것이 불러일으키는 느낌과 생각 그리고 통찰이다. 이러한 것들은 내담자나 집단이 더 탐색해 나갈 수 있다.

다음에 우리의 표본 주제에 대한 생애 파이의 몇 가지 사례가 있다.

- **돈**: 주택, 가전 및 수도, 식료품, 의료비, 교통비 또는 이견이 거의 없거나 아에 없는 다른 영역들을 제외하고, 어떻게 자기 재량의 지출을 구분하고 싶은가? 파이를 오락, 식음료, 의류, 미용, 담배와 약물, 여행, 선물, 기타 등의 목록으로 나누어 보라.
- **건강**: 당신의 전형적인 하루 또는 일주일을 수면, 비활동적 · 활동적 좌식활동, 가벼운 활동, 적당한 활동, 격렬한 활동 등의 신체적 활동 수준과 유형에 따라 파이를 조각으로 나누어 보라.
- **노화**: 이 요양시설에서 사는 것에 대해 생각해 보면서, 당신이 **수면**, 옷

입기와 잠잘 준비(**준비하기**), **식사하기**, **프로그램** 참여하기, 아파트에서 TV 시청이나 음악 듣기 같은 수동적 활동하기(**수동적 아파트**), 아파트에서 요금 내기나 컴퓨터 사용하기와 같은 적극적 활동하기(**적극적 아파트**), **외출하기** 등의 활동들에 얼마만큼의 시간을 사용하는지를 볼 수 있도록 파이를 조각으로 나누어 보라. 각 조각에 붙일 키워드는 고딕체로 표시했다.

다른 표본 상담 주제에 대해 적용할 수 있는 **생애 파이 전략**에 대해서는 **퍼센트 질문(전략 10)**을 보라.

▌12. 공공 면접

공공 면접(public interview)은 면접을 받는 개인이나 집단 전체와 관련된 주제에 대해 집단이 초점을 맞추는 기회를 제공한다. 이것은 그 개인에게 자신의 가치 지표(느낌, 신념, 선택 등)를 탐색하고, 공유와 단언이라는 가치화 과정을 활용하는 기회를 제공한다. 면접을 받은 내담자는 추후에 필연적으로 마음속에서 질문과 대답을 검토하게 되고, 자신이 말한 것과 자신이 말하기를 원했든 것들, 경험이 불러일으킨 느낌과 생각들을 계속 생각하게 된다. 공공 면접이 집단에게는 토론했던 주제에 대해 더 넓게 생각해 보고, 같은 질문에 자신들은 어떻게 반응할 것인가를 비추어 보게 하며, 집단 내의 한 구성원에 대해 한층 깊이 있게 알게 되는 기회를 제공한다.

상담자는 집단에게 공공 면접이 무엇인가를 설명한다. 이것은 면접자가 초대된 손님에게 일련의 질문을 하는 TV 토크쇼와 상당히 유사하다. 이것은 5분에서 10분 정도 소요되며(상담자는 시간제한을 정해서 안내해야 한다), 피면접자는 자신이 지금은 반응하고 싶지 않은 어떤 질문이나 모든 질문에 대해 패스할 수 있다. 상담자는 집단에서 **공공 면접**을 받을 지원자를 요청한다. 지원자 가운데 한 사람을 선택한다. 지속되는 집단이라면 상담자는 다른 사람에게도 또는 원하는 사람 모두가 앞으로 **공공 면접**을 받을 기회가 있을 것이라고 말할 수 있다.

상담자와 피면접자는 면접을 위해 적당한 장소로 옮긴다. 테이블 뒤편에 서로 의자를 가까이에 놓고, 피면접자는 방의 앞쪽에 있고, 상담자는 방의 뒤쪽에 서거나 또는 원형 집단에서 서로 교차하여 앉는다. 이것은 상담자의 드라마적 감각과 내담자가 편안해하는 정도에 따르면 된다. 상담자는 현재 고려 중인 주제에 대해 피면접자에게 질문을 해 나간다.

예를 들면, 지금 분노관리에 대해 집단 작업 중이라고 해 보자. 상담자는 다음과 같은 질문을 할 수 있다.

- 과거에 분노 조절에 실패할 가능성이 가장 높았던 때는 언제인가요?
- 그 장면을 재현할 수 있다면, 분노를 다르게 다루고 싶었던 특별한 한 사건을 묘사해 볼 수 있나요?
- 지금 와서 보면, 당신은 그것을 어떻게 다루었기를 바라나요?
- 자신이 분노를 조절한 방법에 대해 자부심을 느끼는 때에 대해 말해 줄 수 있나요?
- 지금까지 집단에서 배운 것 가운데 자신의 분노를 조절하는 데 유용하다고 생각하는 것이 있다면, 그 가운데 한두 가지는 무엇인가요?
- 지금 자신의 삶에서 분노관리를 잘하는 연습을 해야만 할 것 같은 상황이 있다면 말해 줄 수 있나요?
- 그 상황에서 (모든 것을 한꺼번에 할 필요는 없다) 좋은 결과를 낳는 데 도움이 될 수 있도록 자신이 할 수 있는 것 세 가지를 생각할 수 있나요?
- 그중에 자신이 시도해 볼 가능성이 가장 높은 것은 무엇인가요?
- 일반적 분노나 특별히 자신의 분노에 대해 더 알고 싶은 것이 있나요?

만약 그 주제가 사전에 알려져 있는 것이라면, 상담자는 미리 질문 목록을 준비할 수 있다. 그러나 언제라도 사전에 준비한 목록에서 벗어나 내담자가 금방 말한 것에 대해 명료화 반응을 할 준비를 하고 있어야 한다. 상담자가 명료화 질문 방법에 더 숙련되고 경험이 쌓이면, 사전에 질문을 준비할 필요를 더 이상 느끼지 못하게 된다.

마칠 시간이 되었거나 상담자가 마칠 시간이라는 느낌이 오면, 지원자에게 감사를 표시하고, 원래 자기 자리로 돌아가 앉는다. 어떤 상담자는 면접 끝에 가서 지원자들에게 상담자가 금방 물어보았던 한두 가지 질문을 상담자에게 물어볼 기회를 주는 것을 좋아한다. 이것은 멋진 상호 호혜성을 가지며, 상담자가 강제적이지 않은 방식으로 자신의 가치와 통찰을 공유할 수 있는 기회를 제공한다. 어떤 경우라도 일단 면접을 마치면, 상담자는 나머지 집단구성원들에게 "내가 (피면접자에게) 물었던 질문 가운데 하나에 반응하고 싶은 사람이 있나요?"라고 물어볼 수 있다. 또는 면접 동안에 제기되었던 어떤 이슈에 대해서도 논의의 장으로 초대할 수 있다.

면접의 주제는 상담 집단, 치료 집단, 심리교육 집단의 초점과 관련된 어떤 주제—한 집단구성원이 자신의 질병을 다루는 방식, 한 집단구성원이 사별한 배우자 없이 살아가는 방법을 배운 것, 한 집단구성원이 혼자 시간을 보내는 것과 파트너와 함께 시간을 보내는 것을 관리하는 방법 등—라도 가능하다. 만약에 가치명료화 상담을 하고 있다면, 그 목적은 다소 규칙적이고 순서대로 진행하는 방법이 아니더라도 7가지 가치화 과정 중 하나 이상에 참여하도록 하는 것임을 명심하는 것이 중요하다. 만약에 명료화 질문을 순서에 따라 연속적 방식(명료화, 대안 만들기, 결과 탐색하기, 결정하기, 행동 탐색하기, 다음 단계 등등)으로 질문을 하면, 이것은 더 이상 **공공 면접**이 아니라 집단 앞에서 실시하는 명료화 면접(5장)이 되어 버린다. 만약에 상담자가 치료적 성과를 위해 다른 상담 접근법을 사용하기 시작한다면 더 이상 명료화 면접이 아니라 집단치료가 된다.

▌13. 집단 면접

집단 면접(group interview)은 공공 면접과 같은 목적을 가지고 있다. 그러나 모든 집단구성원에게 적극적인 참여 기회를 더 많이 제공한다.

다시 말해, 상담자는 집단에게 집단 면접이 무엇인가를 설명한다. 이것은 마치 기자 집단이 정치가나 전문가 또는 유명인에게 일련의 질문을 하는 기자 회견과 같다. 이것은 5분에서 10분 정도 진행된다(상담자는 시간제한을 정하고 알려야 한다). 그리고 피면접자는 당시에 대답하고 싶지 않은 어떤 질문도 통과할 수 있다. 또한 기자 회견과 마찬가지로, 피면접자는 "그 질문에 감사드립니다."라는 말로 언제든 그 면접을 끝낼 수 있다.

이 활동의 구조를 설명한 후에, 상담자는 지원자에게 집단으로부터 집단 면접을 받도록 요청한다. 상담자는 한 지원자를 선택한다. 그것이 계속 진행되는 집단이고, 그것을 집단의 규칙적인 특성으로 만들고 싶으면, 상담자는 집단구성원들에게 다른 사람들이나 원하는 사람들이 모두 집단 면접을 받을 기회가 있음을 말해 둘 수 있다.

기자 회견과 마찬가지로, 피면접자를 제일 앞으로 하거나 관심의 중앙에 앉히거나 나머지 집단구성원들이 피면접자를 바라볼 수 있도록 좌석을 재배치한다. 상담자는 모든 사람에게 규칙을 상기시키고, 한 가지를 덧붙인다. 즉, 각 구성원은 모든 사람이 한 질문을 하기 전까지는 한 가지 질문만 할 수 있다. 이렇게 하면, 어떤 집단구성원도 그 면접을 독차지하거나 면접을 심문으로 바꾸지 않게끔 할 수 있다.

마칠 시간이 되거나 피면접자가 중지하기를 원할 때 또는 상담자가 멈추어야 할 시간이라고 생각하면, 상담자는 지원자에게 감사를 표현하고, 집단구성원들은 본래 자리로 되돌아가서 앉는다. **집단 면접**에 이어서 그 주제에 대한 토론을 할 수 있다.

대집단의 경우, 집단구성원들을 5~6명으로 구성된 소집단으로 나누는 것이 생산적일 수 있다. 그다음 각 집단에서 한 구성원이 자원하여 면접을 받고, 다른 4~5명의 집단구성원들이 면접을 진행한다.

또는 모든 소집단구성원이 집단 면접을 받을 수 있다. 예를 들면, 30분 내에 6명의 집단구성원이라면, 원하는 사람은 각자 5분씩 집단 면접을 받을 수 있다. 집단이 잘 진행되고, 좋은 질문의 모범을 보여 주는 것이 도움이 될 것 같으면 상담자는 집단에서 집단 사이로 움직이면서, 때때로 질문을 경청하고 도움을 줄 수 있다. 워크숍 장면에서 나는 이런 형식을 사용하여 200명 정도 되는 집단을 성공적으로 이끌었다.

어떤 크기의 집단이라도 적절한 질문을 예시하고 모든 참여자가 면접자가 되도록 하는 집단 면접으로 옮겨 가기 위해서 **공공 면접**(12)으로 시작하는 것이 유용하였다.

▌14. 미완성 문장

비록 미완성 문장(unfinished sentences)은 상담에서 개인들을 대상으로 사용되고("당신은 다음에 있는 미완성 문장을 어떻게 완성하겠습니까?"), 또한 진단 목적으로 사용할 수 있지만, 가장 일반적으로는 집단 장면에서 가치명료화 전략으로 사용된다.

누군가에게 미완성 문장을 완성해 보라고 묻는 것은 그 사람이 비교적 쉽게 대답하도록 만든다. 이 과업에는 자유 연상 측면이 있다. 이것은 전형적으로 많은 생각을 요구하지 않는다. 그러나 개인적 반응을 통해 상당한 양의 가치 지표(느낌, 목적, 신념, 행동 등)가 드러나게 된다. 이것은 앞으로 생각하고 토론할 많은 자료를 제공한다.

예를 들면, 진로에 대해 작업을 하는 집단에서 상담자는 다음에 있는 문장 줄기가 적힌 한 장의 종이를 나누어 주거나, 방의 정면에 이것을 붙여 놓을 수 있다.

- 진로에서 내가 원하는 주된 것은 _______이다.
- 나는 _______한 노동자를 존중한다.
- 나는 _______할 만큼 충분한 돈을 벌고 싶다.
- 나는 _______년간 일하기를 기대한다.
- 부모님의 직업은 _______이다.
- 일하는 것에 대해 내가 기대하는 것은 _______이다.
- 직업을 구할 때 가장 힘든 부분은 _______이다.
- 장래의 고용주는 나의 _______을 좋아해야 한다.
- 면접에 갈 때 나는 _______을 기억해야 한다.
- 일이란 _______이다.
- 내가 다른 진로를 고려한다면, 나는 _______하고 싶을 것이다.

미완성 문장을 가지고 작업할 수 있는 방식들이 많다. 상담자는 집단구성원들에게 모든 문장 줄기를 완성하거나 그 가운데 5개를 완성하라고 요청할 수 있다. 집단구성원들은 두 사람씩 앉아서 서로 자신의 완성된 문장에 대해 공유하고 이야기해 볼 수 있다. 또는 원으로 돌아가면서 각자가 자신의 문장 가운데 하나를 읽고 그리고/또는 말할 수 있는 기회를 줄 수도 있다. 특별한 문장이나 전체 활동이 불러일으키는 어떤 이슈에 대해 더 깊은 토론을 할 수 있다.

다음에 다른 표본 주제에 대한 **미완성 문장** 사례가 제시되어 있다.

- **회복**
  - 금주하는 데 가장 큰 도전은 _______일 것이다.
  - 술을 마시고 싶은 충동을 느낄 때, 나는 _______할 것이다.
  - (약물을) 하지 않는 것의 가장 좋은 점은 _______이다.
  - 가장 실망하지 않을 사람은 _______이다.
  - 음주 대신 내가 할 수 있는 좋은 것은 _______이다.

- 부부
  - 내가 함께하기를 좋아하는 두 가지는 ______이다.
  - 내 파트너에게 감사하는 것은 ______이다.
  - 내 파트너가 좀 더 자주 하기를 바라는 한 가지는 ______이다.
  - 내가 다르게 또는 더 많이 해야 할 필요가 있는 한 가지는 ______이다.
  - 나는 그 사람이 ______할 때 정말 좋다.

- 돈
  - 돈은 ______이다.
  - 누군가 오늘 쓰라고 100달러를 준다면, 나는 ______할 것이다.
  - 내가 돈에 대해 조심하는 한 가지는 ______이다.
  - 자선단체와 대의명분을 위해 기부하는 것에 대해 내가 하는 것은 ______이다.
  - 돈에 관한 한, 나는 ______한 것이 자랑스럽다.

- 성
  - 성은 ______이다.
  - 성에 대한 나의 태도는 ______로부터 왔다.
  - 성에 관해 내가 알고 싶은 한 가지는 ______이다.
  - 나의 성적 능력에 대해 완전하게 편함을 느낀다면, 나는 ______ 것이다.
  - 성과 관련된 문제는 ______이다.

- 건강
  - 건강과 관련하여 나는 내가 ______하다는 것에 자부심을 느낀다.
  - 건강과 관련하여 나는 ______할 필요가 있다.
  - 나 자신에게 하는 가장 건강한 것은 ______이다.

- 나 자신에게 하는 가장 건강하지 않은 것은 _______이다.
- 나는 _______에 감탄한다. 왜냐하면 그 사람은 _______하여 건강을 유지한다.

● **종교/영성**

- 내가 겪은 기억할 만한 종교적 경험은 _______이다.
- 내가 알고 있는 가장 영적인 사람은 _______이다.
- 나에게 영성이란 _______를 의미한다.
- 신은 _______이다.
- 다른 종교에 대한 나의 태도는 _______이다.
- 나의 신앙에서 여성의 역할은 _______이라고 생각한다.

● **상실**

- _______에 대한 나의 가장 소중한 기억 가운데 하나는 _______이다.
- 나의 상실에 대해 사람들이 이해하지 못하는 것은 _______이다.
- 혼자인 것에 대해 내가 겁나는 것은 _______이다.
- 이제 _______은 가고 없으므로, 나는 _______할 기회가 있다.
- 나는 _______할 필요가 있다.

● **노화**

- 나는 '더 늙었지만 더 지혜로운'이라는 문구를 들을 때, _______를 생각한다.
- 나이 드는 것의 가장 좋은 점은 _______이다.
- 나이 드는 것의 가장 나쁜 점은 _______이다.
- 나는 _______에 감탄한다. 그는 나이 드는 것을 _______로 다루었다.
- 내가 여전히 배우고 싶은 것은 _______이다.

▌15. 나는 배웠다 진술문

나는 배웠다 진술문(I learned statements)은 어떤 가치명료화 활동 다음의 정리 활동이거나 또는 그런 점에서 어떤 집단 경험학습 활동 다음에 이어지는 것이다. 나는 배웠다 진술문의 예는 다음과 같다.

- 나는 내가 _____하다는 것을 배웠다.
- 나는 내가 _____하다는 것을 다시 배웠다.
- 나는 내가 _____하다는 것을 알아차렸다.
- 나는 내가 _____하다는 것에 놀랐다.
- 나는 내가 _____하다는 것에 즐거웠다.
- 나는 내가 _____하다는 것에 불쾌하다.
- 나는 내가 _____하다는 것에 자랑스럽다.
- 내가 보기에 나는 _____하는 것이 필요하다.

참가자들에게 학습 경험의 마지막에 잠시 멈추고 돌이켜 생각해 보도록 요청하는 것은 좋은 가르침 또는 촉진일 뿐만 아니라, 각 진술문 각각에 '내가 _____하다는 것'이라는 말을 덧붙임으로써 활동에 대한 생각을 개별화한다. '내가 _____하다는 것'이라는 보다 짧은 문장 줄기를 사용하는 것이 잘못된 것은 하나도 없다. 그러나 '나는 내가 _____하다는 것을 배웠다'는 것을 덧붙이면 내담자가 가치명료화 과정에 참여할 가능성은 높이고, 표면적이고 지적인 영역으로 빠져들 가능성은 낮춘다.

물론 상담자가 개인 내담자에게 "그 활동을 통해 자신에 대해 배운 것이 있나요?"라고 물어볼 수 있다. 그러나 한 개인 내담자에게 그런 미완성 문장의 목록을 묻는 것은 말할 것도 없고, '나는 내가 _____하다는 것을 배웠다'라고 하는 문장을 완성하라고 물어보는 것은 아마도 어색할 것이다. 그래서 **나는 배웠다 진술문**은 집단 장면에 더 적합하다.

나는 배웠다 진술문은 미완성 문장과 마찬가지로, 여러 가지 방식으로 사용할 수 있다. 한 가지 방식은 상담자가 **나는 배웠다 진술문** 목록을 모든 사람이 볼 수 있는 곳에 붙이거나 상담자가 각자에게 내가 배운 것 말하기를 적어 놓은 인쇄물을 줄 수도 있다. 상담자는 집단구성원들에게 자신들이 방금 마친 활동을 생각해 보고, 가능한 많이 미완성 문장을 완성해 보라고 요청할 수 있다. 집단구성원들이 실제로 자신의 답을 작성할 수 있다면 가장 좋은 일이다. 집단구성원들이 상당 부분에 쓰기를 마쳤을 때 상담자는 지원자가 자신이 완성한 **나는 배웠다 진술문** 가운데 하나를 읽으며 공유해 주기를 요청할 수 있다. 내가 집단에서 즐겨 말하는 것은 "우리가 그것들에 대해 지금 당장 토론하지는 않을 것입니다. 우리는 잠시 그냥 미정인 채로 두고 있다가, 원하는 누군가가 자신의 **나는 배웠다 진술문** 가운데 하나를 말할 수 있도록 합시다."라고 하는 것이다.

참가자들은 일반적으로 자신의 진술문 가운데 하나 이상을 나누고자 한다. 모든 집단 활동과 마찬가지로 나는 때로 문지기 역할을 하는데, "**내가 배운 것** 가운데 자기 것을 나누어 보고 싶은 또 다른 사람이 있나요?"와 같은 말을 하거나 "한 번 더 발표할 수 있습니다. 그러나 원하는 모든 사람이 우선 한 번씩은 말하도록 합시다." 또는 나 자신이 자신의 가치를 발달시키고 성장하는 과정에 있는 또 한 사람의 학습자로서 **나는 배웠다 진술문**을 보태기도 하면서 이 과정을 촉진한다. 집단지도자인 내게 참여자들이 자발적으로 자신이 배운 것과 통찰한 것을 공유하고, 이런 것들을 집단이 듣고 수용하는 것은 매우 만족스러운 경험이다. 이러 경우에 때때로 우리는 함께 성장하고 배우는 사람의 공동체처럼 느껴진다.

나는 배웠다 진술문은 집단의 전체 과정에 걸쳐 여러 번 또는 많이 사용할 수 있다. **나는 배웠다 진술문** 활동을 사용하는 다양한 방법들이 있다.

- 구성원들에게 모든 질문을 완성하라고 요청하는 대신에 하나, 둘 또는 세 문장을 완성하라고 요청한다.
- 원을 따라가면서 각자에게 자신이 완성한 문장 가운데 하나를 공유할 기회를 준다. 통과할 권리가 있음을 환기시켜 준다.
- 자신의 진술문에 대해 자세히 말할 기회를 제공한다.
- 일단 집단이 **나는 배웠다 진술문**의 취지를 알고 나면, 목록을 건너뛰어라. 다만, 그 활동이 끝난 후에 다음과 같이 말한다. "집단을 돌아가면서 각자 **나는 배웠다 진술문**을 말할 기회—나는 내가 ……하다는 것을 배웠다. 나는 내가 ……하다는 것을 다시 배웠다, 나는 놀랐다, 즐겁다, 불쾌하다 등—를 가질 것입니다. 물론 통과할 수 있습니다. 좋습니다. 누가 먼저 시작할까요?"

16. 나는 궁금하다 진술문

미완성 문장(전략 14)에 대한 또 다른 변형된 형태인 **나는 궁금하다 진술문**(I wonder statements)은 우리 모두가 자신과 세계에 대해 배우고, 가치를 명료화하고 실현해 나가는 여정을 지속하고 있다는 점을 강화해 준다.

- 나는 ____ 궁금하다. 나는 ____ 에 대해 궁금하다.
- 나는 ____ 인지 궁금하다. 나는 내가 ____ 인지 궁금하다.
- 나는 어떻게 ____ 인지 궁금하다. 나는 내가 어떻게 ____ 인지 궁금하다.
- 나는 왜 ____ 인지 궁금하다. 나는 왜 내가 ____ 인지 궁금하다.
- 나는 언제 ____ 인지 궁금하다. 나는 언제 내가 ____ 인지 궁금하다.
- 나는 ____ 인지 아닌지 궁금하다. 나는 내가 ____ 인지 아닌지 궁금하다.

나는 배웠다 진술문(전략 15)과는 달리 **나는 궁금하다 진술문**에서는 내가 두 번째 **나**를 포함하는 것이 그리 중요하지 않다는 것을 발견하였다. 사람들은 어쨌거나 개인적인 생각들을 따라 숙고하고, 자기 외부의 것들에 대해 궁금해하더라도, 이 궁금증은 상당히 사려 깊고 직접 경험하고 있는 것에 관련되어 있는 경향이 있다.

나는 궁금하다 진술문은 **나는 배웠다 진술문**과 같은 방식으로 진행되지만 전자는 학습 경험 이후뿐만 아니라 '이전에도' 잘 작동된다. 우리가 상담이나 치료에서 특별한 주제(회복, 진로, 성, 상실 등)에 대해 탐색하고자 할 때 내담자에게 그 주제에 대해 자신들이 궁금해하는 것을 물어보면, 집단이 앞으로 고려해야 할 상당한 이슈들을 만들어 낸다. 유사하게 개인상담, 집단 상담, 및 집단치료를 시작할 때 내담자가 이 경험을 시작하면서 무엇을 궁금해하는가를 물어볼 수 있다. 개인상담에서 그 질문은 "상담을 받는 것에 대해 상담 과정이나 어떻게 진행되는지, 자기 자신이나 나에 관한 것 등에 대해 궁금한 것이 있나요?"처럼 다소 비공식적으로 물어보게 될 것이다. 집단 장면에서는 상담자가 전체 목록이나 그냥 "나는 _______ 궁금하다."를 잘 보이는 곳에 붙여 두고, 다음과 같이 말한다.

> 이제 집단을 시작할 텐데, 여러분 각자가 지금 궁금해하는 것이 무엇일까 궁금합니다. 다음 문장을 어떻게 완성하고 싶은가요? 나는 궁금하다, 나는 무엇이 궁금하다, 나는 어떻게 궁금하다, 나는 그런 것인지 아닌지 등등이 궁금하다. 당신은 무엇을 궁금해하나요? 원으로 돌아가면서 각자 지금 자신이 궁금한 것을 말할 수 있는 기회를 가지겠습니다. 만약 아무것도 궁금하지 않거나 지금 말을 하고 싶지 않아도 괜찮습니다. 그냥 "나는 통과하고 다음 사람에게 넘기고 싶다."라고 말씀하시면 됩니다. 그러나 나는 최소한 여러분 가운데 몇 명이 지금 무엇을 생각하고 느끼는지 정말 관심이 생깁니다. 나도 **나는 궁금하다 진술문**에 대해 함께 공유할 것입니다. 자, 내 오른쪽에 있는 라티샤부터 시작해 보시겠어요?

나는 궁금하다 진술문으로 상담 회기나 집단을 끝내는 것 또한 효과적이다. 이는 각 개인에게 더 넓게 생각해 보게 하고, 집단 경험을 끝내는 것에 대해 현실적인 감을 가지게 한다. 이것은 "그 주제에 대한 회기나 집단은 이제 끝이 날 것입니다. 그러나 우리의 개인적 성장과 가치명료화는 계속될 것입니다."라는 것을 암시한다.

17. 대안 찾기

대안을 고려하는 것은 기본적인 가치-명료화 과정이다. "어떤 대안을 생각해 보았나요?"와 같은 가치-명료화 질문은 보통 한두 가지 또는 세 가지 정도의 대안을 만들어 내게 한다. 대안 찾기(alternatives search)는 내담자가 더 많은 수의 대안을 생각해 보도록 초청하는 구조화된 활동이다. 이 활동은 그렇지 않으면 내담자들이 고려하지 않았을 대안을 만들어 내도록 이끈다.

미리 준비된 격자를 사용하거나 현장에서 종이 위에 만든 격자를 만들어 내담자에게 현재 토론하고 있는 이슈에 대해 가능한 한 많은 대안의 목록을 만들어 보라고 요청한다. 예를 들면, 개인이나 집단이 회복 계획에 대해 작업한다면, 진행자가 "술을 마시지 않는 한 명 이상의 친구와 함께 당신이 할 수 있는 것들에 대해 가능한 많은 아이디어 목록을 만들어 봅시다."라고 말할 수 있다. 내담자(들)에게 브레인스토밍의 규칙을 환기시킨다.

- 가능한 많은 아이디어
- 창의적이 될 것
- 지금은 어떤 아이디어도 검열하거나 평가하지 않기
- 다른 사람의 아이디어에 편승하거나 그 위에 쌓아 올리기

일단 내담자가 자신들이 생각할 수 있는 모든 대안을 만들어 냈거나 또는

브레인스토밍 중에 상담자는 자신의 아이디어를 보탤 수 있다. 이것은 브레인스토밍의 정신에 비추어 가능한 아이디어들이지, 상담자가 강요하고자 추천하는 것은 아님을 명확히 해야 한다.

대안	그것을 시도해 볼 것이다.	시도하는 것을 고려해 볼 것이다.	나는 그것을 시도하지 않을 것이다.
1.			
2.			
기타			

일단 대안 목록이 만들어지면, 내담자나 집단구성원들에게 목록을 내려가면서, 각 대안에 대해 자신이 시도하거나 실행하려는 대안(첫 번째 칸)인지, 실행하지 않을 대안(셋째 칸)인지, 아니면 시도해 볼 것을 고려하는 대안(두 번째 칸)인지에 따라 각각에 체크 표시를 하라고 요청한다. 이 활동에 이어서 전체 토론이나 "원을 따라서 각자 자신이 정말 좋아하거나 싫어하는 대안 가운데 하나에 대해서 말해 보도록 합시다."와 같이 더 나아간 명료화 질문이나 전략 활동을 진행할 수 있다.

무수히 많은 주제를 본 활동에 집어넣을 수 있다. 이 장에서 사용하고 있는 표본 주제에 대한 대안 찾기 활동이 다음에 제시되어 있다.

자신이 그 주제에 대해 생각할 수 있는 가능한 한 많은 대안을 만들어 보라.

- 사람들이 돈을 버는 방법(**진로/일**)
- 부부의 재미를 위해 당신이 함께 할 수 있는 것들(**부부**)
- 돈을 절약하는 방법(**돈**)
- 더 건강한 식이 방법(**건강**)
- 성적 활동과 체위(**성**)

- 삶에 영성을 더 가져오는 방법(종교/영성)
- 사별한 배우자의 것이지만 친구나 친척이 소중하게 소유할 것 같은 물건들(상실)을 다음에 맞게 적어 보라: 나는 이것을 ______에게 줄 것이다, 나는 이것을 ______에게 주는 것을 고려해 볼 것이다, 나는 이것을 간직할 것이다, 나는 이것을 없앨 것이다.
- 나이가 들어 가면서 당신이 행동하고 싶지 않은 것들(노화)을 다음에 맞게 적어 보라: 나는 그렇게 살지는 않을 거야, 나는 그렇게 할지도 몰라, 나는 그렇게 할 거야.

18. 결과 찾기

이 전략은 대안 찾기(17)나 대안 활동 찾기(20)에 이어서 진행하기 좋은 활동이지만, 그 자체로 사용할 수도 있다. 예를 들면, 후자의 경우 내담자는 자신이 고른 2~3개의 대안에 대해 원으로 돌아가면서 말하고 있는 중이라고 해 보자. 이것은 상담자가 결과 찾기(consequences search)를 제안해 볼 수 있는 적절한 시간이다.

이 전략에서 내담자나 집단구성원들이 최상이라고 생각하는 2~3개(또는 그 이상)의 선택을 칸의 제일 꼭대기에 쓴다. 그리고 그 아래에 내담자나 집단구성원들이 각 대안에 대해 자신들이 생각할 수 있는 결과, 즉 그 대안을 선택하거나 실천할 때 나타날 것 같은, 가능한 모든 성과와 결말, 이익과 손해를 적는다. 내담자나 집단이 가능하다고 생각되는 결과를 어느 정도 만들어 냈을 때, 상담자가 한두 가지 가능성을 추가할 수 있다. 이때 사용하는 좋은 방법은 "나에게 떠오른 다른 가능한 결과는 ______입니다. 그것을 목록에 추가해도 될까요?"라는 식으로 말하는 것이다. 이렇게 함으로써 통제 소재가 내담자나 집단에 남아 있게 된다.

대안 1	대안 2	대안 3
가능한 결과	가능한 결과	가능한 결과

이것을 변형해서 사용하는 방법은 그 목록을 두 영역으로 나누고, 페이지의 위쪽은 **긍정적인** 결과를, 아래쪽은 **부정적인** 결과를 작성하게 하는 것이다. 이것은 내담자들이 자신이 바라는(긍정적인) 또는 회의적인(부정적인) 마음의 틀에 맞는 결과만 보는 것이 아니라, 두 가지 결과 유형을 모두 볼 수 있도록 돕는다는 장점이 있다. 대안적으로, 긍정적이거나 부정적인 결과가 무작위로 드러나는 경우에 상담자는 내담자가 그 결과들을 무엇으로 보느냐에 따라 긍정적인(P 또는 +) 또는 부정적인(N 또는 -) 것으로 구분하도록 요청한다. 결국 한 사람에게는 부정적인 것("그는 나를 떠날지도 몰라."라며 흐느낌)이 다른 사람에게는 긍정적인 것("그는 나를 떠날지도 몰라."라며 웃음)이 될 수 있다.

19. 패턴 찾기

내담자가 자신이 탐색하고 있는 주제에 대해 더 깊이 생각할 수 있도록 돕는 방법은 그들에게 그 주제와 관련하여 자신의 현재 행동 패턴의 본질이 무엇인가를 고려해 보도록 하는 것이다. 그들이 지금 하고 있는 것은 충동인가, 습관인가, 자유 선택인가?

- **충동**: 내적 충동이나 외적 압력 때문에 이렇게 해야만 할 것 같다.

- **습관**: 그들이 이것을 하는 이유는 ……해서 그들은 항상 그렇게 해 왔다.
- **자유 선택**: 그들은 스스로 이것을 하기로 선택했다고 느낀다. **자신들의** 선택으로 느낀다.

예를 들면, 치료사가 가족 모임으로 인한 긴장과 갈등을 겪고 있는 개인이나 부부를 상담하고 있는 중이라고 하자. 다음에 있는 패턴 격자를 사용하여 치료사는 "다른 전체 가족과 함께하는 시간과 방법에 대한 목록을 적어 보세요."라고 말할 수 있다. 여기에는 "할머니 집에서 추수감사절 보내기" "쌍둥이 생일" "7월 4일 바비큐" 같은 것들이 포함될 수 있다. 이 목록에는 "추수감사절에 쿠키를 구운 사람" "쌍둥이 생일에 선물 처리 방법" "7월 4일에 불꽃축제 보기" 등과 같은 더 구체적인 수준을 포함시킬 수 있다.

이것에 대해 당신은 무엇을 하는가?	이것은 패턴인가?		당신은 이것을 ……으로 하는가?			자신의 대답에 자부심을 느끼는가?		
	예	아니요	충동	습관	자유 선택	예	아니요	?

이 전략은 최소한 세 가지의 가치화 과정—생활의 행동 패턴 검토하기, 자기 삶을 살아가는 방식에 대해 자유 선택을 하는지에 대해 생각하기 그리고 지금 삶을 살아가는 방식을 높이 평가하고 소중히 여기는지에 대해 생각하기—과 관련된다. 부부가 이런 활동(또는 어떠한 가치명료화 활동이라도)에 참여하면, 그들의 반응이 달라지는 것을 자주 본다. 한 파트너의 자유 선택이 다른 파트너에게는 충동으로 느껴질 수 있다. 지각과 느낌에서 나타나는 이러한 차이는 앞으로 더 탐색해 볼 만한 유익한 자료이다.

표본 주제에 대한 패턴 찾기는 다음과 같은 것을 포함한다.

- 여가 시간을 보내는 방법(**회복**)
- 직장의 일상적인 일과(**일**)
- 돈의 사용 방법(**돈**)
- 성관계의 시기와 방법(**성**)
- 자신이 운동하는 모든 방식(**건강**)
- 자신의 종교적 및 영적 실천(**종교**)
- 가족 중에 누가 죽었을 때 일어나는 변화(**상실**)
- 지난 10/5년간 삶에서 일어난 모든 변화(**노화**)

20. 대안 활동 찾기

대안 찾기(전략 17)를 변형하면 **대안 활동 찾기**(alternative action search)가 된다. 개인이나 집단에서 그 내담자나 집단구성원이 어떤 활동을 해야만 하는 특별한 딜레마를 다루고 있다면, 상담자는 "이 딜레마에 대해 대안 활동 찾기를 해 봅시다. 이 상황을 다루기 위해 당신이(우리가) 생각할 수 있는 가능한 모든 방법은 무엇인가요?"라고 제시해 볼 수 있다.

- 보호관찰관이 당신에게는 약을 멀리할 힘이 있다는 것을 믿지 않는다고 말한다. (**회복**)
- 당신의 동료가 다른 사람들에게 모욕을 준다. (**일**)
- 당신의 파트너가 토론 또는 논쟁 중에 그냥 나가 버린다. (**부부**)
- 25달러를 빌려 간 친구가 돈을 갚지 못하는 것에 대해 항상 핑계를 대고 있다. (**돈**)
- 당신의 파트너가 성관계에 대해 관심을 잃은 것 같다. (**성**)
- 원하는 것 이상으로 체중이 불어났다. (**건강**)
- 삶에서 더 영적이고 싶다. (**종교/영성**)

- 혼자 더 많이 나가고 싶지만, 그렇게 하는 것이 걱정된다. (상실)
- 아들이 자동차 열쇠를 자신에게 주고, 운전을 그만하라고 말한다. (노화)

내담자나 집단이 이러한 대안 활동 과정에 대해 장단점을 탐색한다. 집단 장면에서는 세 명이나 네 명이 소집단을 만들어서 제시된 활동 가운데 어떤 것이 가장 또는 최소한 바람직한가를 토론할 수 있다. 그 후에 전체 집단에서 토론을 한다. 상담자는 또한 하나 이상의 대안을 수행하는 역할을 수행할 수 있다. 이를 통해 더 진전된 통찰을 얻거나 탁월한 코칭 기회를 제공하며, 의사소통과 문제 해결에 유용한 기술을 배우도록 도울 수도 있다.

▌21. 역장분석

이 전략은 사회심리학의 선구자인 Kurt Lewin(1943)이 만든 것으로 내담자와 집단구성원들에게 대안 활동 과정을 분석하는 데 중요한 일련의 기술을 가르쳐 준다. 어떤 계획하기 연습에도 사용할 수 있지만, 특히 생애 선택과 가치 딜레마에 적용하는 경우, 매우 유용한 가치명료화 활동이다. 이것은 장단점(결과) 그리고 행동 계획을 고려하는 가치화 과정을 두드러지게 한다.

결정, 선택 또는 행동 단계:	
장점 또는 돕는 힘	단점 또는 억압하는 힘

아주 간단한 양식이지만, 역장분석(force field analysis)은 여하한 의사결정권자라도 어떤 결정에 대한 장단점, 문제가 지니는 잠재적 이익을 보다 철저

히 검토하도록 돕는다. 예를 들면, 새로운 직업을 고려하고 있는 개인 내담자는 표의 제일 위쪽 줄에 새로운 직업이나 직위를 적어 넣을 수 있다. 그리고 제일 왼쪽 칸에 그 직업을 택할 때 장점이나 이익 또는 좋은 측면을 기록해 나간다. 오른쪽 칸에는 그 직업을 택할 때 나타날 수 있는 모든 단점과 부정적인 것들을 적어 넣는다. 집을 떠나 요양시설로 옮기려는 노인 내담자도 같은 방식으로 정리할 수 있다. 제일 위쪽에 "요양시설로 이사하는 것"을 적고, 왼쪽 칸에 그러한 이사에 대해 긍정적일 수 있는 모든 것을 적어 넣는다. 오른쪽 칸에는 모든 부정적인 것을 적는다.

상담자는 내담자에게 장단점 목록에 덧붙일 항목이 있는지를 살펴보도록 명료화 질문을 할 수 있다. 예를 들면, "자신에게는 교회에 가는 것이 중요하다고 말했는데, 교회에 가는 능력은 어떤가요? 요양시설로 이사하는 것은 그 측면에서 볼 때 장점인가요, 아니면 단점인가요?" 역장분석은 또한 집단 장면에서 역장 격자를 채워 넣어서 모든 집단구성원(전체 집단, 둘씩, 셋씩 등)과 실시할 수도 있다. 다른 **목록 작성하기(전략 1)**와 마찬가지로, 다음과 같이 부가적인 명료화 질문을 해서 장단점의 목록을 더 넓게 탐색할 수도 있다.

- 가장 의미 있는 장단점을 각각 세 가지 고른다면? 1, 2, 3번으로 표시해 보라.
- 어떤 장단점이 장기 대 단기 이슈인가? 이것을 ST(short-term)와 LT (long-term)로 표시해 보라.
- 어떤 장단점이 재정적인 측면을 포함하고 있는가? 이것을 $로 표시해 보라.

(그 활동의 이름이 설명하고 있는바) 역장분석을 사용하는 또 다른 방법은 어떤 목적이나 행동 과정은 그 환경(그 '장')에서 격려하거나 가로막는 힘을 가지고 있다고 생각해 보는 것이다. 이런 힘들은 외적 세계나 내담자의 내적 세계에 있을 수 있다. 격려하는 힘은 내담자를 지지하는 사람, 내담자가 가

지고 있는 기술, 심사숙고하여 행동할 수 있는 규칙들, 재정적으로 사용할 수 있는 자원 등과 같은 것이다. 방해하는 힘은 비지지적인 사람들, 내담자가 부족한 기술, 사려 깊은 행동을 가로막는 규칙, 재정 자원의 부족 등과 같은 것이다. 역장분석 양식은 일반적인 장단점 목록보다 더 전략적이다. 이것은 어떻게 목적에 도달하는가에 초점을 맞춘다. 어떤 상황에서 방해하는 힘이 비교적 격려하는 힘이나 조력하는 힘과 동등하거나 더 클 때 내담자는 앞으로 나아갈 수 없게 된다. 그러나 조력하는 힘을 강화하고, 방해하는 힘을 약화시키거나 제거함으로써 내담자는 자신의 목적을 달성할 수 있다.

역장분석 전문가는 방해하는 힘을 줄이거나 없앰으로써 소위 본전을 뽑을 수 있도록 성공 가능성을 유지한다. 어느 쪽이든 역장분석은 개인으로 생각하거나 집단으로 함께 생각하여 자신의 목적 달성을 돕거나 방해하는 힘을 주의 깊게 평가하고, 그러한 힘들을 강화하거나 약하게 하는 전략을 계획하여 자신의 목적을 달성할 수 있도록 한다.

다음에 나오는 가치명료화 활동은 **행동 장애물 제거하기(전략 22)**인데, 이것은 역장분석의 일부분이자 목적 달성을 위한 행동 전략을 계획하는 데 사용된다.

22. 행동 장애물 제거하기

역장분석 전략(전략 21)에서 기술하였듯이, 우리의 목적을 달성하는 주요한 방법 가운데 하나는 우리가 앞으로 나아가는 것을 방해하는 주변 환경과 우리 자신의 내부에 있는 힘들을 이해하고, 그다음 방해하는 힘을 줄이거나 없애는 행동을 취하는 것이다. 행동 장애물 제거하기(removing barriers to action)는 이것을 정확히 할 수 있도록 내담자를 돕는다.

목적, 성과:	
장애물 또는 방해하는 힘	그런 힘들을 줄이거나 없애는 힘

이 활동은 그 목적이 일반적일 때, 예를 들면 중독으로부터 회복하여 약물을 하지 않는 상태를 유지하려는 목적일 때 효과적으로 작동한다. 또한 그 목적이 구체적일 때도 잘 작동한다. 예를 들면, '삶을 즐기는 것'과 같은 일반적인 목적과 반대되는 것으로 더 이상 운전을 못하지만, '나가서 친구를 더 자주 만나는 것'이 목적인 노인 내담자를 도울 때도 잘 작동한다. 후자의 예에서 보듯이 이 활동은 목적이 내담자가 앞으로 하려는 어떤 것이 행동적 성과일 때 가장 잘 작동한다. 기분이 더 좋아지는 것이나 자신감을 가지는 것 또는 부자가 되는 것(이것은 높은 급여를 받는 것, 주식 시장에서 성공적으로 투자하는 것 등과 같이 행동 목적이 아니라 최종 상태이다.)과 같은 목적보다는 내담자가 앞으로 행할 활동이나 행동을 목적으로 하는 것이 더 낫다. 그 목적을 표의 제일 윗줄에 적는다.

왼쪽 칸에 내담자나 집단구성원들은 자신이 바라는 행동을 하지 못하도록 방해하거나 장애물이나 힘—혹은 그 목적을 달성하기 위해 노력하는 과정에서 나타날 수 있는 장애물이나 힘—이 있다면 모두 적는다. 그러고 나서 오른쪽 칸에는 각각의 장애물을 줄이거나 경감하거나 없애기 위해 자신이 할 수 있는 것이라고 떠오르는 모든 아이디어를 적는다. 내담자가 자신이 할 수 있는 한 최대의 생각을 하고 나면, 상담자가 명료화 질문을 통하여 또 다른 장애나 해결책을 생각해 볼 수 있도록 돕는다. "나에게 떠오른 한두 가지 아이디어가 있는데 들어 보겠습니까?" "이것을 가능한 해결책으로 생각하고 있나요?" "이것을 장애물 제거하기 전략의 목록에 추가하겠습니까?" 등이다.

행동 장애물 제거하기를 한 다음, 토론을 더 진행하거나 그 제거하기 전략이 만들어 낸 다양한 행동 단계를 바탕으로 행동 계획하기를 해 볼 수 있다. 또한 **자기 계약 전략(전략 24)**을 이어서 사용해 볼 수도 있다.

행동 장애물 제거하기는 개인이나 집단으로 진행할 수 있다. 예를 들면, 건강 문제에 초점을 둔 집단에서 '음식 줄이기' 목적은 집단구성원들이 함께 작업하는 성과일 수 있다. 집단적으로 참여자들은 그 목적을 달성하는데 방해가 되거나 장애물이 되는 것의 목록을 만들 수 있을 것이다. 예를 들면, 더 많은 음식을 자꾸 제공하는 부모, 음식에 쉽게 접근할 수 있는 주변환경, 친구들과의 사교모임, 충족을 요구하는 배고픈 느낌 등이다. 그러고 나서 집단구성원들은 한번에 하나씩 음식 줄이기라는 목적을 달성하는 데 방해가 되는 요인들을 없애거나 그 힘을 줄이는 실천 단계에 대해 작업할 수 있을 것이다.

▌23. 착수하기 또는 다음 단계들

내담자들—사실은 우리 모두—은 흔히 우리가 무엇을 원하는가를 알며, 심지어 그 목표를 달성하기 위해 막연한 행동 계획을 세운다. 그러나 우리는 그런 바람이나 목표를 달성하는 데 필요한 구체적인 행동을 하지는 않는다. 상당한 경우에 결코 착수하지도 않는다. 이 활동은 내담자가 자신의 목표를 달성하거나 결정한 것을 실행하기 위해 취할 수 있는 **다음 단계**를 고려해 보도록 초대함으로써 가치명료화의 행동 과정에 참여하도록 만든다.

이 전략은 상담 장면에서 흔히 물을 수 있는 세 가지 가치명료화 질문을 그 핵심으로 가지고 있다.

- 당신은 무엇을 하고 싶은가요?
- 그다음 단계는 무엇일까요?
- 당신은 언제 시작할 건가요?

착수하기는 개인이나 집단에서 보다 구조화된 활동을 할 수 있도록 다음의 표를 사용한다.

나는 무엇을 하고 싶은가?	다음 단계(들)	날짜
1.		
2.		
3.		
기타		

상담자는 개인이나 집단구성원들에게 현재 이야기하고 있는 주제에 대해 자신이 하고 싶은 것이나 목적의 목록을 만들어 보라고 요청한다. 이 목록은 수 개부터 12개 내외에 걸쳐 만들 수 있다(지루할 수 있는 것보다는 조금 더). 예를 들면, 진로상담에서 내담자는 '어떤 직업이 가능한지 찾아보기, 이력서를 업데이트하기, 이전 직장동료들과 인맥 만들기, 포트폴리오 작성하기' 등의 목록을 만들 수 있다. 체중 감소 집단에서 집단구성원들은 건강을 증진시키기 위해 자신들이 하고 싶은 일들의 목록을 만들 수 있다. 부부가 함께 즐길 수 있는 것을 더 하기를 바라는 것에 대해 이야기하고 있는 부부는 그러한 것들을 왼쪽 칸에 적을 수 있다.

그러면 상담자는 내담자들에게 하고 싶은 것을 성취하도록 돕기 위해 자신이 취할 수 있는 하나 이상의 '다음 단계'를 두 번째 칸에 나타내도록 요청한다. 상담자는 내담자나 집단구성원들이 일반적이거나 웅장한 '다음 단계'의 목록을 만들기보다는 현실적이고 달성 가능한 구체적인 '다음 단계'를 작성하도록 도와줄 필요가 있다. ('상상할 수 있고, 믿을 수 있고, 달성 가능한' 목적들에 대한 설명은 다음 전략을 참고하라.) 각 목적에 대해 최소한 한 단계를 찾아내야 한다.

마지막으로, 상담자는 내담자에게 각 단계를 실천할 수 있을 것 같은 날짜나 일시를 표시하도록 부탁한다.

착수하기는 논리적으로는 **대안 찾기(전략 17)**, **대안 활동 찾기(전략 20)**, **행동 장애물 제거하기(전략 22)**에 뒤따라 나오는 것이고 **자기 계약(전략 24)**보다 앞서는 가치명료화 활동으로 볼 수 있다. 그러나 이 활동은 가치를 명료화하기 위해 또는 심리교육 집단에서 교육적 가치를 위해 독립적으로 사용할 수도 있다.

▌24. 자기 계약

착수하기 전략(전략 23)과 마찬가지로, **자기 계약**(self contract) 활동은 내담자를 가치화 과정의 행동하기에 참여시킨다. 이는 구체적인 행동 단계를 고려하는 점과 그 단계를 실행하는 데 노력할 것인지를 결정하는 점에서 그렇다. 착수하기는 내담자가 가능한 다음 단계를 지적으로 고려해 보는 것인 반면, 자기 계약은 그 행동 계획을 훨씬 더 구체적이고 즉각적으로 만든다. 만약 개인 내담자나 집단이 목적, 계획 그리고 결정에 따라 행동하는 것에 대해 생각할 준비가 되어 있다면, **자기 계약**은 내담자가 실제 행동으로 옮기는 데 도움을 줄 수 있다.

자기 계약은 개인 내담자와 집단 모두에 사용한다. 혼란과 자기 의심의 시기를 지나 이제 다시 일을 찾아볼 준비가 된 지점까지 도달한 개인 내담자를 그려 보자. 상담자는 그에게 **대안 활동 찾기(전략 20)**에 참여시키고, 둘이 함께 일자리를 찾기 위해 내담자가 할 수 있는 단계를 여섯 가지 정도 찾아냈다. 상담자는 내담자에게 그 목록의 우선순위를 정해 보라고 요청했고, 내담자는 일자리를 찾아보기 위해 취할 수 있는 가장 바람직하거나 가능성이 높은 행동 단계 세 가지를 골라냈다. 이제 상담자는 다음과 같이 자기 계약을 도입할 수 있을 것이다.

"나는 이쯤에서 당신에게 '자기 계약'이라는 아이디어를 소개하려고 해요. 자기 계약은 실천하는 것에 대해 당신이 생각하고 있는 아이디어를 꺼내고 실제로 그것을 실행하는 쪽으로 가까이 가도록 도와줍니다. 해 보시겠습니까? 좋아요. 자, 어떻게 하는지 보세요. 자기 계약은 다음과 같이 들리거나 보입니다.

"나는 ______________쯤에 ______________할 것입니다.
__________씀."

"그래서 아이디어는 당신이 직업을 찾기 위해 생각하고 있는 세 가지 아이디어 가운데 하나를 골라서 두 번째 빈칸에 그 단계를 적는 것입니다. 아직은 실제로 그것을 하는 일에 전념하는 것은 아닙니다. 그냥 아주 구체적으로 그 행동 단계가 무엇일지에 대해 진술하기만 하면 됩니다."

상담자는 내담자가 매우 구체적으로 그 행동 단계를 적도록 도와주어야만 할 수도 있다. 우리가 자주 말하듯, 행동 단계는 다음과 같아야 한다.

- **상상할 수 있는** (그것을 그릴 수 있다)
- **믿을 수 있는** (현실적인)
- **성취할 수 있는** (내담자에 의해, 내담자 스스로 그것을 할 수 있다)

그래서 만약 내담자가 "내 첫 번째 단계는 내 분야에서 가용한 모든 일자리를 찾아보는 것입니다."라고 말하면 상담자는 "당신이 그것을 어떻게 할 것인지 그림이 그려지지 않네요. 무엇이 가용한가를 알아내려면 당신이 무엇을 해야 하나요?"라고 말할 수 있다. 내담자가 상담자의 도움을 받아 "나는 구직 소개소에 가서 나와 있는 일자리를 알아보고 구인난에 있는 인터넷 자료를 찾아보겠습니다."라고 좁혀 들어가면, 그것이 바로 자기 계약서에 내담자가 적어 넣을 내용이다.

그러면 상담자는 "좋아요. 당신의 목적을 달성하기 위해 취해야 하는 매우 구체적인 단계들을 적어 내려갔네요. 당신이 그것을 할 예정이지만 이 시점에서 스스로 그것을 실천하는 데 전념하지 않는다면, 당신은 언제쯤 그것을 하고 싶은가요?"라고 말한다. 일단 내담자가 이것에 대해 생각하고 상담자와 함께 탐색해 볼 수 있다면 내담자는 '~쯤에'라고 한 공간에 날짜나 일시를 적는다.

마지막으로, 상담자는 "좋습니다. 이제 큰 그림으로 가 봅시다. 그것을 실천하는 데 전념하겠습니까? 당신이 선택해야 합니다. 정말로 이것을 해 볼 준비가 되어 있다고 느끼면, 당신이 그것을 하는 데 전념할 준비가 되었다면, **자기 계약**의 가장 밑 부분에 이름을 서명하십시오. 이것은 나와의 계약이 아닙니다. 나는 그 계약을 실행하든 그렇지 않든 당신을 위해 여기 있을 것입니다. 이것은 자신과의 계약입니다. 여기에 서명하기를 원하시나요?"라고 말한다.

내담자는 그 아이디어를 알아차린다. 그래서 이것을 진지하게 대한다. 누구라도 자신에 대한 스스로의 기대에 따라 살고 싶어 한다. 게다가 그 계약이 상담자와 한 것이 아니라 자기 자신과 맺은 것이더라도, 서명을 한 내담자는 상담자 앞에서 공식적인 선언을 한 것이고, 그것은 내담자에게도 의미가 있는 것이다. 상담자는 거기에 진지하게 임해야 하고 비록 내담자가 자기 계약을 충족하는 데 실패하더라도 그를 지지해야 한다. 어느 쪽이든 내담자는 그 경험으로부터 배운다. 그리고 그 결과는 다음 상담과 가치명료화에서 탐색해 볼 수 있다. **자기 계약**은 또한 집단 장면에서도 이루어질 수 있다. 상실과 사별에 대한 집단에서 참여자들에게 자기 인생의 현시점에서 자신의 욕구를 충족하기 위해 할 수 있는 것들에 대한 **자기 계약**을 작성하도록 요청할 수 있다. **낭비자 익명 집단**은 돈을 저축하기 위해 자신들이 할 수 있는 것에 대해 **자기 계약**을 쓸 수 있다. 부부 집단에서(혹은 부부상담에서) 부부가 그냥 재미를 위해 함께 할 수 있는 것들에 대한 연합 **자기 계약**을 작성할 수 있다. 각각의 경우에, 우선 그들은 그 아이디어를 상상해 보고, 시각화한다. 그 위에 자신들이 언제 그것을 하고 싶어 하는가에 대해 날짜나 일시를 적는다.

그다음에 서명을 할 것인지 말 것인지를 결정한다. 집단의 다음 모임에서 구성원들은 자기 계약을 충족했는지, 그 결과에 대해 어떻게 느끼는지 그리고 거기로부터 어디로 가고자 하는지 등에 대해 함께 이야기한다.

▌25. 우리가 알고 있는 것과 우리가 알기를 원하는 것

상담자가 개인 내담자에게 "상담에서 무엇을 얻기를 원하나요?" "당신의 목적은 무엇인가요?" "어떻게 변화되기를 바라나요?" "무엇을 배우고 싶은가요?" 또는 내담자의 목적과 기대를 형성하도록 돕는 이런 질문들을 할 때, 그는 사실 이 전략의 가장 기본적인 형태를 항상 사용해 온 것이다. 우리가 알고 있는 것과 우리가 알기를 원하는 것은 집단 장면에서 비슷한 목적을 수행하도록 돕는다. 이것은 좋은 목적 설정 활동이고, 집단의 시간과 관심이 집단구성원들이 흥미를 느끼고 중요하게 여기는 주제에 초점을 맞추도록 돕는다. 이 전략은 집단 초기나 집단 발달 후기 단계에서 사용할 수 있다.

상담자는 집단구성원들에게 집단의 주제—회복, 진로, 성, 건강, 사별 등—를 환기시켜 준다. 상담자는 자신이 가져온 주제를 상징하는 대상—빈 술병, 신문의 구인광고 섹션, 콘돔, 한 접시의 초콜릿 쿠키, 유골함 등—을 집어 든다. 그다음에 상담자는 다음과 같이 설명한다. "이 병(또는 다른 어떤 물건)을 이제 옆으로 돌릴 것입니다. 자기 차례가 오면 당신이 그 회복(진로, 성 등) 주제에 대해 아는 것이나 알고 있다고 생각하는 것을 한 가지 우리에게 말해 주세요. 그 주제에 대해 아는 것이 아무것도 없다면, 그냥 '통과'라고 말하고, 그 병을 다음 사람에게 넘기면 됩니다. 좋아요. 후안, 병을 드릴게요. 알코올 중독에서 회복되는 것에 대해 당신이 아는 한 가지는 무엇인가요?" 병을 실내에서 돌리면서 상담자는 각 구성원이 기여해 준 것에 대해 고맙다고 말하거나 비언어적으로 감사함을 표현할 수 있다. 또는 상담자나 집단구성원 가운데 한 사람으로 하여금 각 구성원이 집단에 기여해 준 것을 벽이나 보드에 붙여 놓은 인쇄지에 기록하게 한다.

많은 가치명료화 활동에서 하듯이, 상담자도 자기 차례를 가질 수 있다. 예를 들면, 회복 집단을 이끄는 경우 상담자가 회복에 대해 아는 것을 집단에서 공유할 수 있다. 그러나 상담자도 다른 집단구성원들이 말하는 시간만큼만 말해야 한다. 상담자의 말이 강의나 설교가 되지 않도록 조심해야 한다. 어떤 집단구성원이 자신이 아는 것을 말하고 있는데, 상담자가 듣기에는 그것이 부정확하다거나 해로움을 가져올 수 있다고 믿는 것이라도, 상담자는 여전히 내담자의 반응을 당장에는 수용해야 한다. 누군가 첫 번째로 말한 것을 고쳐 주는 경우, 집단구성원들이 참가하는 것에 낙담을 느낄 수 있다. 그 회기가 지나고 나서 또는 다른 집단 모임에서 상담자는 누군가 말한 것에 대해 약간 다른 정보를 가지고 있다거나 다른 관점을 가지고 있는데, 다음 기회에 설명하거나 그 주제에 대해 다시 돌아오겠다고 말할 수 있다.

일단 집단 전체에 그 대상물을 돌리고 나면, 상담자는 "이제 우리는 회복에 대해 알고 있는 것 또는 알고 있다고 생각하는 것에 대해 많은 것들을 나누어 보았습니다. 이제 한 번 더 병을 원으로 돌릴 것입니다. 그런데 이번에는 각자가 회복에 대해 **알고 싶어 하는 것** 한 가지를 말해 주기를 바랍니다."라고 말한다. 집단 참가자들의 반응을 기록해 주는 것은 이 집단에서는 집단구성원과 각자의 참여를 존중할 것임을 느끼도록 돕는 좋은 방법이다. 게다가 자신이 알고 싶은 것의 목록은 추후 집단 모임과 토론에서 중요한 잠재적 어젠다를 제공한다.

이 전략은 짧게도 사용할 수 있는데, 집단구성원들이 그 주제에 대해 알고 싶어 하는 것에 초점을 맞추면서, 원을 따라 한 번씩만 말하게 하는 것이다.

비록 이 활동 자체는 논리적으로 전체 집단 시간의 초기에 적합하지만, 집단 발달 단계의 후반부에도, 새로운 주제가 나타나거나 도입되었을 때도 사용할 수 있다. 예를 들면, 회복을 다루는 집단의 경우 "술을 마시고 싶어 하는 친구를 대하는 것에 관해 알고 있는 것과 알고 싶어 하는 것" 또는 "혼자 있는 것을 다루는 방법에 대해 알고 있는 것과 알고 싶은 것"에 초점을 맞출 수 있다. 축제일이 다가옴에 따라 이 집단에서는 "축제 기간 동안 금주하는 것에 대해 알고 있는 것과 알고 싶은 것"에 대해 초점 맞출 수 있다.

26. 가치 명찰

가치 명찰(values name tags)은 집단이 가치명료화에 참여할 때 서로를 알아 가게 하는 탁월한 전략이다. 나는 이것을 주로 집단 상담 초기에 사용한다.

상담자는 각 집단구성원이 자신의 이름을 카드 중간에 큰 글씨로 쓸 수 있게 5×7 색인 카드, 마스킹 테이프 그리고 마킹 펜을 미리 준비해 온다. 다른 방법으로 집단구성원이 노트를 가지고 다닌다면, 상담자는 참여자들에게 노트에서 종이 반 장을 떼어 내 각자 이름을 적도록 부탁할 수 있다. 어떤 경우이건, 상담자는 이들이 카드나 종이를 가득 채워서 이름을 적지 말고, 위와 아래, 옆과 구석에 여백을 두어서 다른 말들을 적을 수 있도록 말해 둔다. 그리고 나서 상담자는 이들에게 일련의 가치명료화 질문을 하면서 명찰 위의 특정한 위치에 답을 적으라고 요청한다.

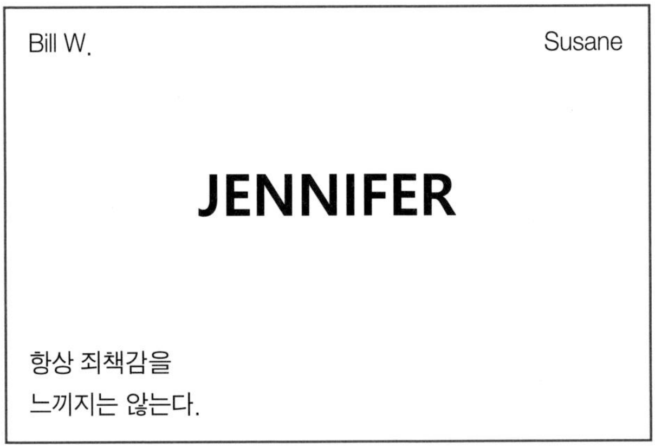

예를 들면, 어떤 집단 모임이 마약과 알코올 이슈에 대한 것이라면, 상담자는 집단구성원들에게 다음과 같이 말하고, 집단 참여자들이 각 질문에 대답을 적을 수 있도록 잠시 시간을 준다. 그러고 나서 그다음 질문을 한다.

> 이제 마약과 알코올에 대한 일련의 질문을 할 것입니다. 그러면 각자 명찰 위에 대답을 적어 주세요. 아무도 보기를 원치 않는 답이라면 카드 뒷면에 적어도 됩니다. 그러면 자신은 대답을 알지만 다른 사람은 누구도 볼 수가 없겠지요. [사람들이 자신의 글쓰기에 대해 의식을 많이 하는 사람들 같으면 "맞춤법 같은 것은 걱정하지 마세요."라고 첨언을 한다.] 좋아요. 카드의 위쪽 왼편에 약물이나 술에 관해서 정말 감탄하는 사람의 이름을 적어 보세요. 마약과 술에 관한 한 정말로 척척 해낸다고 생각하는 사람을 적어 보세요…… 명찰의 위쪽 오른편에 당신이 생각하기에 쉽게 중독되는 위험한 사람의 이름 이니셜을 적어 보세요. 그 사람은 정말로 위험하거나 곧 곤경에 빠질 수 있는 사람입니다…… 아래쪽 오른편 구석에 마약에 대해 들어 본 충고 가운데 가장 좋은 것을 적어 보세요. 문구나 문장으로 적도록 해 보세요…… 아래쪽 왼편 구석에 다음 문장을 완성해 보세요. "금주의 가장 좋은 점은 _______이다." 어떤 말이라도 마음속에 떠오르는 것으로 문장을 완성해 보세요. 마지막으로, 명찰 전체 어디라도 적당한 곳에, 자신의 정체성에 중요하다고 생각하는 사항을 나타내는 5개의 '~하기(진행형의 I-N-G)' 단어를 적어 보세요. 예를 들면, 연습으로 해 보자면 내가 정말로 운동으로 뛰는 것을 좋아한다면, 카드 위에 "달리기하기(running)"라고 적을 것입니다. 사람들과 대화하는 것이 정말 나에게 중요하다면 나는 "의사소통하기"를 적을 것입니다. 그래서 말을 만들어 내더라도, 5개의 ~하기(진행형의 I-N-G)를 카드 위에 적어야 합니다.

일반적으로 나도 가치 명찰 달기를 하고 나서 이 활동의 나머지 부분에 참여한다.

상담자는 참여자들에게 테이프를 이용하여 자기 명찰을 다른 사람들이 볼 수 있도록 가슴 높이에 착용하도록 요청한다. 그러고 나서 모든 사람이 일어나서 그 방을 돌아가면서 사람들 앞에 멈추어 서서 명찰을 읽도록 한다. 이것은 침묵 속에 진행될 수도 있고, 자신의 명찰 한구석에 대해 말을 하거나 각자 만나는 사람과 한 개의 I-N-G에 대해 말할 수도 있다. 상담자는 참여자들이 서로 다른 명찰을 많이 읽으면서 자신들이 아직 모르는 사람 앞에 멈추도록 격려해야 한다. 잠시 동안 서로 돌아가도록 한 다음(집단 규모에 따라 5~10분 정도), 세 명씩 집단을 만들어 각자 흥미를 느꼈던 명찰의 어느 부분에 대해서라도 2분 정도 이야기한다.

또 다른 방법은 집단구성원들이 전체 회기에 걸쳐 서로의 이름을 볼 수 있도록 가능하다면 원형으로 의자에 앉게 한 다음, 돌아가면서 각자 자신이 명찰에 기록한 것 가운데 한 가지를 말할 기회를 주는 것이다.

가치 명찰은 집단구성원들이 서로를 알아 가고, 가치화 과정의 사용을 시작하도록 돕는 어떤 가치명료화 질문에 반응한다는 점에서는 일반적이나, 이전과 다음 사례에서 보듯이 특별한 주제에 맞추어 조절할 수도 있다.

- 자신의 일, 관계, 돈, 성, 건강, 종교와 영성, 상실을 겪어 내는 방법, 노화 등에 관해 당신이 자부심을 가지는 것
- 일, 관계, 돈 등에 관해 당신이 가진 좋은 역할 모델
- 일, 관계, 돈 등에 관해 자신의 부모와 유사한 (혹은 다른) 방식
- 자신의 일, 관계 등에 관해 당신이 마주하고 있는 선택
- 자신의 일, 관계 등에 관계하여 당신이 가진 습관 또는 의식
- 일(가까운 관계, 돈, 종교 등)이란 ________이다.

미완성 문장(**전략** 12), **순위 정하기**(**전략** 2) 또는 **나는 궁금하다 진술문**(**전략** 16) 등과 같은 다른 전략 또한 가치 명찰 활동을 할 때 사용할 수 있는 좋은 질문들이다.

▌27. 지갑에 무엇이 있나요

이 가치명료화 전략은 가치화 과정 가운데 높이 평가하기와 소중히 여기기 그리고 공공 단언 측면을 두드러지게 만든다. **가치 명찰(전략 26)**과 **1분 자서전(전략 28)**과 마찬가지로, 집단을 처음 시작할 때 사용하면 참여자들이 서로 알아 가는 데 좋은 활동이다. 또한 집단 발달 과정의 약간 후반부에 구성원들이 더 높은 수준의 신뢰와 나눔에 도달하게끔 도울 때 유용하다.

이 활동에서 기본적인 가치명료화 질문은 "당신의 수첩이나 지갑에 당신이 높이 평가하거나 소중히 여기는 것 또는 당신에게 중요한 것을 나타내거나 보여 주는 물건은 무엇입니까?"라는 것이다. 상담자는 참여자들에게 다음과 같이 요청한다. "수첩이나 지갑을 살펴보세요. 그리고 자신에게 중요한 물건을 하나 찾아내세요. 그것은 사진이나 서류일 수도 있고, 어떤 물건일 수도 있는데, 당신이 높이 평가하거나 소중하거나 중요하게 여기는 것을 대표해 주는 것이기 때문에 당신에게 중요한 의미를 가진 것입니다."

집단구성원들이 각자의 물건과 의미를 전체 집단에서 공유할 수 있도록 한다. 각 집단구성원은 자신의 지갑이나 수첩에서 한 가지 항목을 꺼내 보여 주고, 그중요성을 설명한다. 필요하면 집단을 세 명에서 여섯 명까지로 구성된 소집단으로 나누고, 참여자들이 자신의 수첩이나 지갑에서 두 개나 세 개의 아이템을 꺼내고 그 중요성을 설명할 수 있도록 진행해도 된다. 늘 말했듯이 통과할 권리가 있으며 다른 사람들이 말하는 것을 그냥 듣고 있을 수 있다.

이 활동은 일반적으로 가치명료화와 집단 응집성을 위해 사용할 수 있다. 그러나 집단과 관련된 상담 주제에도 적용할 수 있다. 예를 들면, 종교나 영성을 다루는 집단에서 다음과 같은 지시를 줄 수도 있다. "지갑이나 수첩에서 종교적으로나 영성적으로 자신에게 특별한 의미가 있는 물건을 하나 찾으세요." 한 가지 이상의 건강 문제를 다루는 집단에서는 "지갑이나 수첩에서 건강과 관련하여 자신에게 특별한 의미가 있는 물건을 하나 찾으세요." 라고 지시할 수 있다. 어떤 참여자는 자신의 건강보험증을 보여 주면서 건강보험료를 감당하느라 얼마나 많은 희생을 했는가에 대해 말할 수도 있다. 또 다른 참여자는 자녀의 사진을 보여 주면서 빨리 체중을 감소시켜 아이들이 자기 주변에서 자라는 것을 보고 아이들이 자녀를 가지는 것을 보고 싶다고 말할 수 있다. 우리 지갑이나 수첩의 내용물은 우리가 가장 깊이 두고 있는 가치들의 지표로 채워져 있다. 이 활동은 가치 지표를 나타내는 풍성한 원천을 두드림으로써 놀라우리만큼 의미가 있는 공유와 통찰을 얻게 한다.

28. 1분 자서전

이것은 집단구성원들이 제한된 시간 구조 안에서 자신의 '자서전'을 서로 공유하는 집단 전략이다. 자서전은 집단구성원들이 자신의 삶, 가치와 인성이 어떻게 발달되었는가를 살펴보도록 초대한다.

집단구성원들의 나이와 편안함을 느끼는 수준 그리고 집단이 만난 시간에 따라서 시간제한은 말 그대로 1분, 2분 아니면 3분이 될 수 있다. 개인의 삶 이야기를 1분이나 2분에 맞게 줄일 수 없다는 것을 알고, 따라서 모든 것을 집어넣어야 한다거나 또는 말할 것이 없다고 걱정할 필요가 없음을 알기 때문에, 짧은 시간 구조를 제시하면 대부분의 사람들은 자기 이야기를 쉽게 공유한다.

1분 또는 2분 자서전은 집단의 첫 회기에 사용할 수 있는 탁월한 활동이다. 일반적인 질문은 다음과 같다. "1(2)분 안에 어떻게 현재의 당신 같은 사람이 되었는지, 자신의 가치를 어떻게 개발해 왔는지, 누가 또는 무엇이 현재의 당신이 되는 데 영향을 미쳤는지에 대해 함께 이야기하겠습니다. 여기서 생각할 것은 자신의 삶에 대한 모든 사항을 말하는 것이 아니라 자신이 어떻게 오늘날과 같은 사람이 되었는지를 전달해 보는 것입니다. 이번 차례에 하고 싶지 않다면 '통과'라고 편하게 말하면 됩니다." 종종 분위기를 돋우기 위해 내가 먼저 나의 1분 자서전을 이야기하면서 어떻게 하는지 시범을 보인다.

1분 자서전은 상담의 주제나 집단에서 초점을 두는 쟁점에 맞추어 사용할 수 있다. 예를 들면, "2분 자서전에서 자신의 가장 어린 시절에서부터 진로(또는 음주, 약물, 일, 부부관계, 돈, 성, 건강, 종교/영성, 상실과 사별, 노화 등)에 대한 자기의 태도나 습관, 가치를 어떻게 발달시켜 왔는가에 대해 함께 이야기 나누어 보겠습니다."라고 말한다.

만약 집단이 충분히 작다면(15명까지) 모든 사람이 차례대로 진행할 수 있다. 집단이 매우 크다면 6~8명씩 소집단으로 나눈 다음, 그 소집단에서 이야기를 나누도록 한다.

▌29. 자서전 페이지

상담과 심리치료는 항상 내담자가 현재 자기 상황과 관련이 있는 이전 삶에서 일어난 상황을 묘사하고 탐색하는 장면이 있다. **자서전 페이지**(pages for an autobiography)는 우리의 가치와 가치 지표들(태도, 목적, 행동 패턴 등)을 개발해 온 방식에 대한 더 큰 통찰을 얻고, 무엇을 계속 유지할 것인지 아니면 미래에 바꿀 것인지에 대해 우리가 선택할 수 있다는 것을 인식하도록 돕는 다소 구조화된 양식이다(Birren & Cochran, 2001 참조).

개인상담이나 집단 장면에서 상담자는 내담자에게 개인적으로 어떤 특별한 주제에 대하여 자신의 유년기와 청소년기를 거치면서 어떻게 다루어졌는지에 대해 약간 생각할 시간을 준 다음, 노트에 기록하거나 적어 보도록 부탁한다. 10개의 표본 주제는 모두 자서전 페이지를 나타내는 화제로 사용할 수 있다.

회복	성
진로	건강
일	종교, 영성
부부	상실, 사별
돈	노화

예를 들면, 상담자는 "당신이 자랄 때 가정에서는 술을 어떻게 대했나요? 술에 대한 가장 초기 기억은 무엇인가요? 누가 무엇을, 얼마나 자주 그리고 얼마만큼 술을 마셨나요? 누가 술을 자제했나요? 술이 가족관계에는 어떤 영향을 미쳤나요? 당신은 무엇을 깨닫고 있었나요? 등 몇 분 동안 당신의 페이지에 음주와 자랄 때 술을 어떻게 다루었는지에 대해 기억하는 것을 적거나 메모해 주세요."라고 말할 수 있다. 그 주제가 사별이라면 상담자는 "확대가족에서 죽음과 사별은 어떻게 다루어졌나요? 가족 가운데 죽은 사람에 대한 초기 기억은 무엇인가요? 아동기나 십대에 어떤 친척들이 돌아가셨나요? 어떤 장례문화를 따랐나요? 사람들은 어떻게 슬퍼했나요? 어떤 감정은 표현하고 어떤 것은 표현하지 않았나요? 이런 사건들을 관찰하면서 무엇을 느끼거나 생각했나요? 그것들이 당신에게 어떤 영향을 미쳤나요? 등 당신의 일화를 바탕으로 몇 분 동안 당신이 자랄 때 사별과 죽음을 어떻게 다루었는지에 대해 적거나 메모해 주세요."라고 물어볼 수 있다. 자서전 페이지는 개인 또는 집단에서 사용할 수 있다. 개인 내담자는 자서전의 페이지에 대해 상담자와 함께 이야기를 나눌 수 있다. 집단 장면에서 참여자들은 자신의 일대기를 소집단이나 전체 집단에서 토의해 볼 수 있다. 이 활동은 개인과 집단이 정리하면서 배울 수 있는 풍부한 재료를 가져온다. 가치명료화 맥락에서 볼 때, 이 활동은 내담자에게 자신의 가치 지표가 파생된 근본적 원천으로 연결하여, 자라나는 과정에서 자신의 태도와 신념 그리고 가치가 어떻게 영향을 받았는가를 깨닫도록 돕는다. 자신의 태도와 신념 그리고 행동 패턴을 어떻게 개발했는가를 더 잘 이해함으로써 내담자들은 직관적으로 미래에 이런 쟁점을 어떻게 처리할 것인가에 대해 몇 가지 선택권이 있음을 인식하게 된

다. 이 활동은 내담자들에게 자기 삶의 이야기를 다시 쓸 수 있는 기회를 제공한다.

특히 집단 장면에서 때로 집단의 주제보다 다소 쉽고 가볍게 이야기할 수 있는 일반적 주제를 가지고 본 활동을 시작하는 것이 도움이 된다. 이것은 집단 내에 향수를 불러일으키고 수용적인 분위기를 만드는 데 도움이 된다. 자서전적 가치 이슈를 풍부하게 가지고 있는 보편적 주제는 다음과 같다.

- 당신은 매년 다음을 어떻게 보내는가?
  - 크리스마스(혹은 다른 주요 공휴일)
  - 신년 전야
  - 여름 휴가
  - 학교에 간 첫날
- 교사들: 그들로부터 무엇을 배웠는가?
- 가장 친한 친구: 왜 그들이며, 어떻게 헤어졌는가?
- 다른 인종과 소수 민족 및 종교에의 노출
- 머리 스타일: 당신이 해 본 모든 변화
- 어떻게 배웠는가:
  - 자전거 타기
  - 수영하기
  - 키스하기
  - 카드놀이
  - 매너

집단이 이러한 **자서전 페이지**에 일대기 가운데 하나를 작성하여 토의한 후, 집단 상담이나 심리교육 주제와 더 직접적으로 관련된 페이지로 넘어갈 수 있다.

30. 역할 모델 분석

우리 자신의 가치를 명료화하는 한 방법은 우리 삶에서 목적과 선택, 행동과 다른 가치 지표에 영향을 준 역할 모델을 점검해 보는 것이다. 우리의 가치 지표와 가치를 어떻게 만들어 냈는가를 더 잘 깨닫기 시작하면 그러한 우선순위나 신념, 행동 패턴을 계속하면서 헌신할 것인지 아니면 현재 가치 지표나 가치 체계를 수정할 것인지에 대해 훨씬 대단한 선택을 할 수 있게 된다.

간단한 가치명료화 질문으로도 내담자가 이런 역할 모델 분석(role model analysis)을 해 보게끔 초대할 수 있다. 예를 들면, 다음과 같다.

- 그(그녀)는 당신에게 역할 모델이었나?
- 이 시기에 당신을 이끌어 줄 만한 모범이 되는 사례를 가진 역할 모델이 있는가?
- 집에 남성(여성) 모델 없었다면. 남성(여자)이 무엇을 의미하는지를 배우기 위해 어디를 갔는가?
- 그(그녀)는 당신에게 긍정적 또는 부정적 모델이었나?
- 그러면 당신에게 가장 중요한 역할 모델은 누구였나?
- 뒤돌아볼 때, 당신의 삶에서 더 나은 역할 모델을 해 줄 사람이 있었나?
- 일(또는 알코올, 돈, 건강, 노화 등)을 화두로 떠올릴 때 당신의 삶에 어떠한 역할 모델이라도 있나?

역할 모델 분석은 "누가 당신의 역할 모델이었는가(또는 누가 당신의 역할 모델들인가)?"와 같은 기본적인 명료화 질문 형식을 가진다. 그리고 그 질문을 보다 정교한 전략으로 확장시켜 간다. 이것은 개인이나 집단으로 진행될 수 있다.

내담자나 집단구성원에게 역할 모델은 자신이 존중하거나 우러러 보는 사람, 그 사람처럼 되고 싶은 사람 또는 그 사람의 사례가 자신에게 영향을 주는 사람이라고 설명한다. 한 사람이 어떤 측면에서는 역할 모델이 되지만 다른 영역에서는 그렇지 않을 수 있다. 역할 모델은 긍정적인 영향일 수도 있고 부정적인 영향일 수도 있다. 역할 모델은 살아 있을 수도 있고 죽었을 수도 있다. 역할 모델은 그들이 실제로 아는 사람일 수도 있고, 전혀 만난 적이 없는 사람일 수도 있다. 다음을 포함한 여러 유형의 사람들이 역할 모델이 될 수 있다.

부모 형제자매 다른 친척 교사 코치 또는 팀 리더 청소년 집단 지도자 종교 지도자	친구 동료 고용주 저자 정치적인 인물 스포츠계 또는 연예계 인물

내담자나 집단구성원들에게 다음에 보이는 것과 같이 세 가지 칸을 가진 격자를 나누어 주거나 그리게 한다.

맥락에 따라 그들에게 (a) 현재 역할 모델, (b) 아동기에서 성인기 초기에 이르기까지 삶의 초기 역할 모델(또는 어리다면, 현재 나이까지) 또는 (c) 과거 또는 현재의 삶에서의 역할 모델을 각각 다섯 명까지 목록을 적어 보라고 할 수 있다. 일반적인 역할 모델 분석을 특정한 상담 주제에 적용하려면, 내담자에게 일반적으로 자기 삶에서 역할 모델인 사람을 세 명이나 네 명 목록화하고, 회복, 진로, 관계, 성, 사별 또는 다른 가능한 주제에 따라 1번부터 3번 역할 모델로 목록을 정하도록 요청한다. 어떤 한 사람이 일반적인 목록과 구체적인 목록 모두에서 역할 모델일 수도 있다.

역할 모델	성격, 인격, 행동	영향
아버지	믿을 만한, 헌신적인	나에게 믿을 만하다는 것은 중요하다.
마리안느	친근한, 행복한	사람이 행복할 수 있다는 것을 배웠다.
(술에 관련하여)		
밥 삼촌	술에 취한	너무 많이 마시는 것을 피하게 만들었다.
제프	때로 취한	나를 혼란스럽게 만듦. 가끔 술을 마셔야 하나?

다음으로 내담자에게 두 번째 칸에 자신이 감탄하거나, 인상적이거나, 영향을 받은 그 사람의 성격 또는 인격 아니면 특별한 행동들 가운데 한두 개의 특성을 적도록 한다. 그 활동을 어떻게 하는가를 보여 주는 것이 도움이 될 것 같으면 자신의 사례를 제시한다.

세 번째 칸에 내담자에게 각 역할 모델들이 어떻게 영향을 미쳤고, 그 모델로부터 무엇을 배웠으며, 그 모델의 본보기나 영향력으로 인해 자신이 어떻게 달라졌는가를 나타내는 말을 몇 개 적어 넣도록 한다.

이 활동은 내담자에게 여러 가지 쟁점들은 불러일으키고 개인이나 집단 상담에서 생각하고 토의할 거리를 풍부하게 제공한다.

▮ 31. 이사회

역할 모델 분석(전략 30)과 다소 비슷하게, 이 전략도 내담자가 자신의 가치와 가치 지표가 만들어진 원천을 점검할 수 있게 한다. 이것은 내담자가 자신들이 받은 교육과 모델링에 대해 정당하게 평가하고, 그 교육과 모델링의 일부를 비판적으로 평가하며, 무엇보다도 자신은 그러한 영향력의 총합보다 더 큰 존재임을 인식하고 궁극적으로는 자기 자신이 선택할 수 있도록 도와준다. 이사회(board of directors)는 개인과 집단 장면에서 일반적인 가치명료화 경험으로 사용할 수도 있고, 특별한 상담 주제에 응용할 수도 있다. 이 전략의 일반적인 형식을 먼저 제공하게 되어 있다.

본 활동의 시작은 내담자나 집단구성원들에게 한 장의 종이 전체를 사용하여 위쪽 절반에 다음과 같은 도표를 그리라고 하는 것이다.

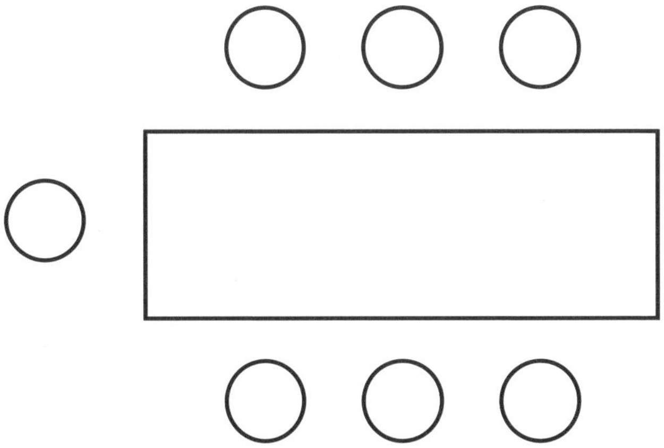

참가자들에게 법인 이사회의 개념—법인이 중요한 선택을 할 때, 이사들을 회의 테이블 주변에 불러 모으고, 각 이사가 자신의 아이디어와 생각을 제공함으로써 이사회가 최상의 결정을 할 수 있도록 돕는 것—을 설명하라. 다음 맥락에서 계속 진행한다.

"어떤 면에서 한 사람은 이사회를 가진 법인과 마찬가지입니다. 이 도표는 당신의 이사회를 나타냅니다. 당신이 삶에서 중요하거나 어려운 결정을 내릴 때마다 당신의 이사들을 모두 소집할 수 있습니다. 이사회는 당신이 삶의 쟁점사항이나 문제 그리고 의사결정에 대해 생각하는 방식에 강력한 영향력을 미칠 수 있는 모든 사람으로 구성되어 있습니다. 예를 들면, [상담자 자신의 예를 들어라.] 삶에서 중요하거나 어려운 결정을 할 때, 나는 _____와 내 친구 _____와 내 대학 선생님인 _____의 목소리를 종종 듣습니다. 이 목소리들은 내가 무엇을 해야 하거나 그런 상황에서 자신들은 어떻게 행동할 것인가에 대해 내 귀에 속삭이듯이 말해 줍니다. 그래서 나는 그 사람들이 나의 이사회에 앉아 있는 것을 표시하기 위해 그들의 이름이나 이니셜을 여기 있는 도표 위에 있는 원 옆에 적을 것입니다.

나는 당신도 같은 것을 해 보기를 바랍니다. 당신을 무엇을 할 것인가에 대해 생각할 때 당신의 이사회에 앉아 머리 뒤쪽에서 충고나 사례를 들려주는 목소리를 듣는 것 같은 사람을 네 명이나 다섯 명 정도 생각해 낼 수 있다면, 직사각형 이사회 탁자 옆에 있는 원 옆에 그들의 이름이나 이니셜을 적어 보세요. 명심하세요. 이 사람들이 당신의 이사회에 참여하는 것을 기뻐하고, 그들이 말하는 지혜를 환영할 수도 있고, 이사회에 그들이 없기를 바랄 수도 있습니다. 어찌 되었던 그들의 이름을 적어 보세요. 이사회에는 이미 죽었거나 전혀 만나 보지 못했지만 그냥 그들에 대해 읽거나 이야기를 들은 사람이라도 당신이 마음속에 늘 지니고 다니며, 삶이 어렵거나 중요한 결정을 해야 할 때 그들의 목소리를 듣는다면, 그들의 이름을 당신의 이사회에 적어 넣으세요.

자, 탁자의 머리 부분에 원 하나가 여전히 비어 있는 것이 보이지요. 이 자리는 이사회의 의장을 위한 남겨 둔 것입니다. 바로 당신입니다. 당신은 그 원 옆에 자신의 이니셜을 쓸 수 있습니다. 항상 이사회를 책임질 수 있다고 느끼지 못할 수도 있습니다. 그러나 당신은 이사장이며 [지금 또는 당신이 더 나이가 들면(청소년들과 작업할 때)] 통제할 수 있습니다. 그래서 이제 당신에게 이사회에 관한 몇 가지 질문을 하고자 합니다."

상담자는 다음 질문을 가능하다면 벽에 쓰거나 붙여 놓고 그 가운데 하나 또는 여러 개 또는 전부를 물어본다.

- 누가 이사회에 앉아 있는가?
- 각 이사가 알고 있는 한두 가지는 무엇인가? 그들의 아이디어를 어디서

듣는 것이 현명한가? (또는 그들이 이사회에 있어서 기쁜가? 그들은 어떤 자격으로 이사회에 있는가?)

- 당신은 어떤 이사가 이사회에서 늘 봉사해 주기를 바라는가? 왜 그런가?
- 이사회에서 은퇴시키고 싶은 사람이 있는가? 왜?
- 각 이사가 더 효과적이고 좋은 이사가 되도록 각 이사에게 제안할 수 있는 것이 있는가?
- 당신은 이사회를 통제하고 있다고 느끼는가? 아니면 그들이나 그들 가운데 누군가가 당신을 통제하는가? 언제 책임이 있는가? 당신이 이사회를 더 통제할 가치가 있다는 것을 이사들에게 확신시킬 수 있는 방법에 대해 자신에게 어떤 충고를 하겠는가?
- 이사회에 합류하기를 부탁하고 싶은 다른 사람이 있는가?

대규모 집단에서는 구성원을 소집단(세 명이나 네 명)으로 나누고 각 참여자가 초점 인물이 되어 자신의 이사회에게 이야기하고, 자신의 질문에 답을 할 수 있는 시간(예를 들면, 각 2분씩)을 정해 준다. 몇 가지 질문을 물어볼 것인지 그리고 참여자들이 어느 정도 편안함을 느끼는지에 따라 집단 규모와 시간을 조정하라. 참가자들이 **이사회**에 대해서 원하는 만큼 많게 또는 적게 공유할 수 있다는 것을 환기시켜라.

이사회 전략을 개인이나 집단이 초점을 두고 있는 어떤 화제에 맞게 사용하려면, 다음에 제시된 방법 가운데 하나를 사용할 수 있다.

- 이사회의 개념을 설명하면서 시작하라. 이 이사회는 **약물**(또는 진로, 일, 관계, 돈, 성 등)에 관한 매우 중대한 결정을 내려야 한다고 말한다. 참가자들에게 묻는다. 이런 주제를 다룬다면, 누가 이사회에 앉아야 하는가? 필요하다면, 주제에 맞게 다른 질문들을 한다.
- 이제까지 말한 전체 이사회 전략의 개요를 따라 진행한다. 그리고 이

사회의 상징과 활동을 확장하기 위해 다음과 같이 말한다. "의장석 맞은 편 끝에 자리가 비어 있었다는 것을 알아차렸을 것입니다. 이 자리는 이사회에 자문을 할 사람들을 위한 것입니다. 이사회에서 특별한 주제에 대해 충고나 자문이 필요할 때 그 주제에 대한 전문가를 불러야 할 것입니다. 오늘 이사회는 약물(또는 건강, 종교, 상실, 노화 등)에 대한 중요한 결정을 해야 합니다." 정규 이사들 외에 그 주제를 다루기 위해 이 자리에 참석해야 할 다른 사람이 있는가를 물어본다. 그들에게 다시 이 주제에 대해 어떤 이사에게 더 들어 보고 싶은가를 물어보고, 같은 방식으로 다른 질문들을 진행한다. 되풀이하지만, 내담자가 집단이나 소집단에서 자신의 반응을 토의할 수 있는 시간을 주어야 한다.

내담자가 **나는 배웠다 진술문(전략 15)**을 해 보도록 하거나 **이사회**와 더불어 더 효과적으로 일할 수 있는 아이디어를 공유한 다음, 본 활동을 마친다.

32. 의자들

의자들[chairs 또는 자기와의 대화(or dialog with self)] 전략은 게슈탈트 치료 목록에서 가져온 것으로(Pavio & Greenberg, 1995; Polster & Polster, 1999) 개인이나 집단에서 가치명료화 전략으로 사용할 수 있다.

만약 내담자가 두 가지 대안적 관점이나 활동 과정 사이에서 딜레마를 겪고 있다면, 상담자는 그 내담자를 위해 두 의자를 배치할 수 있다(예를 들면, 내담자 자신의 의자와 다른 빈 의자). 한 의자는 두 가지 선택 사항 가운데 하나를 나타낸다. 그리고 다른 의자는 다른 선택 사항을 나타낸다. 내담자에게 한 의자에 앉아서 그 선택권을 택한 것에 대해 논쟁하도록 요청한다. 그다음에 내담자에게 다른 의자로 가서 첫 번째 의자에 가상으로 사람이 앉아 있다고 생각하면서, 왜 두 번째 의자의 선택이 더 나은가를 설명하라고 요청한다. 그다음 내담자는 첫 번째로 돌아와서 두 번째 의자에 대답을 한다. 이것이 생산적이라고 느끼거나 생각되는 한 계속 진행한다.

이러한 **자기와의 대화**는 어떤 의사결정 딜레마를 둘러싼 장단점의 많은 부분을 드러나게 하고, 또한 가치명료화 과정을 돕거나 다른 형태의 상담이나 치료에 적합할 수 있는 이슈들에 대한 느낌들이 떠오르도록 한다.

▌전략 33~38: 생애 목표 전략

생애 목표 전략들(life goals strategies)은 일련의 가치명료화 전략으로 이들 가운데 몇 가지는 나와 동료들이 Herb Shepherd 박사에게 몇 년 전에 배운 것이다. 이 전략들을 따로 사용할 수도 있고, 함께 사용할 수도 있다. 개별적으로나 점증적으로, 이 전략들은 내담자가 삶의 의미를 점검해 보도록 초대한다. 삶의 여정에서 그들은 어디 있는가? 그들은 누구인가? 그들은 무엇을 이루어 왔는가? 그들에게 중요한 것은 무엇이었는가? 여기서부터 어디로 가고자 하는가? 이러한 심오한 가치-명료화 질문들은 어떠한 형태의 상담 주제로도 적합한데, 왜냐하면 이들은 가장 깊이 있는 가치를 다루고 있고, 그러한 가치들은 우리가 직면하고 있는 여하한 삶의 도전도 다룰 수 있는 방향과 용기를 주기 때문이다.

이 전략들은 개인이나 집단 장면에서 사용할 수 있다. 각 활동을 마친 후에 개별 내담자들은 상담자와 자기 반응을 공유하면서 이 경험으로 인해 생긴 느낌이나 생각 그리고 다른 주제들을 탐색할 수 있다. 집단구성원들은 자신의 반응을 전체 집단이나 하위 집단에서 공유해 볼 수 있다. 실제로 이런 것들은 종종 여러 가지 생각과 느낌을 불러일으키는 강력한 활동이기 때문에, 상담자나 집단과 더불어 **이러한 경험을 처리할 수 있는 시간을 반드시 제공하는 것이 매우 중요하다.** 항상 그렇듯이 내담자와 집단 참가자들은 이런 활동들에 통과라고 할 수 있다. 집단에서 통과를 하는 사람도 다른 사람들과 공유하지 않거나 타인들의 반응을 듣고 있을 뿐이지 여전히 그 활동에서 얻어 가는 것은 많다.

33. 생애선

내담자나 집단구성원들에게 한 페이지를 가로질러 긴 수평선을 그려 보라고 요청한다. 선의 왼쪽 끝에 자신의 출생 연도를 적는다. 오른쪽 끝에는 가족의 장수 정도, 자신의 건강 상태 또는 관련이 있다고 생각하는 다른 요인들을 고려하여 죽기를 원하는 연도를 적는다. 그다음, 두 끝점 사이 어딘가에 대략 현재 연도가 해당되는 지점에 현재 연도를 적는다.

출생 연도 현재 연도 사망 연도

이것은 예상 **생애선**(life line)으로, 내담자에게 생각해 보도록 물어볼 영역이다. 이런 방식으로 자신의 생애선을 시각화하고 곰곰이 생각해 보는 것은 여러 가지 생각과 느낌을 불러일으킨다.

34. 당신은 누구인가요

집단에서 상담자는 자신이 누구인가라는 질문에 응답할 지원자를 요청한다. 그다음에 상담자는 그 지원자에게 "한두 마디로 **당신은 누구인가요**(Who are you)?"라고 묻는다. 집단구성원들은 일반적으로 "교사" "엄마" "남자" 또는 자신의 정체성을 나타내는 중요한 역할이나 부분을 나타내는 말로 반응한다. 그러면 상담자는 "좋아요. **그 밖에** 당신은 **누구인가요**?"라고 묻는다. 그 사람은 전형적으로 또 다른 역할이나 정체성으로 반응한다. 그러면 상담자는 세 번째로 "당신은 누구인가요?"라고 묻는다. 그 다음에 네 번째를 묻고, 이런 식으로 지원자가 편안하게 반응하는 정도와 쉽게 대답하는 정도에 따라 여섯 번에서 열 번까지 계속 묻는다. 어떤 사람은 자신이 삶에서 수행하는 역할 수준에 머물러 있다. 반면에 다른 사람은 스스로 자신이 어떤 유형의 사람인가에 대한 수준까지 나아가 있다. 예를 들면, '친절한 사람' '타인을 돌보는 사람' 같은 것이다. 상담자는 지원자에게 그 활동을 어떻게 하는지를 보여 준 것에 대해 감사를 표시하고 다른 모든 집단구성원에게 개별적으로 "**당신은 누구인가요?**"라는 질문에 대한 자신의 대답을 8~10개 정도의 목록으로 작성해 보게 한다.

35. 묘비명

상담자는 비석 위에 있는 묘비명(epitaph)이 무엇인지 몇 가지 예를 제시한 다음, 집단구성원들이 예전에 죽은 자기 가족이나 친구에게서 보았던 묘비명의 예를 말해 줄 수 있는지를 물어본다. 그 다음에 집단구성원들에게 종이 위에 간단한 비석 모양을 각자 그리게 하고 비석에 자기 이름과 출생 연도, 그 사이에 중간 줄 그리고 예상 사망일(생애선 전략을 참고하라) 그리고 마지막으로 자신이 실제로 죽었을 때 적혀 있기를 바라는 좋고 정확한(좋으면서도 정확한) 묘비명을 적게 한다.

▌36. 자기 부고

내담자나 집단구성원에게 종이 한 장을 꺼내서 그 꼭대기에 자기 이름을 적고, 쉼표를 찍고, 그다음에 "사망 _____"이라는 빈 공간에 오늘 날짜를 적게 한다. 상담자는 내담자나 집단에게 부고와 이것에는 무엇을 담고 전달해야 하는가를 설명하거나 상기시킨다. 그다음에 상담자는 참가자에게 실제로 자신이 불행하게도 그날 죽는다면, 지방 신문에 날 것으로 생각되는 자신의 부고(자기 부고, self-obituary)를 쓰도록 한다. 상담자는 참여자들에게 흔히 부고에 내야 하는 것들, 예를 들면 망자의 생전 역할, 이룬 것들, 어떤 점이 좋았는지, 사랑받거나 존경받은 점, 그들이 해 온 일(개인적 또는 직업적 목적), 사망 원인, 장례 계획, 추모 화환과 기부금을 보낼 장소 등을 환기시켜 준다. (어떤 상담자는 "그는 _____한 것으로 기억될 것입니다." "그는 _____이 되고자 노력하였습니다." 등과 같이 문장 줄기를 사용하여 부고 양식을 미리 준비하고, 내담자나 집단구성원이 채워 넣도록 하는 것을 좋아한다.) 참가자들은 일반적으로 자신의 부고를 완성하는 데 약 15분 내외의 시간을 필요로 한다. 이것은 실존적 영혼 탐색과 가치명료화를 위한 가장 강력한 전략 가운데 하나이다.

▌37. 자기 추모사

부고 활동에 대한 대안으로 집단이나 개인에게 자기 추모사(self-eulogy)를 쓰게 한다. 물론 추모사는 장례식이나 추모 예배에서 종교 지도자, 가족 구성원, 친구 또는 명망가가 망자를 기억해 주기를 바라는 대로 그의 삶과 일, 성취한 것과 개인적 특성을 전달하기 위한 연설을 말한다. 때로 사랑받은 망자의 본질을 특별히 잘 포착하기 위해 일화를 사용하기도 한다. 이 활동에서 내담자에게 자신이 오늘 죽는다면 자신이 듣기를 바라는 또는 대안적으로 오랫동안 충만한 삶을 살고 난 후에 자신이 듣기를 바라는 대로 자기 추모사를 적어 보라고 요청한다. 집단 장면에서 구성원들은 집단에게 큰 목소리로 자기 추모사를 읽을 기회를 줄 수도 있다. 또는 집단구성원들은 추모사를 교환한 다음, 다른 사람의 추모사를 크게 읽을 수도 있다.

38. 생애 목록

생애 목록(life inventory) 활동에서 내담자와 집단구성원은 자기 생애 곡선, 즉 과거, 현재, 미래의 재고를 조사한다. 상담자는 다음에 제시되어 있는 가치-명료화 질문이나 이와 유사한 것들을 물어본다. 한 번에 하나씩 물어볼 수도 있고, 전부 볼 수 있도록 붙여 놓을 수도 있으며, 종이를 나눠주어 각 질문 다음에 자신의 반응이나 메모를 하게 할 수도 있다.

- 아동기와 청소년기에 가장 좋은 것은 무엇이었나?
- 아동기와 청소년기에 어려웠던 것은 무엇이었나?
- 만약에 있다면 자신의 삶에서 전환점은 무엇인가?
- 당신의 삶에서 지금 감사한 것은 무엇인가?
- 당신의 장점(성격, 인성, 기술)은 무엇인가?
- 당신의 어떤 점을 더 발전시키고 싶은가?
- 자신이 성취한 것 가운데 가장 자랑스러운 것은 무엇인가?
- 아직도 좋아해서 하는 것은 무엇인가?
- 당신의 삶에서 누가 중요한가?
- 어떤 관계를 개선하고 싶은가?

집단구성원들은 하나 이상의 질문에 대한 자신의 반응을 전체 집단이나 하위 집단에서 토의할 수 있다.

자기 계약(전략 24를 참조하라)

만약 내담자나 집단이 순차적으로 생애 목적 전략 활동을 하고 있다면, **자기 계약**은 그것을 마무리하는 탁월한 활동이다. 이것은 그 활동을 하는 동안 일어났던 모든 생각과 느낌 그리고 반성하는 것을 자신의 목적을 달성하기 위한 최소한 하나의 구체적 활동 단계로 전환시킨다. **자기 계약(전략 24)**은 이전에 자세하게 기술하였다.

전략 39~41: 서면 자기 반성 전략

대부분의 가치명료화 전략은 상담 회기나 집단 중에 일어나는 일이고, 내담자나 집단구성원들의 상당히 즉흥적이고 언어적인 반응을 포함한다. 많은 활동에서 내담자가 자신의 **가치 목록(전략 1)**을 작성하거나 부호화할 때 또는 집단구성원들이 선호도에 따라 **순위 정하기(전략 2)**를 할 때 약간의 쓰기와 생각하기를 포함하게 된다. 그러나 이것은 참가자가 시간을 가지고 자신의 생각과 느낌을 적는 정식 글쓰기(extended writing)와는 상당히 다른 것이다. 정식 글쓰기와 사고 기술은 가치명료화의 주요한 도구이다. 옛날의 서간 대서인과 일지 기록원들의 예에서 보듯이, 쓰기와 생각하기는 즉흥적인 반응이나 의사소통보다 그런 양식들의 가치만큼 더 깊은 통찰과 한층 풍부한 표현으로 이끈다.

이처럼 쓰기를 통해 훨씬 깊은 사고를 하도록 촉진하는 세 가지 전략은 가치 카드, 일기 그리고 저널이다.

39. 가치 카드

가치 카드(values card)는 개인상담보다는 집단 전략에 더 가깝다. 상담자는 집단구성원들에게 4×6 색인 카드 한 묶음을 주거나 구매하라고 요청한다. 집단 모임 중에 집단구성원들에게 약간의 시간을 내어, 카드 묶음 가운데 하나에 집단 상담을 하는 과정에서 떠오른 집단의 주제나 화제에 대해 자신들이 가지고 있는 생각이나 느낌을 적어 보라고 한다. 한 문장으로 쓸 수도 있고, 카드의 양면에 가득 적어도 된다. 그러나 적는 내용은 실제적이고 자신들에게 의미 있는 것이어야 한다. 그리고 그것은 자신들이 높이 평가하고 소중히 여기며, 자신의 신념과 의견, 삶의 선택, 통찰 목적, 관심사에 대한 것을 반영하는 것이어야 한다. 자신의 가치 카드에 적은 것은 자신의 생각이나 자유 연상에서 나올 수도 있고, 아니면 자신들에게 일어난 일이나 어딘가에서 읽은 것 또는 텔레비전에서 본 것에 대한 반응일 수도 있다. 비록 대부분 자신들을 산문으로 표현하겠지만, 정말 하고 싶다면 카드에 시를 쓰거나 그림을 그리거나 붙이고, 그 의미를 설명할 수도 있다. 참가자들은 자신의 이름을 카드에 적어야 한다.

나아가 상담자는 각 가치 카드를 다음 회기에 자신이 읽을 것임을 설명해 둔다. (어떤 상담자는 각 카드에 가치-명료화 질문을 하거나 코멘트를 달아 주는 것을 좋아한다. 이 경우도 그렇게 하겠다고 설명해야 한다. 이것은 상담자와 각 개별 구성원 간에 관계를 형성하거나 확장해 나가는 방법이다.) 상담자는 또한 다음 회기를 시작할 때 몇 가지 카드를 골라서 전체 집단에 읽어 준다. 자신의 카드를 읽지 않기를 원하면, 카드에 간단하게 "집단에서 읽지 마세요."라고 적으면 된다. 이것은 존중되어야 한다.

만약 집단구성원들이 집단 회기 사이에 가치 카드 작성하는 것을 싫어한다면, 참가자에게 각 회기를 시작할 때나 마칠 때 작성하도록 한다. 4×6 색인 카드가 처음부터 꼭 있어야 하는 것은 아니다. 5×7 카드나 반 장의 종이를 사용해도 된다. 그러나 4×6 카드를 선호한다. 왜냐하면 이것은 집단구성원들에게 더 큰 종이를 주었을 때만큼 위협적이지 않고, 내용을 읽는 시간이 적당하고, 다루기가 쉽기 때문이다.

가치 카드는 집단구성원들이 쓰기를 통하여 자신의 가치명료화 과정을 더 깊게 경험하는 기회를 제공할 뿐만 아니라, 다음의 집단 모임을 시작하는 데 흥미와 사고를 불러일으키는 방식을 제공하며, 그들의 내적 관찰과 관점을 존중한다는 것을 보여 준다. 상담자는 어떤 것은 동의하지 않더라도, 모든 정직한 표현은 집단에서 가치 있게 여긴다는 점을 전달하기 위해 시간을 두고 모든 집단구성원의 카드를 읽도록 한다(만약 이들이 안내를 따르면, 상담자와 집단은 안전하고 존중하는 의사소통을 형성하게 될 것이다).

나는 종종 어떤 참가자가 자신은 상담자나 다른 집단구성원들에게 직접 말하는 것에 대해 불안감을 느낀다고 가치 카드를 통해 나에게 말하는 경우를 보아 왔다. 때로 이것은 외롭거나 소외되었다고 느끼는 집단구성원과 대화를 만들어 내는 수단이 되었고, 그의 카드에 대해 반응하거나 집단에서 그 카드를 읽음으로써 그를 집단에 포함시키거나 다시 포함시키도록 하는 데 성공할 수 있었다(Kouzes & Posner, 2010).

▌40. 가치 일기

가치 일기(values diary)는 **가치 카드**보다도 쓰기와 생각하기를 훨씬 크게 확장시킨다. 또한 이것은 내담자나 집단구성원에게 자신의 정체성과 가치 발달 및 개인적 표현을 형성하고 유지하도록 축적된 정보를 제공한다.

상담자는 내담자나 집단구성원에게 일기나 노트북을 나누어 주거나 구매하도록 요청한다. 매일의 사건을 기록하는 일기처럼, 가치 일기는 상담이나 심리교육 집단의 주제와 관련된 자료를 기록하는 데 사용될 수 있다. 예를 들면, 내담자나 집단구성원에게 다음과 같은 것을 기록하라고 요청할 수 있다.

- 매번 자신이 술이나 마약 사용을 유혹받는 시간(**회복**)
- 당신이 일주일 동안 만나는 사람들의 직업(**진로**)
- 당신이 2주에 걸쳐 하는 모든 종류의 일(**일**)
- 매번 자신의 파트너와 칭찬이나 감사함을 서로 주거나 받는 시간(**부부**)
- 작거나 많거나 상담 회기 사이에 지출한 모든 비용(**돈/재정 관리**)
- 성관계를 하는 각 시간과 장소, 시각, 방법 및 만족도(**성**)
- 당신이 2주 동안 먹고 마시는 모든 것(**건강/다이어트**)
- 당신이 신이나 종교를 생각하는 모든 순간(**종교/영성**)
- 당신이 상실이나 비통을 느끼는 모든 순간(**상실**)
- 당신이 젊거나 나이가 들지 않았다고 느낄 때(**노화**)

유사하게, 분노관리에 대한 치료 장면에서 작업하고 있는 내담자는 자신이 분노를 느낀 시간과 그때 자신이 무엇을 했는가에 대해 기록할 수 있다. 성 중독 집단에 있는 내담자들은 자신이 자위를 하거나 포르노 잡지를 보고 싶은 충동을 느낄 때마다 그 시간을 기록할 수 있다.

가치 일기에 이런 자료를 기록하는 시간의 길이는 다양한데, 하루에서부터 일주일 또는 상담이나 집단 회기 사이를 포함해 상황에 따라 적절하게 사용한다. 이 일기는 조만간 개인이나 집단 장면에서 통찰에 이르게 하고, 앞으로 작업을 할 수 있는 중요한 정보를 축적하게 된다.

▌41. 가치 저널

가치 카드 및 가치 일기와 더불어 가치 저널(values journal)은 내담자나 집단이 집단 내에서나 일상생활에서 떠오른 집단의 주제나 화제에 관해 자신이 생각하거나 느낀 것을 기록하는 데 사용할 수 있다. 그러나 가치 일기와 달리 적는 내용의 길이에 제한이 없고, 그 내용은 자료 그 자체에 초점을 맞출 필요가 없다. 오히려 여기에 기재할 사항은 그들이 높이 평가하거나 소중히 여기는 것, 자신의 느낌과 신념, 의견, 생애 선택, 통찰, 목적, 관심사에 관한 것을 반영하는 것들이다. 가치 저널은 반성과 통찰, 조망과 궁금함을 탐색하는 기회를 제공한다. 내담자나 집단이 적는 것은 사실이어야 하고 자신들에게 의미가 있는 것이어야 한다. 가치 카드와 마찬가지로, 산문을 쓰거나 영감을 받았다면 시를 쓰거나 그림을 그릴 수도 있다.

가치 저널은 구체적인 화제일 수 있다. 예를 들면, 부부 저널이나 영적 저널의 경우, 적어 넣는 내용이 그 상담이나 집단의 주제에 관한 것이다. 또는 일반적인 화제일 수도 있다. 여기서는 내담자나 집단구성원이 가치를 풍부하게 하는 어떤 화제나 관심이 가는 영역에 대한 것을 쓰면 된다.

어떤 상담자는 그냥 내담자나 집단구성원들에게 일기나 저널을 계속 유지하면서 원하는 대로 자유롭게 기록하고, 원한다면 때때로 상담자와 공유할 것을 권장한다. 어떤 상담자는 이 전략을 가치 카드처럼 구조화하기를 원해서 참여자들이 일기나 저널을 계속 작성하게끔 기대(어떤 경우에는 요구)를 만들어 낸다. 가치 일기는 집단 토론이나 활동에서 사용되고, 상담자는 주기적으로 그 일기를 모아서 읽고, 향후 집단구성원과의 개인적 의사소통 수단으로 사용한다.

CHAPTER

07

타라의 사례

직업의 덫에 빠진 여성

타라는 직업이라는 덫에 걸린 것 같았다. 현재 직장에서 20년 동안 일을 했고, 좋은 직책에 상당한 월급과 혜택을 받았으며, 안정적인 연금 패키지를 받으며 8년 내에 정년퇴직할 수 있었다. 그런데 그녀의 일은 의미가 없어졌고, 충분히 자극적이지도 않고, 흥미조차 없게 되었다. 그녀는 회사에서 보통 이상의 업무 수행 능력을 보였지만, 스스로는 마지못해 하고 있는 것처럼 느꼈다. 현재 상태로 8년 더 근무를 한다고 생각하니 약간의 우울증도 왔다. 그녀의 남성 상담자는 임상적으로 우울한 것은 아니지만, 그녀가 현재의 삶에 매우 불행해한다는 것을 들었다.

명료화 면접(5장)의 과정을 따라 하면서, 일단 타라의 딜레마를 확인하고—"나는 직장에 끼어 있어서 직장을 떠나거나 극복할 방법을 찾아야 해요."—그녀와 상담자는 가능한 대안을 찾는 데 2회기를 보냈다. 상담자가 지각한 타라는 선택권을 가진 재능 있는 여성이었다. 직업세계에 대한 자신의 지식을 바탕으로 상담자는 그녀가 다른 고용주들에게도 매력적일 수 있고, 자신의 사업을 할 수도 있으며, 아니면 그저 약간의 재훈련을 통해 다른 분야에서 성공할 수도 있다고 생각했다. 그러나 대안을 탐색하면 할수록 타라가 안전성을 얼마나 가치 있게 여기는지가 분명하게 드러났다. 그녀의 현재 직업은 현재와 미래의 물질적 필요를 충족시키고 있었으며, 이것을 위험하게 만들고 싶어 하지 않았다. 게다가 그 지역에서 나이 드신 부모를 포함해서 가족들과 같이 살기에 그녀는 이사를 고려할 수 없었다. 이 때문에 그녀의 직업과 진로 선택권은 제한되었다. 대안과 결과를 탐색하면 할수록, 두 사람은 타라가 삶의 중요한 측면에서 자유로운 선택을 하지 못함을 분명하게 알게 되었다. 타라는 부분적으로는 자신이 만든 감옥에 갇혀 있었다.

상담자: 매우 낙담한 것 같아요. 나라도 불행할 것 같아요. 만약 내가 탈진을 할 정도로 직업의 덫에 걸린 것 같으면…….

내담자: 낙담스러워요. 그렇지만 그렇게 살아가는 법을 배워야 할 것 같아요.

상담자: 어떻게 그렇게 살아갈 수 있는지에 대해 이야기해 봅시다. 당신이 여기에 정착을 한다고 생각해 보죠. 당신은 은퇴할 때까지 현재 직업을 계속 가지겠지요. 끝. 의사결정이 이루어졌네요. 언제라도 그 결정을 번복할 수 있습니다. 그러나 지금은 분명히 대안들을 생각해 보았고, 어떤 대안도 현재 직장에 있는 것보다 더 나아 보이지가 않는군요. 맞나요?

내담자: 맞아요. 지금 덜 나쁜 것을 선택하는 것 같아요.

상담자: 좋아요. 그러면 그렇게 결정—아마도 현재 회사에서 앞으로 8년을 일할 것이라는 것—을 한다면 현재 지점에서 선택 사항은 무엇인가요?

내담자: 선택 사항요? 이해를 못 하겠어요…….

상담자: 자, 당신은 그 직장에 그냥 있을 거예요. 그것을 어떻게 다루어 가겠습니까?

내담자: 내가 무슨 선택권이 있지요? 그저 견뎌 내는 것이지요.

상담자: 그것도 분명히 하나의 대안이지요—견디다. 사실, 견딘다는 주제 밑에는 무수히 많은 선택권이 있습니다. 그저 불행할 수도 있고, 더 끌고 나가서 우울할 수도 있고, 아니면 심지어 완전히 조각나서 쇠약하게 될 수도 있어요.

내담자: (웃음) 내가 그렇게까지는 안 될 거예요.

상담자: 좋아요. 그러나 견딘다는 것은 분명히 하나의 대안이지요. 그러나 잠깐 견딘다는 것을 옆으로 밀쳐 두어 봅시다. 당신 앞에 다른 대안들이 있나요?

내담자: 그 상황에서 나름대로 잘 대처하는 것을 말하나요?

상담자: 예, 그런 것이죠.

내담자: 좋아요. 나는 이 상황에 나름대로 잘 대처할 수 있을 것 같아요.

상담자: 어떻게 그렇게 할 수 있나요? 어떤 다른 방식으로 상황에 잘 대처할 수 있나요?

내담자: 일하는 것을 좋아하는 것?

상담자: 그것도 한 선택권이지요. 일하는 데서 최선의 결과를 내도록 노력하는 것. 다시 돌아가서 그것을 탐색해 보기 전에, 일하는 것 말고, '최선을 결과를 내는 것'을 도울 수 있는 다른 방법들을 생각해 볼 수 있나요?

내담자: ……글쎄요. 일하지 않을 때 내 시간을 잘 활용하는 것?

상담자: 좋아요. 그것은 우리가 탐색해 볼 수 있는 두 번째 방향이네요. 이런 나쁜 상황이 마음에 떠오르는 것을 잘 활용할 수 있는 다른 방안이 있나요?

내담자: 아뇨, 없어요. 그저 일할 때와 일하지 않을 때가 있어요. 이것을 살펴보는 다른 방법이 생각이 나지 않아요.

상담자: 생각해 볼 수 있는 세 번째 방법을 이야기해 드릴까요?

내담자: 좋아요.

상담자: 아마도 일하는 시간을 최소한으로 지키고, 일하지 않는 시간을 최대한으로 만들어 보는 방법을 생각해 볼 수 있나요?

내담자: 그래요. 어…… 생각해 보면…….

상담자: 그 방법에 대해서는 확신할 수 없군요.

내담자: 아니요…… 모르겠어요. 몇 가지 쟁점들을 생각할 수는 있어요. 그러나 그것에 대해 생각해 보는 것도 가치가 있을 것이라고 생각은 해요.

상담자: 좋아요. 견디기 외에 또 다른 것—견디기 대신이나 추가하여 이 상황에서 좋은 결과를 가져오는 세 가지 대안적 접근방법을 가지고 있네요—일하고 있는 동안, 일하지 않을 때, 일하는 것과 일하지 않는 것의 균형을 맞추는 것이네요. (타라는 동의한다는 뜻으로 고개를 끄덕거린다.) 이런 것을

탐색해 보겠습니까?

내담자: 좋아요. 해 보아요.

상담자: 먼저 해 보고 싶은 것이 있나요?

내담자: 없어요. 아마도 내가 일하지 않을 때.

상담자: 좋아요. 거기서부터 시작하지요…… 이제 일하지 않는 삶에서 가장 좋은 결과를 이끌어 내는 주제에 대해 들어가 보는 데 도움이 되는 짧은 활동을 제안하려고 합니다. 그것은 '내가 일하지 않을 때 정말 하기 좋아하는 것 20가지'라고 부릅니다. 이 종이를 잡으세요. 이렇게 절반으로 나눌 것입니다. (중간에 위에서부터 아래로 선을 긋는다.) 됐나요? 그 종이 왼쪽에 할 수 있다면 일 외에 당신이 정말로 좋아하거나 사랑하거나 즐기고 싶은 것 20가지의 목록을 만들어 보세요. 그것은 큰 일일 수도 있고, 작은 일일 수도 있습니다. 단지 그 일을 하는 것을 정말 좋아하는 것이어야 합니다. 다른 사람을 포함할 수도 있고, 그렇지 않을 수도 있어요. 이해했나요? 좋아요. 마음에 떠오르는 대로 좋아하는 것을 순서에 관계없이 적어 보세요. 당신이 적는 개인적인 것들을 보지는 않을 것입니다. 그러니 편안하게 자신이 원하는 것을 적으면 됩니다. 당신이 적는 동안, 나는 다른 것을 하고 있겠습니다.

(내담자가 작업을 하는 동안, 상담자는 내담자가 자신의 목록을 다 만들었을 때 어떤 코딩 질문을 할 것인가에 대해 생각한다. 잠시 후, 상담자는 타라가 그 페이지의 3/4 정도나 15개 항목 정도를 쓰고서 멈췄다는 것을 알았다.)

상담자: 잘 되어 가고 있나요? 보니까 꽤 적었네요. 정확하게 20가지를 적었는가 하는 것은 중요하지 않아요. 그런데 때로 그 일을 함께 하고 싶은 친구나 정말 가고 싶은 장소를 함께 생각해 보면 더 많은 아이디어를 얻는 데 도움이 되었어요.

(잠시 더 기다린다.)

상담자: 좋아요. 이제 충분히 멋진 목록을 만들었네요. 그것을 가지고 이야기해 봅시다. 그 종이의 오른쪽 절반을 네 칸으로 나누세요.

(그러고 나서 상담자는 타라에게 자신의 목록을 분류해 보라고 말한다.

혼자 하기를 좋아하는 것(A), 다른 사람들과 함께하기를 좋아하는 것(P), 그 일을 하는 데 어느 정도의 비용이 소요되는지($), 은퇴할 때까지 8년 동안 그녀가 정말로 하고 싶은 생각이 드는 것들(8), 은퇴 하고 나서 한참 뒤인 다음 20년 동안 자신이 정말로 하고 싶은 것(20), 각각을 해 본 마지막 시기(일, 월 등)

상담자: 자, 이 목록을 만들면서 어떻게 느꼈나요? 당신이 일 이외에 정말 하고 싶은 것들의 목록을 보면, 어떤 느낌이나 생각이 드나요?

내담자: 글쎄요. 어디서부터 시작해야 할지 모르겠어요. 처음에는 어려웠어요. 그런데 여러 가지 일이 머릿속에 왔다 갔다 하더니 많은 생각이 나에게 떠올랐어요. 그러다가 다시 어려워졌어요. 그런데 내가 그것을 보면? 흥분되고…… 슬프고…… 다시 흥분돼요.

상담자: 여러 가지 느낌이 있군요…….

내담자: 예.

상담자: 그 느낌들에 대해 좀 더 말해 줄 수 있나요?

내담자: 그래요. 이러한 것들에 대해 생각하는 것은 재미있기 때문에 흥분을 느껴요. 나는 그런 일들을 정말로 좋아하고 사랑하거든요. 그래서 그런 일을 하는 생각을 하면 매우 즐거워요. 나에게 즐거움을 불러일으켜요. 행복한 생각이란 뜻이에요. 일 밖에서의 내 삶은 좋은 것, 이런 활동으로 가득 찬 것으로 그려 볼 수 있어요.

상담자: 당신은 '이것이 좋은 삶이야.'라고 느끼는군요.

내담자: 예, 일 밖에서요. 그렇지만 지겨운 일을 하루나 일주일 정도 하고 나면, 이런 것들이 그렇게 재미있는 것 같지 않다고 걱정을 할 것 같아 겁이 나요. 너무 피곤하고 지쳐서 이런 것들을 할 수 있는 에너지가 없을 거예요. 그러면 나는 슬퍼요…….

상담자: 슬프다?

내담자: 슬퍼요. 왜냐하면 이런 것들 그리고 아직 생각해 보지 않았던 그 외의 것들이나, 내가 참여하고 싶은 새로운 것들을 할 수 있기를 바랐는데, 나는 일하느라고 모든 시간을 낭비하고 있다는 생각 때문에 슬퍼요.

상담자: 그러니까 당신이 정말 좋아하는 것과 현재 직장에서 자신의 모습을 대비

해 보니 좌절감을 느낀다는 거네요.

내담자: 예…… 그런데 '좋아. 괜찮아. 모든 시간을 이런 식으로 살 수는 없어. 그러나 저녁과 주말, 휴가 시간에는 이런 것들을 할 수 있잖아. 정말 기대가 되는데'라는 생각에 미치니까 다소 흥분이 돌아왔어요.

상담자: 그래서 비록 인생에서 이런 것들을 더 많이 하면서 시간을 보내고 싶지만, 삶에서 어느 정도는 그렇게 살 수 있다는 것을 아니까 기분 좋게 느껴지는군요.

내담자: 맞아요. 그래요.

상담자: 그 목록에서 약간 물러나서, 이 활동을 해 보니까 은퇴할 때까지 현재 직업에 남아 있겠다는 결정에 대해 어떤 느낌을 가지게 되나요?

내담자: [잠시 생각한다.] 그 결정을 굳힌다고 말할 수 있네요. 조금 더 강하게 만드는 것 같아요.

상담자: 좋아요. 그 경우에 내가 궁금한 것이 있어요. 일하지 않는 시간에 정말 하고 싶어 하는 이런저런 활동들을 하기 위해 당신이 해야 할 필요가 있거나 하고 싶은 것이 있나요? 무슨 말인가 하면, 당신이 일하지 않는 시간을 이미 이런 것에 [그녀의 목록을 가리키며] 사용하고 있는지, 그냥 저절로 일어나는 것인지, 아니면 자신이 일하지 않는 시간이 자신이 바라는 대로 될 수 있도록 이제 어떤 결정이나 변화를 만들 필요가 있는 것인지를 물어보는 것입니다.

내담자: 이것들 가운데 몇 가지는 지금 할 수 있어요. 그러나 내가 더 많이 하고 싶은 몇 가지가 있어요. 그리고 알다시피, 내 시간 전부를 내가 정말 하고 싶은 것에만 쓸 수는 없어요. 회사 일 이외에도, 허드렛일과 집안일도 있고 여러 가지 잡무도 있어요. 내가 정말 좋아하는 것은 아니지만 가족 부양도 있고…….

상담자: 알겠어요. 일 이외에 당신이 시간을 사용하는 방법 세 가지를 들었네요. 생활과 가정을 유지하기 위한 집안일, 자신이 해야 하는 가족 부양 그리고 자신이 정말 하고 싶은 것을 할 수 있는 자유 시간으로 되어 있네요.

내담자: 맞아요.

상담자: 또 다른 시간 사용 방법이 있나요?

내담자: 다른 것은 생각이 나지 않아요.

상담자: 그러면 이제 이 세 가지 영역을 자세히 탐색해 보고, 이들 사이에 균형 잡는 것도 살펴볼까요?

내담자: 그렇게 하는 것이 맞을 것 같아요.

상담자: 좋아요. 그런데 시작하기 전에, 숨을 한번 깊이 쉬어 보세요. 지금 어떻게 느끼나요?

본 회기와 이어지는 회기들을 통해, 상담자와 타라는 어떻게 허드렛일을 더 효과적으로 할 수 있는지, 어떤 가족 의무를 더 확실히 해 두고 싶고, 어떤 것은 줄이거나 같이 할 것인지, 자유 시간을 집에서 빈둥거리는 대신에 자신이 정말 하고 싶은 일에 더 많이 쓸 것인지 등과 같은 비일과 시간의 화제를 계속 탐색했다. 그러고 나서 타라의 삶의 질을 높일 세 가지 주된 대안 가운데 남은 하나—일과 시간과 비일과 시간의 균형을 변화시키는 것—로 돌아가서 이야기를 했다. 어떤 지점에서 상담자는 타라에게 다음과 같이 물었다.

상담자: 둘 중 하나인가요? 풀타임으로 일을 하느냐 아니면 은퇴하느냐?

내담자: 무슨 말인지 모르겠어요.

상담자: 예를 들면, 당신 회사에 파트타임, 유연근무, 재택근무 또는 다른 근무 형태로 일하는 사람이 있느냐는 것입니다.

내담자: 아, 알겠어요. 파트타임은 모르겠어요. 내가 알기로는 대행사의 경우 임시직은 있어요. 그러나 그것은 다른 것이에요. 그리고 절반 이하로 일을 하면 혜택을 못 받는 것으로 알고 있어요. 그것을 감당할 수 없어요. 그렇지만 20시간, 40시간 또는 5일 대신 4일간 일하거나 집에서 일하는 사람도 있나요? 모르겠어요.

이것은 타라가 5년간 정규직으로 일을 하고, 그다음에 6년차에 3/4시간을 일하는 계획을 내고, 7년차에는 절반을, 8년차에는 1/4시간을 일하는 단계적 축소 계획을 제시할 것인지에 대한 연구와 문제 해결책을 찾아보는 것으로 이어졌다. 그다음에 다시 첫 번째 대안—타라가 직장에서 자기 시간 동안 가장 좋은 결과를 끌어내고, 일하는 것을 덜 지겹게 할 수 있는지에 대한 방안—으로 돌아왔다. 이것은 타라 자신이 제시한 것과 상담자가 제안한 두 가지 방법을 통해 매우 현실적인 아이디어를 만들어 냈다. 이것은 곧 타라가 직장에서 할 수 있는 행동계획으로 이어졌다. 여기에는 직장에서 일하는 시간을 더 흥미롭게 만들 수 있는 새로운 도전 과제를 제공하기 위해 상관에게 직무 분담에 약간의 변화를 요청하는 것이 포함되었다.

▌명료화 면접에 대한 논평

이 사례는 가치명료화 상담과 일반적 상담에 대한 현실적 그림을 보여 준다. 이것은 늘 할리우드식 결말을 가져오지는 않는다. 대안들에 대해 상당히 탐색한 다음, 타라는 자신의 불만족스러운 직장을 떠날 수 있게 할 정도로 기꺼이 실행해 보고 싶은 선택 사항이 없었다. 그녀는 상담이 막혀서 낙담스럽다고 느끼기 시작했고, 2회가 더 지난 다음에도 마찬가지였다. 때때로 상담자는 타라와 작업하는 데 좌절감을 느끼고 있었다. 위험을 감수하려 하지 않고, 안전에 대해 높은 욕구를 가지고 있는 타라와는 상당히 다르게 상담자는 물질적 안전보다 삶의 만족을 더 높이 보는 위험 감내도 및 가치 체계를 가지고 있었다. 이때 상담자는 재빨리 이것은 타라의 삶이지 자신의 삶이 아니며, 재정적인 안전이 그녀에게 중요하다면 그렇게 하는 것이 당연하다는 것을 상기해 냈다. 그는 타라의 위험 감내도와 가치 체계를 포함하여 그녀를 있는 그대로 수용하고, 그녀가 할 수 있는 한 많이 자신의 삶을 꾸려 가도록 계속 지지했다.

그 지점에서 가치명료화는 타라가 자신의 현재 직업에서조차도 중요한 선택권이 있다는 것을 인식하도록 돕는 데 효과적이었다. 일 이외의 삶을 풍요롭게 하는 것, 현재 직무 분장 그리고 일하는 것과 일하지 않는 것의 균형에 대한 대안들을 탐색하고 평가함에 따라 타라는 자신의 삶을 스스로 통제하기 시작했으며 미래에 대해 보다 낙관적이 되었다. 이제 그녀는 자신의 가치 지표에 따라 삶을 살아가며 자신이 할 수 있는 가능한 많은 것들을 이루어 가기 위한 계획을 가졌다.

나는 이 사례를 검토하면서 상담자가 때로는 내담자의 느낌과 관점을 이해하고 전달하기 위해 최선을 다하고 있는 인간중심상담자처럼 보이고, 또 때로는 상담자가 마치 자신이 이끄는 목적지가 있는 것처럼 내담자에게 심문을 할 때는 다소 법률가처럼 보였다는 점에서 깜짝 놀랐다. 그러나 이것은 본 면접에 대한 정확한 묘사는 아니다. 상담자는 타라를 특별한 목적지로 이끌려고 하지 **않았다**. 그들 모두에게 타라의 결정이 자신의 현재 위치에 남아 있으려고 하는 것임이 분명해졌을 때 상담자는 그것을 받아들이고, 타라가 최상의 것을 얻을 수 있도록 지지했다. 또한 그녀가 일하지 않는 시간에 최대한의 것을 얻어 내고, 현재 직업에서 약간의 도전을 시도해 볼 수 있는 방법을 탐색해 보기 시작할 때, 상담자는 그녀가 이런 것을 해야 한다는 특별한 방식 같은 것이 없었다. 그러나 타라에 대해 특별한 결과를 마음에 두고 있지는 않았지만, 그는 마음에 어떤 **과정**을 가지고 있었다. 그는 목적지보다 그 **여행**에 더 많은 관심을 가졌다. 이 여행은 목적과 우선순위를 정하고, 대안을 고려하며, 찬성과 반대를 평가하고, 자유로운 선택을 하고, 그 선택들을 시도하는 활동 계획을 세우는 것이었다. 상담자는 확실하게 그 여행에서 타라를 안내하였고, 그녀는 의지를 가지고 적극적인 파트너로 그 과정에 참여하였다.

상담자가 내담자에게 명료화 면접 과정을 거치도록 성공적으로 안내할 수 있는가의 여부는 두 가지 주된 요소에 달려 있다. 첫째는 상담자가 자신의 아이디어나 해결책을 내담자에게 강요하는 것이 아니라, **자신의** 답을 찾도록 상담자가 지지하고 있다는 것을 내담자가 신뢰하는가에 달려 있다. 둘째, 상담자가 명료화 과정의 촉진자로서 역할에 충분한 기술을 가지고 있느냐 하는 것이다. 상담자의 질문은 편중되어 있지 않은가? 즉, 어떤 정답을 암시하지 않는 자유로운 것인가? 그 질문은 내담자에게 흥미 있고, 현재 탐색하고 있고 탐색하기를 원하는 것과 관련되어 있는가? 상담자는 충분한 공감적 이해를 전달하고 있는가? 상담자는 독점하는 것을 피하고 있는가? 상담자는 자신이 다시 말하기 전에 내담자에게 충분히 생각할 시간을 주고 있는가? 상담자는 들어 주는 것이 질문을 하는 것보다 더 유용한 때를 알아차리고 있는가? 상담자는 언제 면접을 앞으로 진전시키기에 적합한 시간인지 또는 언제 이전의 단계로 돌아가는 것이 더 나은 시간인지를 정확하게 판단하고 있는가?

이러한 것들은 항상 원고에 분명하게 나와 있지는 않다. 그러나 이 사례에서 상담자는 분명하게 자신의 목적을 타라에게 강요하기보다는 그녀가 진행하는 속도대로 지지하려는 자신의 동기를 충분히 진지하게 보여 주었다. 또한 상담자는 타라가 이 여행에 기꺼이 그리고 능력껏 참여할 수 있도록 가치 명료화 질문을 하는 데 충분히 유능하였음을 보여 주었다.

그리고 그는 타라와 합류하였다. 그들은 춤을 추는 파트너 같았다. 내담자는 상담자가 마음에 두고 있는 명료화 과정—목적, 대안, 결과 등—에 대해 상담자를 기꺼이 따르고자 했다. 그리고 내담자가 자신의 느낌 및 우선순위와 접촉할 때, 그녀가 자신의 것과 상담자가 제안한 것을 수용하거나 거부할 때, **그녀가** 자신이 어디로 가기를 원하는지 표시할 때 상담자는 기꺼이 그녀를 따랐다. 음악이 멈췄을 때, 내담자는 새롭고 더 나은 장소에 있었다.

CHAPTER 08

내담자와 전략, 가치 그리고 도덕적 갈등을 다루기

전략, 가치, 도덕적 갈등

앞서 이야기하였듯이, 가치명료화 상담자가 자신의 가치를 내담자에게 덧씌우는 것을 피하는 주된 방법 가운데 하나는 내담자와 집단구성원들에게 **비판단적 수용**의 자세로 반응하는 것이다. 상담자는 내담자가 말한 것에 대해 수용이나 거부를 하지 않고, 또 다른 행동 과정의 관점에서 내담자나 집단구성원을 설득하려고 하지도 **않는다**. 상담자는 내담자가 자신의 느낌, 목표, 선택 그리고 행동을 보다 깊이 탐색하기 위해 7가지 가치화 과정을 사용하는 데 참여할 수 있도록 또 다른 명료화 질문을 사용한다. 상담자는 자신이 내담자와 동의하는지 또는 내담자의 선택과 가치에 대해 갈등을 느끼는지에 대해 이 양식을 따른다. 그러나 다음 질문이 자연스럽게 떠오른다. 이 절차는 100% 시간 내내 그래야 하는가 아니면 **상담자의 비판단적 수용에는 예외나 제한이 있는가?**

분명히, 여기에는 예외나 제한이 있다. 일단, 상담자와 심리치료사가 일을 하는 전문직의 윤리와 법적인 규칙에 맞추어, 상담자와 심리치료사는 내담자가 신체적으로 자신이나 타인을 해칠 위험이 보인다면 여기에 개입하거나 알릴 의무가 있다. 또한 상담자는 자신과 내담자 그리고 지속되는 전문적 관계의 편안함과 보호를 위해 그리고 상담 사무실의 효율적 기능을 위해 상담 관계 내에서 또는 주변에서 한계와 규칙 그리고 지침을 정해 두어야 한다.

신체적 위해나 파괴적 행동을 피하도록 조치를 취하고, 한계를 정하는 것이 하나라면, 내담자가 자기 파괴적 결정을 하는 것을 비판단적으로 수용하는 것은 또 다른 하나이다. 상담자는 옆에 서서 그것이 일어나도록 가만히 있어야 하는가? 타인이나 사회에 해를 끼치는 것은 또 다른 것이다. 만약에 신체적 손상이 포함되지 않는다면, 상담자는 이것 또한 수용해야 하는가? 보다 일반적으로 질문하자면, 상담자의 전문적 판단이나 상담자 자신의 도덕적 가치나 윤리 조항과 갈등을 일으키는 관점에서 볼 때 내담자가 사려 분별없이 어떤 관점을 표현하고, 의사결정을 하고, 행동에 대해 숙고하거나 말할 때 무엇을 해야 하는가?

전문적 윤리 코드는 한계에 관한 지침을 제공한다. 모든 미국상담학회(American Counselling Association, 2005) 윤리 조항은 가치 주제에 대해 "해로움을 피하고 가치를 부과하는 것"이라는 제목하에 A.4절에 기초하고 있다고 말한다.

> A.4.b. 개인적 가치. 상담자는 자신의 가치와 태도, 신념과 행동을 자각하고 있으면서 상담 목적과 불일치하는 가치를 부과하는 것을 피해야 한다. 상담자는 내담자, 피훈련자 그리고 연구 참여자들의 다양성을 존중해야 한다(pp. 4-5).

상담 목적과 불일치하는 가치를 부과하는 것을 피하라는 의무 규정은 상담 목적과 일치하는 가치는 부과하는 것을 허용한다는 것을 시사한다. 그렇지 않다면, 이 강령은 '가치를 부과하는 것을 피하라'고만 지시했을 것이다. 혹자는 어떤 상담 접근법도 어떤 가치를 부과하지 않는다는 것은 불가능하기 때문에, 저자들이 일부러 그랬다고 가정해 볼 수도 있다. 나는 이 쟁점 사항에 대해 11장의 '가치명료화는 가치 중립적이며 가치 중립적이지 않다'와 '가치명료화의 다문화적 양상'이라는 절에서 상세히 다루었다. 현재로서는 가치명료화를 사용하는 상담자가 내담자와 전문적 판단과 가치 및 도덕성에 갈등이 있을 때 어떻게 이 접근법을 실행하는지에 초점을 맞추고자 한다.

세 가지 사례를 생각해 보자. 첫 번째 사례에서 내담자는 직장에서 지루함을 느끼고, 일을 그만두는 것을 심각하게 고려하고 있다. 상담자인 당신이 내담자에 대해 아는 모든 것에 기초하여 볼 때, 내담자의 직장은 내담자의 직업 만족도와 재정적 안전이라는 목적과 요구를 상당 부분 채워 주는 매우 좋은 직업이며, 직장에서 겪는 지루함은 어떤 곳이라도 처음의 신기함이 사라지고 나면 나타날 수 있는 것이고, 직장을 그만두기보다는 현재 상황을 개선하거나 견디는 것이 훨씬 현명할 것으로 보인다. 이 사례에서 당신과 내담자는 **전략적 이슈**(strategic issue)에서 서로 다른 판단을 하고 있다. 이것은 가치 갈등이 아니다. 그러나 내담자가 직업을 바꾸는 쪽으로 기울어져 있는 것은 이러한 가치를 획득하기 위해 잘 생각한 결과로 나온 선택이 아니라는 생각이 당신에게 든다.

같은 상황에서 당신과 내담자 사이에 **가치 갈등**(values conflict)이 있을 수 있다. 내담자가 자신의 두 자녀가 대학에 다니도록 등록금을 지불해 주고 있다고 해 보자. 그리고 현재는 높은 실업 시대여서 충분한 급여를 주는 또 다른 직장을 곧바로 구하기가 쉽지 않고, 새로운 일자리를 곧 구하지 않으면 자녀 가운데 한 명은 학교를 중퇴해야만 한다고 가정해 보자. 이것이 당신의 상황이라면, 당신은 이 상황을 어떻게 다룰지 안다. 당신은 새 직장에서 얻을 수 있는 작은 만족의 증가보다는 자녀의 교육을 우선시할 것이다. 이 사례에서 직업 만족보다는 가족에 대한 책임을 앞에 두지만, 내담자는 이것들을 정반대 순으로 생각하고 있는 것으로 나타났다고 하자. 당신은 내담자가 틀렸다고 말할 수는 없다. 어쨌거나 내담자는 자신의 우선순위를 내세울 권리가 있다. 그러나 상담자는 내담자가 선택한 가치를 수용하는 데 어려움을 겪게 된다.

상담자가 내담자와 가질 수 있는 전략적 차이와 가치 갈등을 넘어서 **도덕적 또는 윤리적 갈등**(moral or ethical conflicts)이 있을 수도 있다. 도덕적 및 윤리적 쟁점은 타인들의 권리와 복지에 영향을 주는 중대한 문제이다. 예를 들면, 자신의 직업에 다소 지루함을 느끼는 내담자가 결혼을 했는데, 그의 아내는 결혼 초기에 남편이 대학원을 졸업할 때까지 도와주었다. 그러다가 이제는 아내가 직무 기술과 고용 가능성을 높이기 위해 대학에 다니고 있는 경우를 생각해 보자. 그런데 내담자는 아내가 계속 대학에 다닐 수 있도록 자원을 준비하지도 않고, 가족을 떠나려는 선택을 고려하고 있어서, 아내의 대학교육과 고용 가능성을 위협하고 있다고 생각해 보자. 당신은 내담자를 판단하고 싶지는 않지만, 마음속에는 '이것은 아니지. 아내는 당신이 오늘날 가지고 있는 직업을 얻을 수 있도록 많은 희생을 했다. 이제 그녀가 자기 차례를 가질 만하다. 만약 그것이 당신에게 직장에서 겪는 작은 지루함을 참아 낸다는 것을 의미한다면, 바로 그것이 당신이 "해야 할" 일이다.' 하는 생각을 떨칠 수가 없다고 생각해 보자. '해야만 한다'거나 '틀렸다'는 말은 도덕적 편향이 있는 단어이다. 당신은 내담자에게 자신의 가치를 부과해서는 안 된다는 것을 알지만, 당신에게는 이런 '느낌'과 '가치'가 있다. 이럴 때 당신은 어찌 하겠는가?

전략적 이슈와 가치 이슈 그리고 도덕적 이슈를 구분하는 것이 늘 쉬운 일은 아니다. 상담자는 내담자가 생각해 낸 활동이 내담자 자신이나 사회에 좋지 않다고 생각해서 마음에 꺼림칙함을 느끼는가? 상담자는 일, 파트너 선택, 종교, 물질적 가치 등과 같은 주제에 대해 내담자의 가치를 공유하지 않을 수는 있지만, 이런 것들은 분명히 개인적 가치 선택이다. 만약 내담자가 이런 영역에서 형편없는 결정을 내린다면, 그것은 불행한 일이기는 하지만 자기 자신에게만 상처를 줄 뿐이다. 도덕적 이슈는 잠재적으로 내담자가 생각해 낸 또는 보고한 활동이 타인들에게 불공정하고, 타인들의 권리를 침해하며 다른 사람들의 안녕을 해칠 가능성이 높다.

어떤 사람에게는 가치 이슈인 것이 다른 사람에게는 도덕적 또는 윤리적 이슈일 수 있다. 예를 들면, 한 내담자가 유산을 할 것인가에 대해 딜레마를 가지고 있다면 이것은 어떤 상담자에게는 가치 이슈이지만, 다른 상담자에게는 도덕적 이슈일 수 있다. 이것은 가상적인 상황이 아니다. 내담자와 상담자 간의 가치 갈등은 실제로 다루어지는가의 여부와 관계없이 상담과 심리치료에서 규칙적으로 일어나는 것이다. 집단 장면에서 어떤 내담자의 관점과 생각하거나 보고된 행동을 다른 집단구성원들이 들을 때, 또 다른 측면이 생겨난다. 개인상담 회기에서는 상담자가 도덕적으로 꺼림칙한 특별한 의견을 패스할 수 있다. 그러나 그 의견 때문에 다른 집단구성원들이 영향이나 상처받을 수 있는 집단 상담에서는 상담자가 이를 다룰 필요가 있다고 느낄 수 있다. 그래서 어떤 장면이든 간에, 가치명료화를 사용하는 상담자나 치료사가 전략, 가치 또는 도덕적 갈등 때문에 내담자와 갈등을 겪을 때, 우리는 어떻게 이를 다룰 것이냐는 질문으로 다시 돌아오게 된다.

▌상담 반응의 연속선

사실, 상담자는 완전한 수용에서부터 상담 관계를 끝내는 것에 이르기까지 여러 가지 가능한 반응의 연속선상에 있다. 비록 이 연속선의 측면들은 어떤 상담 접근법에도 적용 가능하지만, 여기서 나의 목적은 가치명료화 상담의 관점에서 다양한 선택 사항들을 고려해 보려는 것이다. 그렇게 함에 있어 나는 두 가지 목적을 가지고 있다. (a) 상담자-내담자의 전략, 가치, 도덕적 갈등의 이슈를 탐색하는 것, (b) 어떤 그러한 갈등이 포함되었는지의 여부에 관계없이, 가치명료화가 작동하는 방법을 보여 주고자 하는 것이다.

다음에 지시된 연속선은 부분적으로 비판단적 수용의 정도에 따라 구성되어 있는 것이기 때문에, 한 가지 정당한 선택 사항, 즉 반응하지 않는다는 선택 사항은 빠져 있다. 개인이나 집단 장면에서 상담자는 내담자가 말하는 모든 것에 반응할 필요는 없다. 특히 내담자가 말한 것이 토의하고 있는 주제에서 벗어난 것이라면 상담자는 의견을 무시하거나 전혀 반응하지 않거나 내담자나 집단구성원의 말에 대해 수용이나 불수용을 드러내지 않을 수도 있다. 또한 여기서 가능한 반응 범주는 매우 엄격한 연속선이 아니다. 한 가지 선택 사항이 다른 선택권보다 오른쪽이나 왼쪽에 있느냐 하는 것은(다소 수용하는, 보다 가치명료화 같은, 보다 가치 교육 같은) 그 질문을 명확하게 나타내는 말, 이것이 전달되는 방식, 상담자가 그 질문에 반응하는 방식, 이전 관계와 다른 맥락적 요인 등에 따라 결정된다.

1	2	3	4	5	6	7	8	9	10	11	12	13

전체 수용 (가치명료화) | (둘 중에 하나) | 관계 종결 (가르침, 가치 교육)

이 연속선상에서 왼쪽에 있는 반응은 대부분 **가치명료화** 접근과 대부분 일치하는 것들이다. 오른쪽에 있는 반응들은 **가르침** 또는 **가치 교육**의 특성을 더 드러내는 것이다. 이는 교육적 접근으로 부모나 교사, 성직자나 청년 지도자, 정치가, 사회활동가, 광고주 그리고 자신들의 목표 대상들에게 자신들의 신념과 태도 그리고 행동을 주입하고자 하는 사람들이 광범위하게 사용하여 왔다(Kirschenbaum, 1995). 심지어 상담자나 치료사도 경우에 따라서, 특히 심리교육 집단에서는 상담 목적과 일치한다면 의도적으로(개인이나 집단에게 분노관리의 이점을 가르침으로써) 그리고 비의도적으로(자신이 좋아하는 내담자 반응에 미소 짓고, 다른 반응에는 중립적으로 있음으로 해서) 가르침과 가치 교육을 사용할 수 있다.

다음에 제시한 것은 가치명료화 맥락에서 내담자의 진술에 대한 13가지 반응 유형을 묘사한 것이다.

1. 전체 수용

자신이 일상적으로 하듯이(고개를 끄덕이거나 미소 짓거나 “좋아요” 또는 “고맙다” 등), 말해 준 것에 대해 단순하게 인정하고, 다음으로 넘어가거나 또는 내담자의 진술이나 의미에 대해 수용적이고 공감적 시도를 한다.

이것과 다음 두 선택 사항은 가치명료화 반응의 대부분을 차지한다. 특히 집단 장면에서 대부분의 집단구성원들이 돌아가면서 반응할 때, 상담자는 간단한 비언어적 신호나 한두 마디로 말해 준 것에 대해 인정해 준다. 만약 긍정적이든 부정적이든 내담자의 자기 노출에 대해 전략, 가치 또는 도덕적 판단이 생기면, 상담자는 이것을 지적하기보다는 단순히 그 의견을 수용하고 넘어간다. 상담자는 그 과정을 ‘신뢰’한다. 즉, 상담자는 다른 집단구성원들이 반대되는 의견을 제시할 것이고, 앞으로 더 반성과 성장 그리고 삶의 경험을 통하여 내담자의 긍정적 발달이 진전될 것이라는 것을 믿는다.

또 다른 전적인 수용 반응은 내담자가 말하고 의미하는 것을 공감하거나 더 깊이 이해하기 위해 적극적 경청을 시도하는 것이다. 상담자가 내담자와 공조를 이루며 충분히 수용하는 경우, 내담자가 말한 것에 대해 최소한 그 순간에는 전략적 사고나 가치판단이 끼어들 여지가 없다. 전적인 수용과 공감적 반응은 내담자를 위해 명확하게 하는 것으로, 가치명료화의 목적 및 방법과 일치하는 것이다. 이와는 달리, 반응 연속선상의 모든 다른 위치는 상담자의 평가와 판단을 어느 정도 가지고 있으며, 그 정도에 따라 순수하게 공감적이며, 수용적인 인간중심상담 접근과는 일치하지 않는다.

2. 명료화 질문을 하라

숨은 안건, 즉 당신이 만들고자 하는 요지 없이, 명료화 질문을 하거나 가치명료화 전략을 제시하라.

만약 상담자가 내담자의 자기 노출에 대해 전략, 가치 또는 도덕적 판단을 하게 되면, 그것을 옆으로 치워 두고, 내담자를 7가지 가치화 과정 가운데 1~2개에 참여하도록 초대한다. 다시 말하면, 상담자는 이 과정을 믿는다. 내담자가 전체적인 가치화 과정을 계속 사용함에 따라 점점 현명한 선택을 하며, 더욱 건설적인 행동을 하게 된다는 핵심 가설을 믿는다. 상담자는 내담자나 집단구성원이 상담자의 전략, 가치 그리고 도덕과 불일치하는 것을 말할 때마다 간섭할 필요를 느끼지 못한다. 상담자는 내담자가 금방 말한 것을 수정하거나 깨우쳐 주려고 하는 동기 없이 명료화 질문이나 활동을 사용한다.

3. 가치화 과정에 참여하도록 명료화 질문을 하라

내담자가 충분히 사용하지 않는 특별한 가치화 과정을 사용하도록 질문을 하거나 전략을 제시하라.

다시 말하면, 이것과 이전의 두 가지 선택권은 가치명료화에서 하는 반응의 대부분을 구성한다. 상담자는 이 질문이나 전략을 어떤 이슈에 대한 내담자의 사고나 행동에 영향을 주려고 사용하지 않는다. 오히려 상담자에게 이런 것들은 내담자가 어떤 대안을 고려해 보지 않았거나 결과에 대해 생각해 보지 않았을 때, 그런 것들을 살펴볼 수 있도록 도움을 주는 질문을 하거나 전략을 제안해 보는 것으로 나타난다. 상담자는 내담자에게 "당신은 현재 직장에 그대로 남아 있으면서 일할 때 지루함을 줄일 수 있는 방법이 있다고 생각하나요?" 또는 "현재 직장을 떠나면, 자녀의 교육에는 어떤 영향을 미칠 것이라고 생각하나요? 이것에 대해 당신은 얼마나 신경을 쓰나요?" 등을 물어볼 수 있다. 상담자는 이런 질문들이 내담자의 생각이나 행동을 변화시킬 것인가에는 관심이 없다. 가치명료화의 핵심 가설을 따르면서 상담자는 그냥 그런 질문들이 좋은 결과를 가져올 가능성을 증가시킬 것이라고 믿는다.

4. 포인트가 있는 명료화 질문을 하라

내담자가 보다 견식이 있는 관점이나 더 나은 행동 과정을 향해 움직이도록 안내하는 명료화 질문을 하라.

여기서 상담자는 내담자가 자신의 잘못된 신념을 인식하거나 그의 현재 행동이나 앞으로의 행동에 있는 도덕적 이슈나 문제를 보게 하도록 돕거나 또는 상담자의 관점에 따라 더 현명한 관점, 더 나은 선택, 더 효과적인 행동을 제안하는 질문을 하거나 전략을 제시한다. 그 질문이나 전략은 이전 선택사항과 거의 같은 것일 수도 있다. 그러나 여기에서는 상담자가 보는 어떤 요점이 있다. 상담자는 직장을 떠나는 것이 전략적으로 나쁜 아이디어라고 생각해서 "현재 회사에 알리기 전에, 새로운 직업을 찾거나 얻는 것이 어떤 이익이 있다고 보나요?"라고 물어본다. 상담자는 내담자가 직장을 그만두기 때문에 딸도 대학을 떠나야 한다는 생각에 행복하지 않을 수 있다. 그래서 상담자는 "당신이 직장을 그만두면 가족들에게는 어떤 결과가 있을까요?"라고 물어본다. 그리고 "당신이 직장을 그만두면 생길 수 있는 한 가지 부정적 결과는 딸의 교육을 위기에 빠뜨릴 수 있다는 것이라고 말했습니다. 그 단계를 밟는다면 직장에서 있을 때 얼마나 불행할 것 같습니까? 만약 이 선의 왼쪽이 '아주 약간' 불행하거나 지루하다는 것이고, 그다음은 '다소' 불행하거나 지루한 것이고, 그다음은 '매우' 불행하거나 지루한 것이며 이 선의 다른 쪽 끝은 '완전히' 비참한 것이라고 한다면, 당신의 딸을 대학에 계속 보내기 위해 어느 정도의 불행을 기꺼이 참을 것 같습니까?"

다시 말하면, 이런 정확한 질문은 상담자의 의도에 따라 이번 또는 앞서 두 개의 유목에 맞을 수 있다. 만약에 기술적으로 단어를 선택하고 전달한다면, 내담자는 상담자의 전략, 가치, 도덕적 판단을 알아차리지 못할 수 있다. 이런 것들은 내담자가 느끼기에 자신의 가치화 과정에 사용할 수 있는 매우 도움이 되는 가치-명료화 질문이 될 수 있다. 그런 질문들은 미묘하게 상담자의 가치를 강제할 수 있다는("남자는 가족을 돌봐야 한다") 논란이 있지만, 좋은 직업을 구하고 가족을 돌본다는 내담자 자신의 상담 목표를 달성하는 데 기여한다. 그러나 상담자의 명료화 질문들이 너무 지나치게 이 목록에 속한다면, 상담자가 반복적으로 명료화 질문을 사용하여 현재 초점이 되고 있는 이슈에 대해 내담자를 교육하거나 계몽시키려 한다면 그리고 상담자의 비언어적 행동이 승인이나 거부를 전달하고 있다면, 내담자와 집단구성원들은 이것을 알아차리기 시작할 것이다. 그러면 그들은 상담자가 도끼를 갈고 있고, 자신의 가치를 부과하려 한다는 것을 느끼기 시작하여 참여하는 데 더 방어적이 되고, 덜 나서게 될 것이다.

나는 때로 내담자나 집단구성원들에게 이 항목과 이전 항목 중간쯤(3과 4 사이)에 명료화 질문을 한다는 것을 발견한다. 나는 나의 전문적 또는 개인적 관점으로는 문제라고 생각되는 것을 내담자가 표현할 때 듣는다. 미안하지만 나도 인간이다. 때로 나는 가치판단을 한다("나는 내 아이들에게 그런 식으로 내 책임을 거부하지 않을 것이다"). 또는 내 자신의 지식과 임상 경험에 따라 전문적인 판단을 할 때도 있다("내 생각에 이 지루함이라는 주제는 당신의 다음 직업에서도 그대로 반복될 것입니다. 그래서 지금 그것을 직면하여 당신이 직장을 떠남으로 인해 가족들이 받을 스트레스를 줄여 주는 것이 더 나을 것입니다"). 그래서 나는 "당신에게 '어떤 직업도 지루함이 없는 것이 없는데 당신은 지금 딸의 교육을 위협하는 비현실적인 꿈일 수도 있는 위기를 택하려고 한다.'라고 당신에게 말할 것 같은 사람에게 어떻게 반응할 것인가요?"라고 묻는다. 나는 개인적인 방식이 아니면서 자신의 견해에 반대하는 대안적 관점을 소개하기 위해 '당신에게 ______라고 말할 것 같은 사람에게 어떻게 반응할 것인가?'라는 문장 줄기 전략을 사용한다. 그들은 나의 관점에 대해 반응할 필요는 없지만, 실체가 없는 타인이나 다른 사람들에게는 반응해야 한다. 나는 또한 내가 동의하거나, 현명하다고 생각하는 내담자의 진술문에 대한 대안을 고려해 보도록 격려하기 위해 같은 것을 매우 잘 사용할 수 있지만, 이 사례에서 나는 포인트가 있는 명료화 질문을 통해 내담자의 진술을 자극해 보려는 마음을 가지고 있다.

그러나 내담자에 대한 나의 반응에는 가치를 강제하는 어떠한 흔적도 사라진다. 그들이 무엇으로 반응하든, 나는 그들의 대답을 기꺼이 수용하고 싶다. 그들은 두세 가지의 가치화 과정—대안적 관점을 고려하는 것, 가능한 결과를 고려하는 것(예: 나의 다음 직장에서도 똑같이 지루하게 끝날 것 같다) 그리고 자신의 입장을 공유하거나 확인하는 것—을 사용하여 내가 제시한 새로운 관점에 대해 생각했다. 그래서 나는 만족한다. 흔히 그러듯이, 그들이 원래 자기들이 가졌던 관점을 고수하거나 그 주제에 대해 계속 고민하거나 간에 나는 내 일을 했다고 느낀다. 나는 그들을 있는 그대로 그리고 그들이 되어 가고자 하는 대로 수용할 수 있다.

다시 말하면, 나는 개인적인 전략, 가치 또는 도덕적 판단을 내담자에게 적용할 때는 가볍게 유지한다. 나는 틀릴 수 있다. 내담자가 나의 포인트가 있는 명료화 질문을 고려해 보기를 원하지만 또한 그 과정을 정말로 믿는다. 내담자가 어떻게 대답하든 간에, 나는 수용을 전달하는 방식으로 반응하여 내담자가 '상담자가 나를 있는 그대로 수용하는구나. 상담자가 물은 질문의 의도를 궁금해했었을 수도 있어. 그러나 어떤 경우에도 그는 내 편이고 이것을 헤쳐 나가도록 돕지만, 그의 해결책을 나에게 강제하려고 하지 않는구나.' 하는 것을 느끼게 한다.

만약에 반대로, 내가 더 많은 포인트를 가진 가치명료화 질문을 계속 내담자에게 한다면, 내담자는 변호사가 교차 심문하는 것처럼 느끼기 시작할 것이다. 그러면 아마도 가치명료화가 일으킬 수 있었던 것들은 멈춰지고, 방어에서 수동적 수용으로 그리고 수동적 수용에서 참여를 꺼려 하는 것과 같은 다른 과정으로 바뀔 것이다. 이런 것들은 어떤 것도 가치명료화 과정을 앞으로 나아가게 만들지 못한다.

5. 관심을 표현하라

내담자의 행동 또는 의도하고 있는 행동 과정에 대해 관심을 표현하라.

Carl Rogers(1961)는 조력 관계에서 일치성이라는 개념을 유행시켰는데, 나도 상담이나 치료 관계에서 상담자가 자신의 느낌을 내담자나 집단구성원들과 공유하는 것이 때로 유용하다고 믿는다. 단, 이것은 내담자에 대한 가치판단(예: "당신이 말한 것은 혼란스럽네요." 또는 "당신은 믿음직스럽지 않아요.") 없이 그 느낌을 **자기 자신의** 감정(예: "당신이 말한 것 때문에 나는 혼란스럽네요." "만약에 당신이 그렇다면, 나는 당신을 믿기가 힘드네요.")으로 표현하는 것을 포함해서 무수히 많은 적절성의 검증을 통과할 수 있어야 한다. 그래서 내담자와는 다른 전략, 가치 및 도덕성을 가진 상담자가 내담자가 말했거나 내담자가 고려하고 있는 행동 과정에 관심을 표명하기로 결심할 수 있다. 아마도 상담자는 이미 한 가지 이상의 명료화 질문을 통해 그 주제를 끄집어냈지만, 내담자가 실제로 그 주제를 생각해 보는 것에 만족스럽지 않을 수도 있다. 그래서 상담자는, 예를 들면 "나는 이 모든 것과 관련하여 당신의 딸들이 대학을 떠나야만 하는 가능성에 대해 내가 염려하는 느낌을 가지고 있음을 알게 되었습니다. 이런 가능한 결과에 대해 충분히 고려해 보았나요?"라고 물어볼 수 있다. 상담자는 정직한 관심을 표현하기 시작하고, 뒤이어서 도전적이지만, 불필요하게 가치가 부여된 것이 아닌 공정한 명료화 질문을 하고 있다.

나는 내담자가 흔히 자신과 사랑하는 사람에 대해 보이는 나의 관심을 받아들이고 감사해한다는 것을 경험해 왔다. 이 선택권을 너무 자주 사용하지 않는다면 가치명료화의 목적과 일치한다. 다시 말해, 비록 내가 내담자에 대한 나의 관심과 다른 느낌을 표현하더라도, 그가 스스로 선택을 해야 한다고 내가 믿고 있으며 그 주제와 선택에 대해 자세히 탐색해 나갈 때 내가 그를 지지하는 조력자임을 내담자는 여전히 신뢰한다.

6. 정보나 의견 제공을 제시하라

현재 토의하고 있는 주제에 대해 더 많은 정보나 당신의 의견을 더 원하는가를 물어보라.

내담자와 전략, 가치, 도덕성에서 이견이 없는 경우라 할지라도, 내담자가 부가적 **정보**를 가지거나 현재 고려하고 있는 주제에 대해 상담자의 **의견**을 듣는다면, 이득을 얻을 수 있다고 상담자가 생각할 수 있다. 만약 상담자가 그 정보를 알고 있거나 가지고 있다면 이를 내담자와 공유하고 싶을 것이다. 상담자의 의견을 포인트가 있는 명료화 질문에 통합해 넣을 수도 있지만, 내담자가 그 이슈가 제기되었을 때 그 포인트를 알지 못하거나 사려 깊게 다루지 못했다고 볼 수 있다면, 상담자는 이제 자신의 의견을 보다 명확하게 제공하려고 할 것이다. 내담자와 전략, 가치 또는 도덕성에 이견이 있을 때, 상담자는 내담자의 생각이나 내담자의 현재 또는 계획하는 행동에 영향을 줄 수 있는 정보나 의견을 공유할 것이다. 그래서 상담자는 내담자에게 자신이 가지고 있는 정보를 듣거나 읽어 보겠는지 또는 자신의 의견을 들어 보고 싶은지를 묻는다. 비록 대부분의 내담자는 긍정적으로 대답할지라도, 이것은 여전히 다음에 나와 있는 두 가지 선택 사항보다는 훨씬 수용적이고 덜 지시적인 활동이다.

내담자에게 정보와 의견을 제공하는 것이 가치명료화와 일치하거나 불일치하는 정도는 선택 사항 8과 9에 제시되어 있다.

7. 추가 정보를 제안하라

내담자에게 더 많은 정보를 찾아보라고 제안하라. 내담자가 그 상황이나 주제에 대해 더 많은 것을 배우기 위해 찾아볼 수 있는 자원들을 제안하라.

상담자는 사무실이나 집에 가져갈 수 있는 정보를 제공하는 것은 아니지만, 내담자가 스스로 찾아보도록 책이나 기사, 웹 사이트, DVD, 단체 또는 다른 자원을 추천할 수는 있다. 예를 들면, 상담자는 직장에서 권태를 느끼는 내담자에게 자기 분야의 구인란을 확인해 보기 위해 웹 사이트를 방문하거나, 다른 구직자들이 사용하는 전략과 이들이 직면한 문제를 살펴보기 위해 특정 블로그에 들어가 보는 방안을 제안할 수 있다. 상담자는 오로지 내담자가 자신의 선택과 대안에 대한 이해를 확장하여 가치화 과정을 더 촉진하도록 이 정보를 제공할 수 있다. 그와 같은 경우, 이것은 가치명료화 과정과 일치하는 것이다. 만약에 상담자가 내담자하고는 다른 전략, 가치, 도덕성을 가지고 있는 경우, 상담자의 관점을 고려하거나 채택하도록 격려하기 위해 이 정보를 내담자에게 제공할 수 있다. 이것은 가치명료화 과정과 불일치하는 것이다.

(이 선택 사항은 이전 사항들보다 덜 수용적이고 더 강제적이다. 왜냐하면 상담자가 먼저 내담자에게 부가적인 정보를 원하는가를 묻지 않기 때문이다. 그러나 다음에 제시되는 두 선택 사항보다는 수용적이고 덜 강제적이다. 왜냐하면 내담자는 상담자의 추천을 실제로 따를 필요가 없고 호기심에서 그렇게 할 수도 있기 때문이다.)

8. 정보를 공유하라

내담자의 관점에 정보를 주거나, 영향력을 줄 수 있거나, 내담자가 더 나은 행동 과정을 택하도록 돕거나, 고려한 행동의 부정적 충격을 줄일 수 있는 정보를 전달하라.

내담자나 집단구성원들과 정보를 공유하는 것은 가치명료화보다는 가르치는 것과 훨씬 닮아 있다. 그럼에도 가르치는 것은 가치명료화 목적에 도움을 준다. 이것은 대안을 고려하고, 결과를 생각하는 가치화 과정과 일치할 수 있다. 새로운 정보는 대안적 관점과 선택을 고려하고, 서로 다른 행동 과정에 따른 장단점 논쟁을 더 잘 이해하는 것과 더불어 내담자가 관련된 주제에 대해 내담자가 더 깊이 잘 이해하게 만들 수 있다. 상담자는 그 정보를 회기 내에 언어적으로 제공할 수도 있고, 내담자가 집에서 읽어 보거나 검토할 수 있도록 책이나 기사, DVD 또는 다른 자원을 제공해 줄 수도 있다. 예를 들면, 실업자들이 현재 경제상황에서 새 일자리를 찾는 것이 어렵다는 신문 기사를 읽었다면, 현재 직장을 떠나려고 고민하는 내담자에게 이 기사를 제공할 수 있다. 상담자는 이 기사에 있는 정보가 내담자에게 직장을 떠나는 것에 대한 결과를 생각하도록 도울 수 있다고(가치명료화) 생각할지도 모른다. 또는 그 기사를 읽음으로써 내담자가 직장을 그만두는 것을 단념시키는 데 도움이 될 수 있다고 상담자가 생각하거나 바랄 수 있다(가치 교육). 그래서 내담자와 정보를 공유하는 것은 상담자의 동기와 내담자가 그 정보를 어떻게 받아들이는가에 따라 다소 가치명료화의 목적과 일치하는 것이 될 수 있다.

상담자가 공유하는 정보에는 현재 고려하고 있는 주제와 관련된 자신의 개인적 또는 전문적 경험이 포함될 수 있다. 여기에는 함정이 있다. 자신의 경험을 타인의 이익을 위해 공유하는 것은 쉽사리 도덕적 이야기를 가르치거나 설교하거나 설명하는 것으로 변할 수 있다. 이런 모든 것은 가치명료화를 가치 교육으로 바꾸어 버린다.

나는 가치명료화를 사용하는 상담자가 여러 가지 가치화 과정(대안, 결과, 행동 단계)을 촉진하려는 마음에서 **때때로** 내담자와 정보를 공유하는 것이 가능하다고 믿는다. 이것은 빈번하게 사용하면 할수록 상담의 초점이 **내담자의 과정에서 상담자의 정보**로 옮겨 가기 때문에 경우에 따라 제한적으로 사용해야 한다. 다시 말하면, 가치명료화 상담자가 약간의 가르침을 제공하는 것에서 교사가 약간의 가치명료화를 돕는 것으로 변해 간다. 이것은 내담자와 전략, 가치, 도덕적 갈등이 없을 때도 그렇다. 그러한 갈등이 있을 때는 훨씬 더 상담자의 정보가 내담자의 마음이나 행동을 고치려고 의도하고 있다고 느끼게 만들 가능성이 높기 때문에, 내담자는 조만간 영향을 주려는 그런 시도에 저항하게 되고, 가치명료화 과정은 중단될 것이다.

9. 전략적 의견을 표현하라

토의 중에 있는 이슈에 대해 내담자의 행동이나 의도된 행동 과정을 따를 때 나타날 수 있는 결과가 무엇이며 더 나은 행동 과정은 무엇일까를 포함하여 자신의 전문적 또는 개인적 의견을 공유하라.

"당신은 현재 경제 상황에서 구직의 어려움을 저평가하고 있다고 생각합니다." "당신은 직장을 그만두는 것에 대해 아내가 이해하고 그 결정을 지지할 것이라고 생각합니까? 내 생각에는 아내가 매우 화를 낼 것 같습니다." "당신이 나에게 말한 것으로 보면, 현재 직장에서 상황을 개선할 수 있는 능력이 있다고 생각합니다." 그래서 상담자는 전략적 의견에서 차이가 있음을 내담자와 함께 말할 수 있다. 그러한 의견이 내담자가 대안적 관점을 듣게 하거나 이전에 충분히 검토하지 않은 해결책을 생각해 보도록 돕는 정도라면, 논란은 있겠지만 가치명료화 과정과 일치하는 것이다. 단, 방어를 불러일으키지 않거나 재빨리 **내담자의** 가치화 과정으로 돌아간다면.

더 강력하게 의견을 표현하려면 "내가 생각하기에는 당신이 실수를 하고 있어요." "내가 생각하기에 그것은 나쁜 아이디어예요. 왜냐하면 _____이기 때문입니다." "내가 생각하기에 더 좋은 선택은 _____일 것 같아요." 등을 사용할 수 있다. 또한 "그것은 좋은 아이디어라고 생각됩니다." 또는 "그것이 내게는 더 성공적일 것으로 들리네요."와 같은 전략적 동의를 사용할 수도 있다. 각 사례에서, 상담자는 가치화 과정이 내담자가 자신에게 최상의 선택을 하도록 돕는 데 불충분하다고 생각하는 것처럼 보인다. 그래서 상담자는 내담자에게 생각하고 선택하고 행동하는 더 좋은 방식을 말할 필요가 있게 된다. 상담자가 내담자의 선택에 대해 궁극적으로 옳음이나 틀림을 평가하기 시작할 때, 바로 그때 가치명료화 접근과 분명히 불일치한다.

그러나 자신의 의견을 표현하는 과정에서 가치명료화 접근에서 멀어졌지만, 상담자는 "내가 지금 말한 것에 대해 어떻게 느끼나요?" "내가 말한 것 가운데 어떤 부분에 동의하거나 동의하지 않나요?" "매우 동의하는 것은 10점이고 매우 동의하지 않는 것은 1점인 척도에서 내가 금방 말한 것에 대한 당신의 반응은 어디쯤인가요?"라는 질문이나 내담자가 가치화 과정에 다시 참여하게 만드는 다른 질문들을 물어봄으로써 재빨리 가치명료화로 되돌아올 수 있다.

10. 가치나 가치판단을 공유하라

내담자의 가치에 관하여 진술된 또는 은연중의 판단 여부에 관계없이, 논의 중에 있는 주제에 관한 자신의 가치를 선언하라.

이것은 상담자가 비판단적 수용으로 할 수도 있고, 또 그 반대로도 할 수 있는 또 다른 선택 사항이다. 상담자가 자신의 가치를 내담자에게 강제하지 않으면서 공유할 수 있는 때가 있다. 특히 심리교육 집단에서 그렇다(3장 참조). 이와 같은 때에 상담자는 특별한 내담자가 집단구성원에게 동의하지 않으려는 의도를 가지고 있는 것이 아니라, "나라면 딸의 교육을 앞에 두고, 직업을 바꾸는 것을 나중에 둘 것 같아요."라고 말하는 것처럼 또 다른 대안을 고려해 보라는 마음으로 그 화자에 대한 자신의 입장을 공유하거나 확인하고 있는 중이다. 개인상담에서는 내담자가 판단 받는 느낌 없이 이렇게 진행하기란 힘들다. 그러나 가능하기는 하다. 집단 장면에서는 훨씬 쉽다. 집단에서 상담자는 여러 집단구성원들 가운데 한 사람으로 자기 차례에 말을 하면 된다.

그러나 만약 상담자가 내담자나 집단구성원들이 말했던 것에 대해 가치판단 형식으로 자신의 가치를 표현한다면("당신이 방금 나에게 말한 것과는 다른 우선순위를 가지고 있어요. 나에게 아버지와 남편의 첫 번째 의무는 가족을 향한 것이에요."), 그것은 상담자의 가치를 내담자나 집단구성원에게 강제하는 것이다. 이것은 가치명료화 접근과 불일치하는 것이다. 그것은 정직한 말일 수는 있지만, 가치명료화는 아니다. 역설적이게도, 자신의 가치를 우리에게 강제하려는 사람들은 때로 우리의 내면에 있는 인지적 또는 정서적 불협화음을 불러일으켜서 가치명료화로 이끌 수도 있겠지만, 가치를 부과하는 행동은 가치명료화가 아닐 뿐만 아니라 윤리적 문제를 일으킨다.

11. 도덕적 판단을 표현하라

내담자가 말하거나 행동해 온 것에 대한 상담자 자신의 도덕적 관점을 표현하라.

이 선택 사항에서 상담자의 도덕적 가치를 표현하는 것은 그저 자신에게 적용하려는 것이 아니라 내담자와 집단구성원 그리고 아마도 다른 모든 사람들에게 적용하려는 의도를 가진 것이다. 그러한 도덕적 판단은 내담자와 분명한 가치 갈등이 없을 때 표현될 수 있거나 상담자가 개입하려고 선택한 내담자나 집단구성원과 강력한 가치 또는 도덕 갈등을 느낄 때 표현될 수 있다. 예를 들면, 상담자가 개인 또는 집단 장면에서 내담자에게 "그것은 틀렸습니다. 남자의 첫 번째 책임은 가족에 대한 것입니다. 당신 같은 상황에 있는 사람은 직장에서 느끼는 약간의 권태를 참아야 하고 안전한 직업을 유지하여 자녀가 대학을 마치도록 해야 합니다."라고 말할 수 있다. 나는 대부분의 상담자들은 이런 반응에 놀랄 것이라고 추측한다. 상담자는 분명히 자신의 개인적이고 도덕적인 가치를 내담자나 집단에 강제하고 있다.

그러나 대안적 시나리오를 고려해 보자. 어떤 집단이 구성원 가운데 한 사람을 찍어서 자신들과 다르다는 이유로 잔인하게 괴롭히고 있다. 상담자는 "이것은 틀린 것입니다. 어떤 사람도 이렇게 대해서는 안 됩니다. 만약 당신이 집단에 있고, 모든 사람이 당신을 유일한 백인이나 흑인 또는 키가 작거나 과체중이라는 이유로 집단으로 공격한다면 어떻게 느낄 것 같습니까?"라고 말한다. 우리는 이것이 효과적인 개입일 것인지 또는 다른 개입방법이 더 나은 것인지를 물어볼 수 있지만, 대부분의 상담자가 도덕적 분노를 표현하고 집단구성원을 보호하려고 하는 것에 놀라지는 않을 것이라고 추측한다.

어느 경우든 이것은 가치명료화가 아니다. 두 사례는 모두 가치 교육의 또 다른 방법이다. 즉, 가치 **가르침**이다. 가르침, 설교, 설득(만약 ____라면 당신은 어떻게 느낄까요?"라는 **명료화 질문으로 가면을 쓰고 있어도**)은 교육 방법이다(Kirschenbaum, 1995). 이들은 경우에 따라 정당화될 수도 있고, 그렇지 않을 수도 있다. 그러나 마지막 두 가지 예의 경우, 우리는 분명히 연속선상에서 비판단적 수용의 정반대편을 표시하는 지점 가까이에 있다.

12. 한계를 설정하라

상담 관계가 계속된다면 당신이 수용할 수 있는 행동과 그럴 수 없는 행동이 무엇인가에 대해 한계를 설정하라.

만약 상담자 자신의 전문적 · 개인적 · 도덕적 가치로 인해 내담자의 행동을 상담 장면 내외에서 수용하기가 어렵거나 불가능하다면, 자신이 어떤 행동을 수용할 수 있을지에 대한 한계를 설정하기를 원하거나 그렇게 할 필요가 있을 수 있다. 상담자는 내담자에게 "나는 당신이 그 인종(혹은 종교 등) 집단을 싫어한다는 것을 압니다. 나는 그런 식으로 느끼지 않습니다만 이런 것들이 당신의 느낌이라는 것은 수용할 수 있습니다. 그러나 집단에서 사람들을 묘사할 때 그런 비속어들을 사용하는 것을 수용할 수는 없습니다. 나는 그런 말을 들을 때 당황하고 당신의 말을 듣는 것이 어렵습니다. 이 주제에 대해 우리가 계속 초점을 맞추고자 한다면 당신에게 그 말을 사용하지 않도록 요청해야 합니다. 그것에 대해 동의할 수 있나요?"라고 말한다. 부부상담자가 각 파트너와 따로, 또 함께 작업을 할 때 내담자에게 "나는 당신이 자신의 문제에 대해 그녀에게 말하지 않는다면, 이런 식으로 두 사람과 계속 작업하는 것이 마음에 들지 않습니다. 나는 내가 아는 것을 알면서 모르는 것처럼 행동해야만 하는 사기꾼처럼 느껴집니다. 나는 아무래도 그런 식으로 상담을 할 수가 없습니다."라고 말한다.

두 사례에서 상담자는 분명하게 자신의 가치를 상담 장면에 강제한다. 상담자는 개방적으로 자신의 가치를 표현하고, 자신의 행동에 대해 책임을 지며, 내담자를 비방하거나 비난하지 않는다. 이것은 항상 상담자의 입장에서는 위험한 선택이다. 새로운 성장과 배움을 낳기도 하지만 상담 관계를 끝낼 수도 있다.

13. 관계를 끝내거나 시작하지 마라

만약 내담자가 당신의 한계나 조건을 수용할 수 없다면, 상담 관계를 끝내라. 유의미한 수준에서 가치나 도덕적 갈등이 있다면 처음부터 시작하지 마라.

이것은 극단적인 선택 사항으로, 상담자의 가치나 도덕적 판단이 너무 강해서 내담자와 더 이상 상담을 할 수 없다고 느낄 때 또는 내담자와 상담을 시작하지 않기로 선택하는 경우이다. 때로 우리는 상담자나 심리치료사가 "나는 ______[내담자 유형을 넣어라]와(과) 상담을 할 수 없어. 나와 가치가 다른 어떤 내담자도 수용할 수 있지만, 이런 내담자들은 다른 상담자를 만나는 것이 공평한 거야."라고 말하는 것을 들을 때가 있다.

분명히 전문적인 윤리에 따르면 상담자와 치료사는 '내담자의 다양성을 존중할 것'(ACA, 2005)과 다양한 내담자들과 효과적으로 상담하는 것을 가로막는 **상담자 자신의 이슈**에 대해 슈퍼비전이나 심지어 상담을 받을 것을 요구하고 있다. 인구통계학 또는 가치 면에서 상담자와 다른 내담자를 의뢰하는 것은 때로 내담자 최대 이익에 부합하지만, 동시에 상담자가 자신의 편견이나 심리적 · 감정적 이슈를 다루는 것을 피하도록 도울 수도 있다. 다른 사례의 경우, 인구통계학 또는 가치 면에서 상담자와 다른 내담자를 의뢰하는 것은 내담자에게 상당히 치명적일 수 있다. 즉, 실행 가능한 다른 서비스를 받을 수 없을 수도 있고, 내담자는 삶에서 이미 충분히 많이 거절당했을지도 모르며, 또 다른 거절에 매우 상처받을 수 있다. 그리고 전문적 윤리는 이를 허용하지 않는다. 이런 것들은 현재 토의의 범주를 넘어서는 민감하고 논쟁적인 주제이다.

말하자면, 상담자가 내담자의 **특별한 행동**에 대한 가치나 도덕적 갈등이 너무 크다면, 그 갈등을 완화하기 위해 상담자가 설정한 한계를 내담자가 수용하지 않는다면, 남아 있는 하나의 선택 사항은 그 상담 관계를 종결하는 것이다. 이것은 가치명료화는 아니지만 정당한 선택 사항이다.

상담자가 준비되지 않았거나 상담 서비스를 제공할 의사가 없는 유형의 상담을 원하는 것으로 보이는 내담자와 상담 관계를 시작하지 않는 것도 같은 방식으로 설명할 수 있다. 내담자는 진로나 결혼 상담을 원하지만 치료사는 그런 영역들에 대해 자격을 갖추고 있다고 생각하지 않아서 가치 갈등과 아무 관계가 없다는 이유로 의뢰를 하는 경우이다. 그러나 상담자의 전문성은 차치하고서라도 내담자가 기독교 상담(함께 기도하고 성경에 의지하는 것을 포함해서), 전환 치료(동성애 '장애' 내담자를 '치료'하는 것) 등과 같은 상담자의 가치 체계와 일치하지 않는 다른 상담 접근법들을 원할 때가 있다. 그러한 사례에서 내담자의 관점과 목적을 존중하기 위해 상담자는 상담 관계를 시작하지 않거나 내담자에게 내담자의 가치 체계를 공유하는 전문가를 만나보도록 추천할 것이다.

▌명료화하기 또는 명료화하지 않기

이 연속선상의 행동들이 나타내듯, 상담자와 치료사는 전략, 가치 그리고 도덕적 갈등이 드러날 때, 내담자에게 반응하는 다양한 선택 사항이 있다. 어떤 반응 양식—연속선상에 있는 첫 번째 세 가지—은 가치명료화 과정과 완전히 일치하는 것으로 대부분의 가치명료화 상담을 구성하고 있는 것이다. 반응의 연속선상의 4번부터 10번은 어떻게 실행하느냐에 따라 가치명료화의 목적이나 과정과 일치하는 것이다. 만약 상담사나 치료사가 가치화 과정을 정말 가치 있게 여긴다면, 즉 그 전문가가 진심으로 내담자나 집단구성원이 스스로 생각하고 자신에게 최상의 의사결정에 도달하기를 원한다면, 내담자는 이것을 인식한다. 그러면 상담자는 때때로 포인트가 있는 명료화 질문을 하고, 관심을 표현하며, 정보를 공유하고, 자신의 가치를 나누거나, 그렇지 않다면 전반적인 가치명료화 과정을 손상시키지 않으면서 엄격한 비판단적 수용에서 일시적으로 벗어나 있을 수 있다. 상담자의 가치가 자신과 다를 때조차도, 상담자가 가장 좋은 해결책을 찾아서 도우려 하고 있으며, 그런 관점에서 질문하고 반응하고 있다는 것을 내담자는 안다. 그러나 아무리 좋은 상담자의 의도도 너무 빈번한 형편없는 기술을 대체할 수는 없다. 바로 이런 점 때문에 가치명료화 상담자는 연속선의 중간에 속하는 반응 비율을 제한하고, 내담자의 내부에 가치명료화 과정을 위치시키는 첫 번째 세 가지 반응 유형에 주로 의존한다.

모든 상담자가 이것을 할 수 있는 것은 아니다. 심지어 자신들이 가치명료화 접근법을 사용하고 싶다고 하더라도 말이다. 이쯤에서 일화를 보여 주는 것이 도움이 될 것이다.

내가 이 장을 쓰고 있는 동안, 다이앤 키턴이 결혼하지 않은 딸에게 모든 것에 잔소리를 하지 않고서는 못 배기는 과잉보호적인 이혼녀 역할을 하는 로맨틱 코미디 영화를 보았다. 그녀는 딸이 옷을 어떻게 입어야 하고, 어떤 남자와 데이트해야 하며, 남자를 유혹하려면 어떤 방식으로 웃으면 안 되는지, 아파트는 어떻게 장식해야 하는지 등에 대해 충고할 거리를 가지고 있었다. 결혼하지 않은 딸과 다른 두 딸이 이 행동에 대해 이야기를 하면, 그녀는 "그러나 그저 저 아이에게 가장 좋은 것을 원할 뿐이야." 또는 "저 아이가 행복하길 바랄 뿐이야."라며 항의를 했다. 그녀의 딸이 성인이고 그런 결정은 스스로 할 필요가 있다는 것을 여러 차례 들은 후에, 그 엄마는 마지못해 자신의 일에만 신경을 쓰겠다고 동의했다. 그러나 몇 분도 지나지 않아 그녀는 "나는 너를 사랑해. 그래서 옆에 서서 이런 식으로 자신을 패배시키는 것을 볼 수가 없어."라고 말하며 다시 간섭하기 시작했다.

누군가 그 엄마가 경계선 문제를 가지고 있고, 딸을 진심으로 사랑하고 그녀에게 가장 좋은 것을 원한다는 것에 더하여 자신의 파트너에게서 충족되지 않은 정서적 욕구를 딸에게 쏟아 내고 있음은 물론, 자신의 가치를 딸에게 부과하고 있다는 것을 알아내기 위해서 상담자나 치료사일 필요가 없었다. 이 엄마는 딸이 말하거나 행동하는 어떤 것도 비판단적으로 수용할 수 있는 능력 자체가 없는 것으로 보였다. 그녀는 자신의 가치 판단을 옆으로 내려놓을 수 없었다. 그녀는 그냥 모든 순간에 자기 딸에게 최고인 것이 무엇인가를 알았고, 기회가 있을 때마다 어린 여성을 가르쳐야 할 필요가 있다고 느꼈다.

비록 하나의 풍자이지만, 이 과잉보호하는 엄마는 하나의 실물 교훈(object lesson)를 제공한다. 수천 명의 전문가들에게 가치명료화를 가르쳤지만, 나는 어떤 상담자나 치료사 또는 집단지도자는 가치명료화를 사용하지 않아야 된다고 믿는다. 과잉보호하는 엄마처럼 극단적이지는 않더라도 그들의 가치판단은 너무 강력하고 전능하다. 그들은 내담자가 더 좋은 선택을 하고 더 현명하게 생각하도록 가르치고, 깨닫게 만들고, 교육하고 싶은 충동을 억제할 수 없다. 그들은 자신의 의견을 명료화 질문인 것처럼 말하려 하지만 그렇게 할 수는 없다. 그들의 질문은 거의 항상 올바른 답을 암시하는 것으로 가득 차 있고, 질문을 잘 만들었지만 늘 같은 방향으로만 내담자를 가리키며, 그들의 비언어적 행동은 승인이나 불승인을 전달하고 있다. 그들이 다른 상담 접근법에 재능이 있거나 재능이 많은 교사나 설교자 일지는 몰라도, 가치명료화만큼은 다른 사람들에게 넘기거나 제한된 맥락 속에서만 사용해야 한다.

모든 상담자와 치료사는 이 주제에 대한 자신의 가치를 명료화할 필요가 있다. 왜냐하면 모두가 결국 내담자와 전략, 가치 및 도덕적 불일치나 갈등을 가지게 될 것이기 때문이다. 상담자 교육과 슈퍼비전 또는 자기 반성을 위해 다음의 가치명료화 질문과 전략을 고려해 보는 것은 적절한 주제이다.

- 당신은 얼마나 판단적인가요?

모든 것이 좋은 게리 (완전히 수용하는)	————————————	판사 제리 (완전히 판단하는)

- 당신은 자신의 판단을 얼마나 잘 통제하나요?

!		!
완전히: 나는 판단하는 것을 내려 두고 완전히 잊는다. 내담자는 결코 모른다.		전혀: 나는 판단에 완전히 통제당하고, 불쑥 말한다. 내담자는 즉각 알아차린다.

- 당신의 반응 가운데 몇 퍼센트가 반응 유형 1~3, 4~10, 11~13에 들어가는지 생애 파이에 표시한다면 어떻게 나눌 수 있나요?

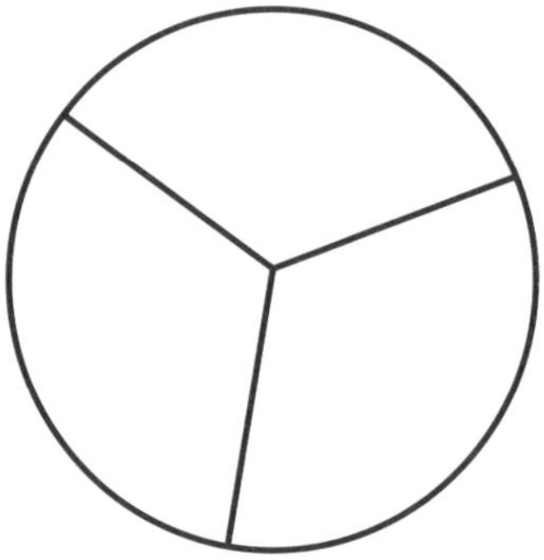

이런 이슈들은 모든 상담과 심리치료에 적용 가능하다. 가치명료화에 있어서 이 주제들은 특히 밀접한 것인데, 왜냐하면 누군가 칸의 오른쪽으로 너무 멀리 있다면 그는 더 이상 가치명료화를 하고 있는 것이 아니기 때문이다. 오른쪽으로 얼마나 먼 것이 정말 먼 것인가? (또는 왼쪽으로 얼마나 멀어야 하는가?) 13가지의 다른 선택권에 대해 적절한 퍼센트는 얼마인가? 다른 좋은 가치명료화 전략처럼 자신의 반응을 평가하는 공식이나 규정 또는 기준이 있는 것은 아니다. 가치라고 하는 것은 명료화 질문과 전략이 불러일으키는 생각과 느낌 속에 있다.

상담자, 임상 교육 및 슈퍼비전 그리고 개인적 성장을 위해 사용할 수 있는 또 다른 가치명료화 전략에 대한 추가 사례—상담자와 치료사가 훈련 과정에서 상담 주제를 둘러싼 자신의 가치를 탐색하도록 돕는 사례—는 다음 장에 제시되어 있다.

CHAPTER

09

가치명료화 상담의 적용

가치명료화는 거의 모든 형태의 상담 및 심리치료에서 적어도 세 가지 방식으로 적용될 수 있다.

목표 설정 모든 상담 및 치료 장면에서의 첫 단계는 상담이나 심리치료의 목표를 명확히 하는 것이다. 내담자의 목표는 무엇인가? 상담자의 목표는 무엇인가? 만약 있다면, 다른 사람들의 목표나 권한은 무엇인가?

- 당신은 상담에서 무엇을 얻기를 원하는가?
- 당신의 목표는 무엇인가? (당신에게 중요한 순서대로 순위를 정한다면 어떻게 순위를 정할 것인가?)
- 당신은 그 과정에 얼마나 전념할 것인가? (1에서 10의 연속선상에서 당신은 얼마나 전념하고 있는가)?
- 당신은 여기에 있기를 원하는가?
- 당신은 무엇을 배우기를 원하는가?
- 비록 당신이 자신의 의지에 반하여 여기에 있더라도, 당신 자신에 대

해 배우기를 원하는 또는 변화시키거나 개선하고자 하는 어떤 것이 있는가?
- 당신은 이러한 지침을 기꺼이 따를 것인가?
- 우리는 이 계약에 동의할 수 있는가?

목표 설정의 다른 형태는 내담자가 상담을 넘어 자신의 특정 목표를 명료화하도록 돕는 것을 포함한다. 이런 것 가운데 일부는 초기 목표 설정에서 일어날 것이지만, 새로운 목표 설정은 내담자가 단기 및 장기 목표를 명료화하고 확고히 하는 과정에서 일어날 수도 있다. 장기목표는 “약물을 끊고 싶어요.” “아내에게 돌아가고 싶어요.” “나 자신을 지지할 수 있길 바라요.” 또는 “더 이상 우울하고 싶지 않아요.”가 될 수 있다. 단기목표는 “하루에 담배를 10개비 이하로 피우고 싶어요.” “나는 아내에게 하루에 한 번씩 칭찬을 하려고 노력할 것입니다.” “나는 이력서를 다시 쓰려고 해요.” 또는 “나는 이번 주에 매일 10분씩 연습하려고 해요.”가 될 수 있다.

가치명료화 질문과 활동은 내담자가 이러한 유형의 치료와 삶을 위한 목표를 설정하도록 도울 수 있다.

의사결정 모든 상담 장면에서 가치명료화 질문과 활동은 내담자가 자신의 인생을 위한 결정을 할 때 유익하다.

- 당신에게 다른 가능한 선택은 무엇인가? (단기적인 또는 장기적인 관점에서 선호하는, 가장 쉬운, 단기적인 관점에서 최고인, 장기적인 관점에서 최고인 등의 순서대로 순위를 정하라.)
- 장점은 무엇인가?
- 단점은 무엇인가?
- 가능한 또는 일어날 수 있는 결과는 무엇인가?
- 다른 사람들은 당신이 무엇을 해야만 한다고 생각할까?

- 당신은 무엇이 최선이라고 생각하는가?
- 당신이 필요로 하는 추가적인 정보는 무엇인가?

행동 계획 가치명료화 질문과 전략은 자신의 계획을 행동으로 옮기는 모든 장면에서 내담자에게 도움이 될 수 있다.

- 당신이 앞으로 움직이도록 도울 수 있는 힘은 무엇인가?
- 당신에게 장애가 될 수 있는 것은 무엇인가?
- 당신은 이러한 장애를 어떻게 극복할 건가?
- 어떤 행동이 당신이 이것을 달성하도록 할 수 있을까?
- 당신은 혼자 이것을 할 수 있나요 또는 도움을 필요로 하나?
- 당신은 언제 시작하기를 원하나?

가치명료화가 목표 설정, 의사결정과 행동 계획에 덧붙여 다른 유형의 상담 및 심리치료에 사용할 수 있는 방법에 대해 더 나은 예를 보여 주기 위해서, 나는 다양한 상담에 적용할 수 있는 가치명료화 질문과 전략의 예를 제시하고자 한다.

- 진로 상담 및 발달
- 재활상담
- 강박장애
- 성상담
- 상담자 교육과 슈퍼비전
- 다문화 및 다양성 문제
- 상담자 개인적 성장과 발달
- 학교상담
- 코칭

이 장의 한 가지 목표는 가치명료화 질문과 전략이 얼마나 다양하고 또한 상담자가 작업하고 있는 여하한 장면이나 주제에 대해서 어떻게 질문이나 전략들을 만들어 낼 수 있는가를 보여 주는 것이다.

- 이것들은 적용 영역의 단지 몇 가지 사례일 뿐이다. 분명히 부부상담, 목회상담, 약물남용상담, 노인상담과 내담자의 가치 주제가 깔려 있는 다른 많은 곳에 적용할 수 있다. 실제로, 이 책의 여러 곳에서 이렇게 또는 저렇게 가치명료화를 응용한 사례를 많이 볼 수 있다.
- 이것들은 각 적용 방법의 몇 가지 사례일 뿐이다. 각 주제에 대해 훨씬 많은 활동과 전략의 예(순위 정하기, 미완성 문장 등)를 제시하거나 만들 수 있다.
- 토론이 종종 이들 전략에 선행하거나 뒤따라온다. 여기에 제시된 예들은 그런 맥락이 없이 제시되었다. 실제 상담이나 심리치료에서는 어떠한 전략이라도 실행하기 전과 후에 토론이나 다른 가치명료화 질문 또는 전략이 따르는 경향이 있다.
- 내담자들과 집단구성원들은 항상 패스할 권리를 가지고 있다.
- 집단 장면에서 상담자는 때때로 3장에서 논의된 것과 같은 활동에 참여할 것이다.

진로상담과 발달

Lynne Shallcross(2010)는 진로상담가 Cyndi Doyle의 말을 인용하여 다음과 같이 적고 있다. "진로상담의 핵심은 사람들이 자신이 진짜 누구인지 찾는 것을 도와주는 것이다. '진로상담은 자신의 흥미, 성격, 가치, 기술 등 자신에 대해 더 잘 이해하도록 하고, 이러한 자기 이해가 자신의 직업세계를 좋아하는 정도에 어떻게 영향을 미치는지, 자신이 어떻게 기여하고 싶은지를 훨씬 잘 이해하도록 만든다. ……그리하여 그 사람이 보다 큰 그림을 그릴 수 있게 하고 자신의 진로로 나아가고자 하는 곳이 어디인지를 결정하도록 돕는 것이다(p. 32).'"

다시 말해, 진로상담의 주요한 부분은 가치명료화이다. 가치명료화가 보다 널리 알려진 1970년대부터 가치명료화 활동들은(이름이 그렇든 그렇지 않든) 대부분의 직업교육 프로그램과 상황에 포함되어 왔다. Howard Figler(1975, 1978)는 가치명료화 활동들로 구성된 대학생들을 위한 진로발달 워크북을 썼다. 진로상담 및 발달에 대하여 가치명료화는 내담자나 학생들이 다음과 같은 것을 할 수 있도록 돕는다.

- 일과 관련된 선호하는 것과 선호하지 않는 것을 명료화하도록 돕는다.
- 일과 진로에 대한 흥미와 목표를 명료화하도록 돕는다.
- 자신이 선택할 수 있는 다양한 일과 진로 선택안들을 이해하도록 돕는다.
- 각기 다른 진로들의 다양한 국면들, 즉 이점과 부담 등을 이해하도록 돕고, 또한 이 진로들이 내담자의 흥미와 재능에 어떻게 부합될 수 있는지를 이해하도록 돕는다.
- 그들에게 미치는 영향과 압력을 평가하여 최고의 선택인 직업이나 진로 경로를 선택하도록 돕는다.
- 그들이 선택한 일을 구하고 얻을 수 있는 전략을 계획하도록 돕는다.
- 그 직업을 얻거나 그 진로를 준비하기 위한 계획을 시행하도록 돕는다.

개인상담에서 이러한 과정은 높이 평가하기, 선택하기 그리고 행동하기의 순서로 진행되는 명료화 면접을 활용할 것이다(5장). 개인상담이든지 심리교육 집단이든지 간에 그 과정에서 다른 가치명료화 전략들을 다양하게 활용할 수 있다.

순위 정하기 어느 것을 선호하는가?

_________ 혼자 일하는 것

_________ 다른 한 사람과 일하는 것

_________ 집단이나 팀으로 일하는 것

가치 연속선 당신의 일이 당신에게 얼마나 의미 있을 것인지(또는 만족스러울지 또는 즐길 수 있을지 또는 재정적으로 보상이 될 것인지)에 대한 당신의 기대는 무엇인가?

전혀 아니다 ______________________________________ 매우 그렇다

목록 당신이 해 본 적 있는 모든 종류의 일에 대한 목록을 만들어라. 각 항목을 다음과 같이 기록해 보라. 첫 번째 분류 칸에 주로 혼자서 일한 것은 A를 사용해서 표시하고, **다른 사람**과 함께 일했을 때는 O를 사용한다. 두 번째 분류 칸에는 **만족스러운** 일은 S를 사용하고 **만족스럽지 않은** 일은 U를 사용하여 표시한다. 다음으로 당신이 돈을 벌었던 어떤 형태의 일이든 옆에 $ 표시를 하라. 다음으로 당신이 마지막으로 이런 종류의 일을 했던 날짜나 월 또는 연도를 적으라. 마지막으로, 당신이 미래에 하고 싶은 일에 유용할 것이라고 생각되는 기술이 요구되는 일에 SK를 표시하라(이제, 당신의 다양한 종류의 일에 요구되는 모든 다른 기술들을 함께 적어 보라).

자부심 질문/원 당신이 성취한 어떤 일에 대해 자부심을 느꼈던 때를 생각할 수 있는가? (원으로 돌아가면서 함께 나누어 보거나 패스한다.)

▌재활상담

수감자들이 교도소에서 석방될 때, 약물남용자들이 약물치료 프로그램을 떠날 때, 발달 장애가 있는 사람들이 부모의 집에서 나와 생활 지원 공동체로 옮길 때 또는 다른 인구 집단이 회복이나 독립 쪽으로 중요한 변화를 만들고자 할 때, 가치명료화는 그들의 목표 설정, 의사결정 및 다음 단계를 위한 행동 계획에 유용한 역할을 할 수 있다.

명료화 질문

- 당신의 삶에서 다음 단계의 주요 목표는 무엇인가?
- 새로운 상황에서 첫날(첫 주? 첫 달?)의 주요 목표는 무엇인가?
- 가장 큰 도전은 무엇이 될 것 같나?
- 당신이 이런 도전을 하도록 하는 강점은 무엇인가?
- 당신에게 힘이 되는 사람은 누구인가?
- 누가 당신의 성공을 망칠 것 같은가요? 어떻게 당신은 그 일을 피할 수 있나?
- 당신은 무엇에 관심이 있나?
- 당신은 __________을 어떻게 다루나?
- 다음 단계의 가장 좋은 것은 무엇인가?
- 앞으로 몇 주 동안 당신이 성공적으로 금주할 수 있도록 돕는 프로그램(지난 해 등)에서 자신에 대해 무엇을 배웠나?

미완성 문장　이전의 명료화 질문들은 집단 장면에서 미완성 문장으로 쉽게 바뀔 수 있다. 예를 들면, "나는 __________에 관심이 있다." 또는 "나의 가장 큰 도전은 ~일 것이다."와 같다.

목록 왼쪽 칸에는 다가오는 삶의 시기에 독립적으로(또는 약 없이, 범죄 없이 등) 살아 가기 위해 자신이 가지고 있는 모든 기술, 재능 또는 강점의 목록을 작성하라. 예를 들면, 내가 독립하는 데 도움이 되는 강점은 사람들이 제안한 것을 하고 싶지 않을 때, 누군가에게 아니라고 말할 수 있는 것이다. 그래서 나는 첫 번째 칸에 "'아니요'라고 말하는 것"이라고 썼다.

기술, 재능, 강점	높이 평가하는 것(P)	새로운 것(N)	그것은 어떻게 도움이 될까

이제 시간을 가지고 몇 가지 목록을 적었으니, 원으로 빠르게 돌아가면서 당신이 다음 삶의 국면에 가져갈 한 가지 기술, 재능 또는 강점에 대해 말할 기회를 갖고자 한다. 이것은 당신에게 자신이 소유한 기술이나 재능을 상기시켜 줄 수 있고, 그러면 당신은 그것을 목록에 추가할 수 있다.

이제 첫 번째 칸에서 당신이 자랑스러워하는 기술, 재능 또는 강점 항목 옆에 P를 적으라. 다음에는 만약 당신이 일 년 전에 작성하였다면 이 목록에 적지 않았을 당신에게 새로운 기술, 재능 또는 강점 항목 옆에 N을 적으라. 마지막 칸에 당신의 기술, 재능 또는 장점 가운데 3개(또는 5개 등)를 당신이 사회에 진출할 때 이 기술이나 재능 또는 강점이 어디에, 어떻게 도움이 되거나 유용할지를 나타내는 몇 개의 단어로 적으라.

자기 계약 새로운 상황에서 첫 주에 성공적이기 위해 취해야 할 단계를 생각하고, 종이 위에 다음과 같이 자기 계약을 적으라. "_______까지, 나는 할 것이다." 당신이 꼭 서명할 필요는 없지만, 만약 자기 계약서를 쓰려고 한다면 그것은 무엇이라고 말할까? 자, 이제 다 적었으므로 서명을 할 준비가 되었는지 결정할 수 있다. 원으로 돌아가면서 자기 계약을 읽어 보자. 원한다면 서명을 했는지 여부에 대해 우리에게 말할 수 있다. 패스할 수 있다는 것을 기억하라.

▌강박장애

뉴욕 로체스터에 있는 세인트존피셔(St. Jon Fisher) 대학교의 상담자 교육 교수인 Rob Rice는 강박장애(Obsessive-Compulsive Disorder: OCD)를 가진 내담자들과 수년간 일한 경험이 있다. 그는 개인 및 집단 치료에서 강박장애를 가진 내담자들에게 다음과 같은 가치명료화 활동을 사용해 왔다. 그는 워크숍 구조에서 진행하듯이 특정 활동들을 여기 있는 순서대로 사용하였다. 그는 집단 장면에서 안전과 존중의 분위기를 강화하는 한편, 적절한 반응을 모델링하면서 각 활동에 참여한다. 그는 또한 참가자들이 항상 패스할, 즉 자기 차례를 건너뛰거나 참여하지 않을 권리가 있다는 것을 상기시킨다.

2분 자서전 2분 안에, 당신의 강박-충동적인 행동 각각에 관련된 요소들이나, 당신의 삶에서 아직도 싸우고 있을지도 모르는 것들을 포함하여 자신의 개인사 가운데 일부분을 공유해 보자.

연속선 벽에 붙은 용지에 그려 놓은 연속선상에 자신의 증상이 어떻게 삶에 영향을 미치는지를 정확하게 기술한다고 생각하는 지점에 자신의 이름을 써라. 이 워크숍이 다음 주까지 계속될 때, 만약 당신이 어느 방향으로든 변화가 있다고 느낀다면, 당신의 이름을 자유롭게 옮길 수 있다.

내 증상은 내 삶에 전혀 영향을 미치지 않는다.	――――――――――――――――	내 증상은 내 삶의 모든 국면을 전적으로 지배한다.

목록: 내가 정말 하기 좋아하는 20가지 삶에서 진정으로 하는 것을 좋아하는 20가지(참가자의 나이에 따라 10개 또는 15개)의 목록을 만들라. 다음 칸에는 강박장애 증상을 경험하기 이전에 정말 하기 좋아했던 항목들 옆에 B를 적으라. 다음 칸에는 강박장애 증상을 경험한 후에 좋아했던 항목들 옆에 A를 적으라. 그리고 강박 증상을 가진 현재에도 할 수 있는 항목들 옆에 N을 적으라. 마지막으로, 좋아하는 활동을 마지막으로 한 날짜나 주, 월, 연도를 각 활동 옆에 적으라(표시하라).

하기 좋아하는 것	강박충동 이전(B)	강박충동 이후(A)	현재(N)	가장 최근
1.				
2.				
3.				
기타				

목록 다른 경우에, Rice는 내담자들에게 다른 목록을 만들어 보라고 요청했다. 당신의 강박장애의 목록을 만들라. 다음 칸에는 당신이 그 행동을 하지 않으면 발생할 것 같아 두려워하는 것을 몇 마디 적어 보라. 다음으로, 이 충동이 매우 문제가 되는, 문제가 되는, 문제가 되지 않는다고 생각하는가를 나타내도록 각 충동 옆에 각각 VT나 T 또는 NT라고 적으라. 마지막 칸에 당신이 약하다(예를 들면, 쉽게 깨지는)고 생각하는 강박 옆에는 W를, 적당한 힘을 가진 것으로 보이는 강박 옆에는 M을, 깨지기 힘들 것이라고 생각되는 강박(예를 들면, 강한 불안반응을 불러일으키는) 옆에는 S를 적으라.

강박	두려움	문제 정도(VT, T, NT)	강도(W, M, S)
1.			
2.			
3.			

명료화 질문/집단 면접 먼저, 상담자는 집단구성원들에게 가치명료화 질문을 하는 방법을 가르친다. 그런 다음, 모든 집단원은 (통과 여부를 선택할 수 있는) 집단 면접(5~10분)을 받을 기회를 갖는다. 이때 집단구성원들은 대상자에게 증상 또는 삶의 다른 주제들에 대해 명료화 질문을 하는데, 여기에는 대안 활동과 그 결과에 대한 질문이 포함된다. Rice(2004) 박사는 "이것은 강박장애로 진단받은 사람들을 위한 결정적이고 필수적인 치료 단계이다. 왜냐하면 이것은 그들의 강박과 충동이라고 하는 것이 어떤 점에서는 그들과 분리되어 있으며, 증상과 관련하여 자신이 어느 정도 통제력을 가지고 있다는 것을 처음으로 인식하게 만드는 때이기 때문이다."라고 하였다.

나는 배웠다 진술문 참가자들은 워크숍이나 가치명료화 경험을 통해 배웠거나 얻었을 수 있는 것을 반영해 볼 수 있도록 '나는 내가 ______를 배웠다(나는 내가 _____ 하다는 것을 배웠다, 나는 내가 _____ 하다는 것을 다시 배웠다 등, 6장 15번 참조)'와 같은 문장 줄기를 사용한다.

▌인간의 성

상담자와 심리치료사들은 많은 맥락에서 인간의 성을 다룬다. 학교에서의 성교육, 부부상담, 성 치료, 성범죄자들과 일하는 것, 성적인 문제를 가진 개별 내담자들, 성적 지향에 관한 상담, 노인의 성 문제와 기타 삶의 모든 중요한 영역과 마찬가지로, 성은 가치판단으로 가득 차 있고, 우리의 목표와 선택 그리고 행동을 조화시켜야 하는 도전으로 가득 차 있다. 다음은 상담자와 심리치료사들이 성에 관한 가치 주제를 여러 장면에서 탐색하기 위해 사용해 온 몇 가지 가치명료화 연습활동들이다. 이러한 활동 중 일부는 집단 활동으로 기술되지만 개인상담에서도 사용될 수 있다. (이 세 가지 활동에 대해 Rob Rice와 Brande Hunt에게 감사를 드린다.)

3분 자서전 집단구성원들과 인간의 성에 대한 태도, 신념 그리고 가치를 어떻게 발달시켜 왔는지를 3분 이내로 이야기 나누어라.

연속선 인간관계에서 섹스는 얼마나 중요한가?

당신의 현재 관계나 결혼 생활에서 섹스는 얼마나 중요한가요?

섹스는 (나의) 관계에서 전혀 중요하지 않다.	————————————	섹스는 (나의) 관계에서 가장 중요하다.

섹스에서 성적 쾌감 대 육체적/정서적 친밀감은 당신에게 얼마나 중요한가?

100% 자극과 친밀감	————————————	100% 밀착감과 오르가슴

목록 육체적/성적 관계에서 당신이 하기를 좋아하는 10가지(그 이상이나 이하)를 적으라. 두 번째 칸에는 목록 중에서 오래된 것들, 즉 성인기의 대부분 동안 좋아했던 것 옆에 O를 적고, 목록 중에서 보다 새로운 것들, 즉 보다 최근에 하기 좋아한 것들 옆에 N을 적으라. 다음 칸에는 여러분의 파트너도 좋아한다고 생각하는 것들 옆에 P를 적으라. 지금 당신이 하는 양이나 빈도보다 더 많이, 적게 또는 같은 양이나 빈도만큼을 나타내는 +(더하기), −(빼기) 또는 =(같음) 기호를 각 활동 옆에 표시하라. 마지막 칸에는 그것을 마지막으로 했던 때를 나타내는 날짜나 월, 연도 또는 기타 단어를 목록의 각 항목 옆에 적으라.

좋아하는 육체적/성적인 것	오래된(O) 또는 새로운(N)	파트너(P)	+, −, =	마지막으로 한 때
1.				
2.				
3.				
기타				

이제 당신이 하고 싶거나 시도해 보고 싶은 세 가지 이상의 육체적/성적 활동을 추가하여 목록을 확장하라. 파트너 칸의 경우 당신의 파트너가 당신이 하기 좋아한다고 알고 있는 각 항목 옆에 체크 표시를 하라. 마지막 칸에는 다음 달에 당신의 파트너에게 하고 싶다고 얘기하고 싶은 새로운 활동들 옆에 체크 표시를 하라.

가치명료화 질문 이 질문들은 적절한 시간에 개인상담에서 사용하거나, 공개 면접 또는 집단 장면에서의 집단 면접에 그리고 집단원들이 돌아가면서 사용하거나 각 구성원들이 그중의 하나에 대해 토론하도록 하는 데 사용될 수 있다. 이 질문들은 또한 미완성된 문장으로 변형해서 사용할 수도 있다.

- 섹스가 당신에게 더 즐거울 것 같을 때에 대해 당신이 배운 한 가지는 무엇인가?
- 당신의 파트너에게 기쁨을 주기 위해 배운 기술이나 방법은 무엇인가?
- 누군가 당신에게 성관계에서 유용할 것이라고 가르쳐 준 것은 무엇인가?
- 당신의 파트너에게 당신이 두려워하거나 요구하기를 꺼리는 것은 무엇인가?

- 성적 흥분이란 무엇인가?
- 무엇이 당신의 성적 흥미를 잃게 하는가?
- 섹스를 하기에 좋은 마음상태를 가지려면 어떻게 해야 하나?
- 당신의 파트너가 당신이 섹스에 대해 좋은 마음을 갖도록 돕기 위해 할 수 있는 것은 무엇인가?
- 당신의 파트너와의 섹스에서 이상적인 빈도는 무엇인가?
- 당신의 파트너가 섹스를 하고 싶어 할 때 거절할 수 있는 가장 좋은 방법은 무엇인가?
- 당신의 파트너가 섹스를 하고 싶어 하고 당신이 원하지 않을 때 거절할 수 있는 가장 좋은 방법은 무엇인가?
- 성생활에 대한 부모님의 태도나 행동이 당신의 성적 태도나 행동에 어떻게 영향을 미쳤는가?
- 당신은 다른 사람들에게 추천하고 싶은 섹스에 관한 유용한 책이나 기사를 읽어 본 적이 있는가?
- 당신이 섹스나 성생활에 대해 알고 싶은 것은 무엇인가?
- 당신과 당신의 파트너가 각자에게 즐거움을 주는 것에 대해 얼마나 많은 대화를 나누는가?
- 당신은 '더 높이' '더 낮게' '더 부드럽게' '더 세게'와 같은 말을 한 적 있는가? 그리고 당신의 파트너가 어떻게 하면 당신의 쾌감을 높일 수 있는 지에 대해서 말해 본 적 있는가? (그렇게 하는 것을 어떻게 배웠는가? 왜 안하는가?)
- 당신은 ______을 고려해 본 적이 있는가? 그 이유는 무엇인가? 그렇지 않은 이유는 무엇인가?

순위 정하기 첫 번째에 나온 두 가지는 Morrison과 Price(1974)의 것에 기반하고 있다.

다음 주 토요일에 무엇을 하고 싶은가?

________친한 친구와 저녁 보내기

________아름다운 날을 야외에서 보내기

________좋은 오르가슴 느끼기

만약 내가 성적 욕구나 바람을 풀고 싶다면, 나는 ________할 것이다.

________자위

________섹스

________격렬한 육체적 활동하기

당신은 어떤 것을 가장 좋아하는가? 가장 선호하는 것에서 가장 선호하지 않는 순으로 순위를 매겨라.

________파트너가 상위인 얼굴을 맞댄 성교

________내가 상위인 얼굴을 맞댄 성교

________뒤쪽에서 성기와 질까지

________구강성교

________항문성교

나는 배웠다 진술문 하나 이상의 활동이 끝나면, 집단구성원들은 그들이 경험에서 배운 것을 성찰하기 위해 문장을 완성한다. 문장을 쓴 후에, 그들은 완성된 문장 중 하나를 집단구성원들과 공유하게 되고, 만약 그들이 원한다면 그것에 대해 조금 더 말한다.

- 나는 내가 ______________하다는 것을 배웠다.
- 나는 내가 ______________하다는 것에 놀랐다.
- 나는 ______________에 대해 당황스러웠다.
- 나는 내가 ______________하다는 것에 기뻤다.

- 그것은 나를 ______________하게 느끼게 하였다.
- 나는 내가 ______________하다는 것을 깨달았다.
- 내가 보기에 나는 ______________하고 싶다.

▌상담자 및 임상 교육과 슈퍼비전

가치명료화 질문과 전략을 상담자와 심리치료사의 임상 훈련과 슈퍼비전에 사용하면, 다음 네 가지를 달성할 수 있다. 첫째, 도움을 주는 전문가가 자신의 가치를 명료화함으로써 내담자들과의 관계에서 생길 수 있는 가치와 도덕적 갈등을 더 잘 인식하고 다룰 수 있다는 것은 중요하다(8장 참조). Gerald Corey(2009)는 널리 알려진 상담에 관한 교재의 첫 장에서 상담자들이 어떻게 스스로를 알고 자신의 가치를 명료화해야 하는지에 상당한 주의를 기울이고 있다. 둘째, 다음의 예에서 보듯이, 가치명료화는 학생과 훈련생들이 상담 이론과 실제에서 중요한 이슈에 대해 생각하고 탐색해 보도록 돕는 유용한 도구이다. 셋째, 임상 훈련과 슈퍼비전은 학생들과 훈련생들에게 가치명료화에 대해 가르칠 수 있는 좋은 기회이며, 이를 통해 그들은 자신의 내담자들과 집단에 사용할 수 있다. 넷째, 상담자 교육과 슈퍼비전에 가치명료화를 사용하는 것은 학생들에게 가치명료화를 사용하는 **개인적 경험**을 제공한다. 이것은 특히 중요한데, 왜냐하면 상담자들이 명료화 과정과 효율성을 진정으로 인식하게 되는 것은 가치명료화 접근을 직접적으로 경험함으로써 가능하기 때문이다. 이것에 대해서는 나중에 '개인적 성장'에서 더 많이 언급될 것이다.

상담자 및 임상 교육과 슈퍼비전에 있어서 가치명료화를 사용할 수 있는 몇 가지 예는 다음과 같다.

상담자 교육/임상 훈련

순위 정하기 이론 과정에서, 일단 학생들이 많은 상담과 심리치료 이론을 공부하고 나면, 교수는 학생들에게 다음 서술어들을 상담자 또는 치료사로서의 자신에 대한 개념에 가장 적합하지 않은 순서대로 배열하도록 요청하였다.

________과거의 진실을 밝혀내려고 노력하는 '고고학자'
________인생의 궁극적인 진리와 의미를 추구하는 '부처'
________여행 중에 동정심이 많은 동반자인 '동료 여행자'
________우리의 생각, 감정, 행동 사이의 관계를 이해하려고 노력하는 '인지과학자'

학생들은 각자 순위를 정하고 그들의 선택 이면에 있는 생각에 대해 짧게 또는 길게 설명했다. 때로 그들은 자신의 선택 순위와 일치하는 것으로 보이는 다른 이론들을 언급하기도 했다(예: 부처=실존주의, 동료 여행가=인간중심 등). 이 활동에 뒤이어 상담이론과 그들 자신의 발달하고 있는 상담자 정체성에 대한 다소 보편적인 토론을 하였다.

어떤 상담 환경에서 가장 편안함을 느끼는가? 왜 그런가?
________개인상담
________집단상담
________심리교육 집단들

어떤 내담자와 일하는 것이 가장 편한가?
________다른 인종의 사람
________헌신적인 기독교인, 유대인, 무슬림 등

________게이나 레즈비언

________관능적인 내담자

________화난 내담자

대안 찾기/순위 정하기 당신은 학교상담사이다. 한 학생이 당신의 사무실에 와서 생물학 기말 고사에서 부정행위를 했고 그 결과로 A학점을 받았다고 말한다. 그녀에게 반응하는 다른 세 가지 (혹은 그 이상의) 방법은 무엇일까?

________ ____

________ ____

________ ____

응답 가능성이 가장 낮은 항목을 나타내기 위해 선택 사항의 순위를 정하라. 당신의 순위를 설명하라.

연속선 성공적인 상담이란 무엇인가?

*관계의 로니 (치료적 관계가 전부이다) ———————————————— 기교의 테디 (치료 기법이 전부이다)

상담자 슈퍼비전

현재 뉴욕 로체스터의 나사렛 대학교의 상담자 교육 교수인 Stephen Demanchick은 상담 인턴을 슈퍼비전하는 학교와 지역사회 상담자들을 위한 워크숍에서 별표가 표시된 가치명료화 활동을 개발하였다. (그의 아이디어 중 일부는 이미 '상담자 교육과 임상 훈련'에도 포함되어 있는데, 여기서도 별표(*)로 표시해 두었다.)

*미완성 문장 각 반이나 집단구성원들에게 다음 문장을 완성하도록 하라. 그런 다음, 각 개인에게 완성된 문장 중 2개를 집단과 공유하도록 요청하라. 그러고 나서 각 사람들에게 "나는 _____을 배웠다." 또는 "나는 _____에 놀랐다."라는 진술을 만들게 하라. 이 활동은 그들이 이 활동에서 얻은 생각과 통찰 또는 놀라워했던 것을 드러내게 한다. 집단토론으로 이것을 따라 해보라.

- 효과적인 상담자는 ______________________________이다.
- 나는 나의 슈퍼바이저가 ____________________ 이기를 희망한다.
- 임상 슈퍼비전은 ________________________________이다.
- 좋은 슈퍼비전에 참여한다는 것은 _________________을 의미한다.
- 상담자 교육 프로그램은 _________________________해야만 한다.
- 슈퍼바이저로서 나는 ___________________________하고자 한다.
- 이 워크숍이 끝난 후, 나의 슈퍼비전에 대한 견해는 __________이다.

*순위 정하기

*학교상담가로서 일상적인 하루 동안의 일을 중요한 순서대로 표시해 보라.

________개인상담

________문서 작업

________부모와의 접촉 또는 상담

________교사 자문

*슈퍼비전 받는 학생이 가장 유능해지기를 바라는 것을 가장 중요한 것에서 전혀 중요하지 않은 것 순으로 순위를 정해 보라.

________문제 해결

________공감하기

________갈등 다루기

________내담자의 가족들과 작업하기

자부심 질문 당신이 매우 자랑스럽게 여기는 세 가지 일은 무엇인가? 인턴을 슈퍼비전하면서 좋았다고 느꼈던 한 가지는 무엇인가?

가치 연속선 훈련에서 슈퍼바이저, 상담자가 되기 위해 배우던 때를 돌이켜 보았을 때, 당신은 이 연속선상의 어디쯤 있었을까? 당신은 얼마나 독립적이었거나 종속적이었나?

*나는 모든 것을 스스로 하기를 원한다. ________________________________ 가르쳐 주세요.

생애 파이 직장에서 시간을 어떻게 보내는가? 당신이 직장에서 하는 중요한 작업 목록을 6개에서 8개 만들라. 그런 다음, 이들 각각에 소비하는 시간이 얼마나 많은지를 나타내도록 파이를 조각으로 나누라.

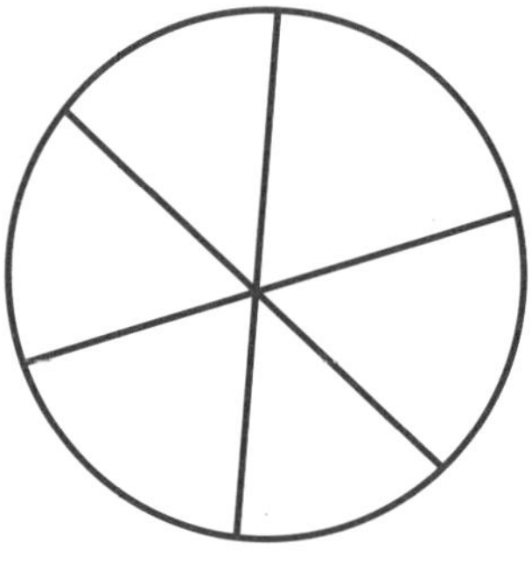

어떤 부분이 가장 만족스러운가? 어떤 것을 더 늘리거나 줄이고 싶은가? 2개의 조각을 선택하라. 각 부분에 대해 해당 영역의 크기를 늘리거나 줄이

기 위해 할 수 있는 일들 중 하나는 무엇인가? 그 일들 중 하나를 하기 위해 자기 계약을 할 의향이 있는가?

▌다문화 및 다양성 문제*

이 간단한 워크숍에서는 참가자가 자신을 문화적 존재로 간주할 수 있도록 돕고 문화적인 존재로서 소유한 가치가 상담이나 다양한 내담자들과의 다른 작업에 어떤 영향을 미칠 수 있는지를 탐구하기 위해 가치명료화 기법을 활용한다. 이 워크숍은 훈련 및 실무 상담 전문가들을 대상으로 한다. 워크숍에는 포지셔닝과 참여의 두 가지 부분이 있다. **포지셔닝**(positioning)이란 워크숍 참가자가 자신의 중요한 측면을 인종, 민족, 정신, 사회경제, 계급, 성, 성별에 따라 규정하고 나누도록 돕는 것을 의미한다. **참여**(engagement)는 참가자가 자신의 믿음이 내담자와 상호작용하고 관여하는 그들의 능력에 어떤 영향을 미치는지 탐구하는 것을 의미한다.

포지셔닝 워크숍 참가자들이 (a) 스스로를 문화적 존재로 고려하도록 하고 (b) 문화적 이슈에 대한 그들의 입장을 명확히 하도록 돕기 위해, 인종, 경제, 사회 등 다문화 문제를 탐구하는 순위 정하기 연습(전략 2)에 참여하도록 요청한다. 조력자는 각 참가자들에게 순위 정하기 연습문제를 완성하도록 요청하는데, 이 연습문제는 참가자들이 자신의 개인적인 믿음에 기초하여 문화적 주제에 대해 가치판단을 하도록 하는 것이다.

* 이 절은 로체스터 대학교의 박사과정 학생이었고 현재는 시러큐스(Syracuse) 대학교 교육대학의 상담교육 교수인 Derek Seward가 작성한 것이다.

◑ 순위 정하기 연습

다음 질문에 대해 개인적인 믿음과 선호도에 따라 선택 사항의 순위를 정해 보시오.

1. 무엇을 더 하시겠어요?
____ 외국 영화 관람하는 것
____ 미술 전시회에 참석하는 것
____ 자신의 종교가 아닌 다른 종교의 영적 봉사에 참여하는 것

2. 친구에게서 무엇을 찾으세요?
____ 당신과 같은 종교적 신념
____ 당신과 같은 인종적 배경
____ 당신과 같은 사회경제적 지위

3. 어느 나라에서 살고 싶으세요?
____ 아이티
____ 이란
____ 프랑스

4. 당신은 어떤 민족 구성원이기를 원하나요?
____ 아일랜드계 미국인
____ 베트남계 미국인
____ 멕시코계 미국인

5. 나는 ____에 5달러를 쓰고 싶다.
____ 스타벅스 커피
____ 지역 슈퍼마켓에서 커피 한 캔
____ 지역 식품저장실 또는 협동조합에서 커피 또는 음료 구입

6. 중요한 결정을 내릴 때 누구와 상담할 가능성이 가장 높은가요?
____ 친구
____ 가족 구성원
____ 종교 고문

7. 나는 ____하면서 2시간을 보내고 싶다.
____ 학생 가르치기
____ 집회 또는 항의 행진하기
____ 주방일 돕기

8. 가장 휴가를 가고 싶은 곳은 어디인가요?
____ 다른 나라
____ 거주지에서 100마일 이내
____ 미국 내이지만 거주지에서 100마일 이상 떨어진 곳

9. 아들이나 딸이 하지 않기를 가장 바라는 것은 무엇인가요?
____ 열 살 이상 나이 많은 사람과 결혼하기
____ 다른 사회경제적 지위의 사람과 결혼하기
____ 다른 인종이나 민족의 사람과 결혼하기
____ 다른 종교를 가진 사람과 결혼하기
____ (당신과는 다른) 성적 지향을 가진 사람과 결혼하기

10. 우대 정책에 대한 당신의 입장을 가장 잘 나타내는 것은 무엇인가요?
____ 그것은 도움이 되고 필요하다.
____ 그것은 불필요하다.
____ 그것은 필요하지만 더 효과적일 필요가 있다.

참가자들이 개별적으로 연습 설문지를 완성한 후에, 촉진자는 각 질문을 읽고 몇 명의 참가자에게 순위를 공개적으로 발표하고 선택 이유에 대해 자세히 설명하도록 요청한다. 일례로 순위 정하기 연습 2의 경우, 참가자들에게 어떤 문화적 측면—종교, 인종 또는 사회경제적 지위 중—이 우정에 가장 중요하거나 중요하지 않은 가치를 지니는지 생각해 보도록 요청한다. 우선, 그들은 이러한 문화적 특성에 자신이 얼마나 많은 관심을 기울이는가 혹은 그렇지 않는가에 대해 직면해야 한다. 인종, 종교 그리고 다른 다양성의 주제에 대해 자기 반성을 함에 따라, 그들은 복잡한 문화적 상호작용 이슈를 일상적 관계로 해체하게 된다. 참가자들이 자신의 답변과 선택에 대한 근거를 나눌 수 있는 기회를 제공함으로써 서로에게 대안적 신념 체계를 제공하는 한편, 자신의 신념을 공개적으로 확인하게 된다.

워크숍의 포지셔닝 영역 내의 두 번째 연습문제는 이주 연습 또는 '낙하 대피소 문제(fallout shelter problem)'이다(Simon, Howe, & Kirschenbaum, 1972). 이 연습문제는 참가자들이 높이 평가하는 문화적 측면을 더 탐색하고 규명하도록 돕기 위해 고안되었다. 촉진자는 참가자들에게 달을 식민지화하기 위해 떠나는 여행에 함께 데리고 갈 다섯 명을 개별적으로 찾아 두라고 요청한다. 참가자들은 그들이 가치 있게 여기는 문화적 측면과 이것들과 다른 문화적 가치의 관계에 대해 고심해야 한다. 예를 들면, 참가자는 성별 균형, 연령의 다양성 또는 둘 다를 선호하는지에 대해 의문을 가질 것이다.

참가자는 개별적으로 이주 연습문제를 완료한 후 3인 1조를 구성한다. 그들의 임무는 이주 목록에 있는 다섯 명의 구성원들 가운데 이 이주 여행에 합류시킬 세 명을 선택하여 총 여덟 명이 한 팀이 되는 합의에 도달하는 것이다. 이를 위해서는 각자의 결정에 대한 근거를 이야기해야 한다. 이는 참가자들이 자신의 신념과 가치를 공개적으로 확인하는 것 외에도, 동료들의 가치가 어떻게 자신과 유사하거나 다른가를 한번 살펴볼 수 있게 한다. 시간이 남으면 전체 집단토론을 해 볼 수 있다.

◑ **이주 연습**

지구는 죽어 가고 있다. 지구 온난화와 산소 공급의 고갈로 인해 지구는 살 수 없게 되었다. 당신은 달을 식민지화하려는 개인 집단을 이끌도록 미국 정부에 의해 선발되었다. 당신의 임무는 당신의 팀을 선택하는 것이다. 당신은 다음의 가능한 팀 구성원 목록에서 다섯 명을 선택할 수 있다. 지구는 죽어 가고 있고, 바로 당신이 다시 인류를 시작할 것이라는 점을 명심하라. 당신의 팀에 누구를 포함시킬지 신중하게 고려하라. 이주 여행도 할 것이기 때문에 자신의 인종, 성별, 성적 성향, 종교, 직업을 명심하라.

1. 존, 36세, 사서, 백인
2. 질, 24세, 예술가, 유대인, 하반신 마비
3. 더그, 47세, 의사, 흑인, 침례교도
4. 페기, 48세, 소규모 소프트웨어 회사의 CEO, 백인
5. 에밀리, 18세, 고등학생, 중국인, 레즈비언
6. 조지, 20세, 대학생, 라틴계 미국인, 게이
7. 버니스, 65세, 퇴직 교사, 아메리카 원주민
8. 헨리, 51세, 농부, 백인, 가톨릭교도
9. 사이먼 , 32세, 목수, 아메리카 원주민
10. 알리, 10세, 학생, 중국인, 에밀리의 형제
11. 샤자, 30세, 급진 이슬람 여성

참여 워크숍의 두 번째 부분에서, 가치 투표 연습(전략 7)의 변형은 워크숍 참가자가 자신의 신념, 편견 또는 가치가 특정 내담자 집단과 함께 일할 수 있는 능력을 어떻게 돕거나 방해할 수 있는지를 고려하도록 돕는다. 이 활동은 참가자들이 다양한 사회 집단의 구성원들을 상담할 수 있는지에 대한 질문에 예 또는 아니요로 투표하는 것으로 구성되어 있다. 이 연습은 참가자들의 문화적 태도와 가치가 어떻게 내담자를 돕는 데 편안하게 느끼거나 싫어함을 느낌으로써 상담 관계에 얼마나 영향을 미칠 수 있는지에 참가

자들을 직면하게 한다. 연습문제를 풀기 위해서는, 참가자들에게 그들의 태도와 가치에 관하여 다른 배경이나 가치 체계를 가진 사람들과 함께 일하는 것을 어렵게 하는 것이 무엇인가라는 질문이 요구된다. 또한 활동을 통해 참가자는 상담할 수 있도록 전략이나 역량을 적극적으로 개발해야 하는 잠재적 내담자 집단을 규명할 수 있다.

◑ 투표 연습

(로체스터 대학교 Kathryn Douthit 교수로부터 배운 활동에서 적용) 다음의 각 사람 목록에 대해 만약 당신이 그 사람의 문제를 도와줄 충분한 공감과 연민을 경험할 수 있다고 생각한다면, 그 사람의 옆에 "예"를 적으라. 만약 당신이 당신의 태도, 편견 또는 가치가 그 사람과 도움이 되는 상담 관계를 맺는 데 방해가 될 것이라고 생각한다면, 그 사람 옆에 "아니요"를 적으라.

________베테랑
________아랍인
________게이 남자
________라틴계 미국인
________미국인
________아프리카계 미국인
________정통파 유대교도
________마약 상인
________아동 성추행자
________십대 미혼 임산부
________스킨헤드족
________이탈리아인
________맹인
________노숙자
________상류층 백인

_________갱단
_________테러리스트
_________흑인 무장군인
_________낙태 반대론자
_________낙태 옹호론자
_________담배 회사 임원
_________이민 농장 노동자
_________무신론자
_________정신장애를 가진 사람
_________간통한 사람

워크숍은 촉진자가 참가자들에게 **나는 배웠다 연습문제**(전략 15)를 해 보도록 하면서 끝난다. 이 연습의 목적은 참가자가 워크숍 경험에 대해 성찰하고, 자신이 도달한 새로운 수준의 인식을 명료화하며 워크숍을 끝내는 것이다. 특히 촉진자는 참가자들에게 워크숍 경험에 대해 성찰하고 다음 세 문장을 완성하도록 요청한다: (a) 나는 내가 ______하다는 것을 배웠다. (b) 나는 내가 ______하다는 것을 알았다. (c) 나는 내가 ______하다는 것에 놀랐다. 그 후에 참가자들이 자신의 **나는 배웠다 진술문** 중의 하나를 집단구성원과 이야기할 기회를 준다.

▌개인적 성장

상담자와 심리치료사들이 이전 섹션의 예에서와 같이 전문적인 문제뿐만 아니라 개인적인 문제와 관련하여 자신의 삶에서 가치명료화를 사용할 수 있는 방법은 무수히 많다. 개인적 성장과 발전을 위해 또는 한 사람의 삶을 더 풍요롭게 하거나 새 차나 가전제품을 구입하는 것과 같은 실질적인 결정을 내리기 위해, 가치명료화는 혼자서나 다른 사람과 더불어 사용할 수 있는 접근이 용이한 도구를 제공한다. 나는 정기적으로 나 자신, 가족 및 친구와 함께 가치명료화를 사용한다.

- 아내와 내가 휴가 중이라면, 비행기에서 우리는 각자가 보거나 하기를 원하는 모든 것에 대한 목록을 작성하고 우선순위에 따라 목록을 배열한 다음, 목록을 공유하고 공동 목록과 계획을 만든다.
- 우리 중 한 사람이 까다로운 결정을 고민하고 있다면, 다른 한 사람은 의견을 제시할 수 있다. 그러나 우리는 서로 가치명료화 질문을 할 가능성이 높다.
- 큰 프로젝트를 맡을지 여부와 같은 큰 결정을 해야 하는 경우, 나는 내가 정말 하기 좋아하는 20가지 목록을 수행하고 새 프로젝트가 내가 좋아하는 것들을 수행하는 능력에 어떤 영향을 미치는지 고려할 수 있다.
- 크든 작든 어떤 결정을 내릴 때, 나는 스스로에게 가치명료화 질문을 한다. 어젯밤과 같이 내가 특정 워크숍을 하고 싶었는지에 대해 생각할 때도, 나는 스스로에게 '돈이 목적이 아니라도(즉, 필요한 돈이 모두 있다면), 여전히 이 워크숍을 하기를 원하는가?'라고 물었다.
- 뿐만 아니라 우리는 추수 감사절에 테이블을 돌아다니며 각각의 사람들에게 "나는 _____에 대해 감사한다." 또는 "나는 _____을 감사한다."와 같은 미완성 문장을 완성할 수 있는 기회를 준다.
- 다른 경우에 가족이나 친구들과 함께, 우리 중 한 사람은 자신이 하고 있는 흥미로운 일이나 지난주의 자랑스러운 일들에 대해 돌아가며 이야기하기를 제안한다. 차례를 원하는 사람이 한다. 이것은 엄격한 것은 아니다. 우리는 항상 그렇게 하는 것은 아니다. 그리고 모임은 여전히 집단 상담 회기보다는 친구들이나 가족이 서로 즐기는 것처럼 보인다.
- 대량 구매를 고려하고 이 목록에 모든 돈을 쓸 가치가 있는지 궁금해할 때, 우리는 '이 많은 돈을 써야 하는 다른 무엇이 있는가? 가장 큰 만족

을 줄 수 있는 것은 무엇인가? 환경에 미치는 영향(예: 가스 마일리지, 에너지 등급)은 무엇인가? 다른 어떤 방식으로 우리의 가치와 일치하거나 일치하지 않는가?'를 물을 것이다.

- 도시에서 교외로, 집에서 아파트로의 큰 이동을 고려할 때, 우리는 서로에게 모든 종류의 가치명료화 질문을 하고 각각의 선택에 대해 생각할 수 있는 결과와 모든 장단점 목록을 만든다. 우리의 재정, 운전 시간, 개인적인 미적 만족도, 건강, 친구들과의 유대감, 가족이나 친구들의 잠자리, 옥외에서의 시간, 주차 용이성 등에 미치는 영향은 무엇인가? 어떻게 긍정적인 면을 향상시키고 부정적인 면을 완화시킬 수 있는가? 1에서 10까지의 척도에서 우리는 어디에 위치하는가?

이러한 예에서 알 수 있듯이, 가치명료화는 우리에게 자연스럽게 다가온다. 그것은 단지 방법이 아니다. 생각하는 방식이다. 그것은 다른 사람들에 대한 관심을 보여 주는 좋은 방식이며 또한 우리에게 중요한 것을 나누는 좋은 방식이다. 자신의 삶에서 가치명료화를 사용하는 전문가는 그것을 다른 사람들과 함께 사용하는 데에도 보다 효과적일 것이다. 스스로에게 가치명료화를 사용하는 것은 자신의 기술, 경험 및 그 접근에 대한 편안함을 심화시키는 좋은 실천이다. 우리가 그 접근에 더 편안해질수록 그리고 더 자연스러워질수록 상담 장면에서도 가치명료화가 더 자연스러워질 것이다. 때때로 동료들과 나는 전문가들이 자신의 삶에서 가치명료화를 사용하지 않는다면, 그들이 다른 사람들과 함께 가치명료화를 사용하였다는 것이 의심스럽다고까지 말한 적 있다.

그렇긴 해도 나는 앞서 얘기했던 가치명료화만이 가치를 명확하게 하는 유일한 방법은 아니라는 점을 다시 한번 강조하고자 한다. 나는 종종 "충분히 생각했어! 실행하기를 원해."라고 말하는 시점에 다다른다. 아니면 그것에 대해 한번 더 생각해 보거나, 숙고하거나 하고 싶다고 여겨지는 것에 대한 직감을 탐색해 본다.

개인적 성장을 위한 가치명료화 활동을 포함하는 또 다른 출처는 Simon (1974), Simon, Howe와 Kirschenbaum(1995)이다.

학교상담

2장에서 설명했듯이, 1970년대와 1980년대는 학교, 가정 및 지역사회에서 도덕 교육 및 성격 교육의 완전한 프로그램으로서 가치명료화가 지나치게 사용되었던 시기이다. 결과적으로 반발이 일어났고, 가치명료화는 보다 탄탄하고, 변호할 수 있는 인성교육 운동으로 대체되었다. 점차적으로 가치명료화가 다시 사용되었고, 가치명료화의 지지자들뿐만 아니라 가치명료화 비판자들도 가치명료화가 가치 · 시민 · 도덕 · 인성 교육의 전체 프로그램에서 유용한 부분이 될 수 있다는 것을 받아들였다.

물론 한 세대가 가장 소중히 여기는 가치를 미래 세대에게 전달하는 것은 중요하다. 이것은 가치를 육성하기 위한 다양한 방법(가혹한 교습 방법과는 다른), 즉 가치 모델링, 가치 있는 삶의 기술을 가르치는 것 그리고 젊은 사람들이 자신에게 의미 있는 가치를 찾고 그 가치를 실천하도록 도울 수 있는 가치명료화를 사용하는 것을 통해 이루어질 수 있다(Kirschenbaum, 1995).

특히 성교육, 직업교육, 괴롭힘, 갈등 해소, 다양성 및 관용 문제와 관련하여 교실이나 집단의 학생들과 함께 일할 수 있기 때문에 가치교육, 도덕교육 또는 인성교육에서 자신이 역할을 수행해야 한다고 보는 학교상담자들은 가치명료화의 많은 유용한 기술, 활동 그리고 기법들을 찾아야만 한다. 그러나 다시 말하지만 가치교육과 인성교육은 이 책의 주제가 아니다.

이 책은 학생들과의 개인 및 집단 상담 장면과 심리교육 활동에서 하나의 상담 도구로서 가치명료화를 사용하고자 하는 학교상담자에게 더 적합하다. 하나의 상담 도구로서 명료화 질문, 명료화 면접, 명료화 전략과 같은 가치명료화는 학생들에게 다음과 같은 도움을 줄 수 있다.

- 학업 프로그램을 선택하는 것
- 교과과정을 선택하는 것
- 진로목표와 계획을 개발하는 것
- 교과과정과 과외활동의 균형을 유지하는 것
- 보다 나은 학습 습관을 실천하는 것
- 교사 또는 다른 학생들과의 갈등을 다루는 것
- 지원할 대학을 선택하는 것
- 징계문제를 해결하고 피하는 것
- 부모와 잘 지내는 것
- 지역사회에 참여하고 다른 사람들을 돕는 것
- 흡연, 알코올, 약물을 다루는 것
- 성과 성생활에 관한 결정을 내리는 것
- 괴롭힘에 대응하는 것
- 개인적인 관계를 강화하는 것
- 사회적 · 정서적 발달의 다른 영역들을 다루는 것

이들 모든 영역과 다른 영역에서, 가치명료화는 (a) 학생들이 자신의 삶에 있어서 혼란과 갈등을 정리하도록 돕고, (b) 학업과 삶에서 더 성공할 수 있도록 하는 목적에 대한 명확성을 높이도록 도우며, (c) 무관심, 무책임함, 과잉 동조, 과잉 반대 그리고 빈약한 의사결정으로부터 합목적성, 일관성, 순응과 개성의 균형 및 개선된 의사결정으로 전환하도록 돕는다. 상담자가 도덕교육이나 인성교육 프로그램(다시 말해, 비록 이것이 이러한 프로그램에서의 하나의 도구가 될지라도)이 아닌 이러한 목적을 위해 가치명료화를 사용하고 있음을 분명히 하는 한, 상담자는 단단한 기초 위에 있게 될 것이다.

다음은 학교상담자가 여기에 나열된 일부 영역에서 가치명료화를 사용하는 방법에 대한 많은 예 중의 하나이다. 나의 상담 학생 Paul Lippa는 그와 그의 동료들이 뉴욕 로체스터 근처 그리스 아카디아 고등학교 학생들을 위해 개발한 '학교 관심 목록'을 나와 공유하였다. 학생들은 목록을 완성하여 그것을 상담자와 공유한다. 이 목록은 상담자와 그들의 새로운 조언을 받는 학생들의 첫 만남, 개인상담, 집단 상담 그리고/또는 상담자가 학생들과의 이러한 학문 및 관련 문제를 탐구하는 심리교육 회기를 위한 발판 역할을 한다.

◑ 나에 대한 작은 것: 흥미 목록

이름: ____________________

나는 누구와 함께 살고 있다: ____________________

나의 형제자매들은(이름, 나이, 다니는 학교를 적으라): ____________________

____

섹션 I. 개인적 관심

나의 취미는: ____________________

나는 ~에 대해 더 많은 것을 배우고 싶다: ____________________

자랐을 때, 나는 ~하고 싶다: ____________________

섹션 II. 학문적 관심

가장 의미 있는 학교활동은: ____________________

이것은 나에게 가장 의미가 있었다. 왜냐하면: ____________________

나는 내가 ~할 때 가장 잘 배운다: ____________________

지금까지 중 최고의 선생님은: ____________________

그 또는 그녀는 최고의 선생님이었다. 왜냐하면: ____________________

내가 학교에 있을 때, 다음 항목들이 학교에서 더 성공적일 수 있도록 도움을 주었다(적용 가능한 모든 항목에 표시하라):

______집중을 방해하는 것들을 줄이는 것

______어젠다 또는 플래너의 사용을 조직화하는 것

______매일 숙제를 하는 데 사용하는 시간에 대한 목표를 가지는 것

______숙제나 시험을 어른과 함께 검토하는 것
______부모/보호자에게 학교생활에 대해 이야기하는 것
______선생님과 좋은 관계를 갖는 것
______자신의 학업적 성공과 진로 계획을 어른들에게 알리는 것
______성공 계획을 세우고 그것을 고수하는 것
______기타(구체적으로)

내가 학교에 있을 때, 다음과 같은 영역들이 내가 잘 지내지 못하도록 하였다(적용 가능한 모든 항목에 표시하라).
______너무 많은 관계들(남자친구, 여자친구, 모든 친구)
______나쁜 공부 습관
______부정적인 또래 압력
______불완전한 숙제
______비효과적인 시간 관리
______괴롭힘을 당하는 것
______무체계
______학교는 지루하며 흥미롭지 않다
______교사 및/또는 관리자와의 개인적 갈등
______마지막 순간까지 일을 미루는 것
______적은 동기 또는 동기가 없는 것
______기타(구체적으로)

학교에서 성공적이었던 때는 언제이고, 무엇이 효과가 있었나요?

섹션 III : 개인적인 경험/관계/해결책들
내 인생에서 나를 위해 있었던 성인은: ______________________________
(다음 질문에서 해당되는 모든 내용에 표시하시오.)
당신은:
______항상 피곤하다고 느끼는가?

______스트레스를 받는 것 같은가?
______성공할 수 있다고 믿는가?
______그냥 지나칠 정도로 충분한가?
______너무 많은 갈등에 연루되어 있는가?
______항상 지루하다고 주장하는가?
______책임감이 부족한가?
______당신이 가족을 도와준다고 느끼는가?
______학교 관련 일(시험 치는 것, 성적 등등)에 대해 많은 불안을 느끼는가?
______다른 것은? (구체적으로) ______________________________

새해 결심을 하는 것과 비슷한 방법으로, 올해 고등학교에서 성공하기 위해 지키려고 하는 약속들은 무엇인가?

앞으로의 학년 동안 아카디아 고등학교 성인들이 어떤 방식으로 도움을 줄 수 있을까?

CHAPTER 10

상담 및 심리치료에 대한 가치명료화와 기타 접근

상담 및 심리치료에 대한 접근 방법은 수백 개가 있다고 알려져 있다. 이 장의 목적은 가치명료화를 다른 모든 접근법과 비교하거나 그중의 어떤 접근법과 심도 있게 비교하는 것이 아니다. 오히려 가치명료화 이론과 실제의 다양한 측면들을 부각시키거나 더 명확하게 하기 위해 가치명료화를 몇몇 다른 상담 및 심리치료 접근법과 간단히 비교할 것이다. 나는 대부분의 독자들이 익숙해져 있을 상담과 심리치료에 대한 고전적인 접근법부터 시작하여 최근 몇 년 동안 주목받고 있는 비교적 새로운 접근법을 고려할 것이다.

▌인간중심상담 및 심리치료

가치명료화는 Carl Rogers(1951, 1961; Kirschenbaum, 2009)가 개발한 내담자중심 또는 인간중심 접근 방법과 많은 공통점이 있다. 인간중심상담자와 같이 가치명료화 상담자는 내담자의 가치, 우선순위와 삶의 선택들을 받아들일 준비가 되어 있다. 상담자는 내담자가 결혼 생활을 유지하거나 결혼 생활에서 벗어나거나 하는 데에 영향을 미치려 하지 않고, 특정 직업을 선택하거나, 체중을 줄이거나, 종교적 배경에 다가가거나 멀어지도록 하는 등의 시도를 하지 않는다. 오히려 상담자는 내담자가 자신의 지향과 가치를 선택할 권리를 존중한다. 이러한 존중은 Rogers가 '자아실현 경향성'이라고 부르는, 즉 내담자에게는 지지적인 환경이 주어진다면 긍정적인 방향으로 성장하려는 내적 경향성이 있다는 믿음에 근거한다. 가치명료화는 사람들에 대한 이러한 기본적인 믿음, 즉 그들이 가치화 과정을 활용할 때 그들 자신의 삶을 이끌어 갈 수 있다는 믿음을 공유한다.

가치명료화가 인간중심치료 과정과 유사한 점도 있다. 인간중심치료와 마찬가지로, 가치명료화 과정은 거의 전적으로 내담자가 아끼고 소중히 여기는 내담자의 내적 경험과 내담자가 고려하고 있는 대안들, 내담자가 하고자 하는 행동에 초점을 둔다. 그러나 가치명료화는 전통적인 인간중심상담보다 더 직접적인 과정이다. 비록 상담자는 특정 방향으로 내담자의 결정에 영향을 미치려고 하지는 않지만, 상담 과정에 적극적으로 영향을 미친다. 상담자는 사실상 "당신이 아끼고 소중히 여기는 것을 고려하는 것이 가치 있을 것이라고 생각해요. 나는 당신이 대안과 결과, 실제 행동 등을 고려하는 것이 도움이 될 수 있다고 생각해요. 그래서 나는 당신에게 이러한 질문을 하고 당신이 이러한 가치명료화 활동을 하도록 요청하고 있어요."라고 말한다. 이 입장은 질문과 훈련을 피하고 공감적 경청을 주로 사용하는 고전적인 인간중심상담자보다 인간중심적이지 않다. 그렇긴 해도, 가치명료화 상담자도 또한 공감적 경청을 사용한다. 이는 그 자체가 내담자에게 자신의 생각과 느낌을 더 깊이 성찰하도록 돕는 하나의 매우 명료한 반응이다.

집단 심리교육 회기, 예를 들면 진로교육 또는 성교육에서 가치명료화는 또한 인간중심 접근법보다 더 지시적일 것이다. 매우 인간중심적인 집단 회기에서, 상담자는 집단에서 나오는 문제와 역동에 반응하는 촉진자의 역할을 한다. 가치명료화 상담자는 그 집단의 주제를 더 명확히 하기 위해 명료화 질문 또는 연습을 소개하는 더 적극적인 교육 또는 훈련 역할을 수행한다.

▌인지행동치료

인지행동치료(cognitive-behavioral therapy)에는 다양한 치료법이 있다. 이들 중 가치명료화는 이 섹션에서 설명하는 합리정서행동치료(REBT) 및 다음 절에서 논의될 현실치료/선택이론과 매우 일치한다. 흥미롭게도 Raths, Harmin과 Simon(1966)은 Albert Ellis(1962, 1994)와 William Glasser(1965, 2001)가 길고 중요한 경력을 쌓을 때와 비슷한 시기에 처음으로 가치명료화를 개발하였다. 초기 가치명료화 활동은 주로 청소년 발달에 관심을 쏟았고 Ellis와 Glasser는 더 광범위하게 심리치료 훈련을 개발했지만, 이들 접근법에는 여러 공통 요소가 있었고 현재도 그렇다.

인지행동치료와 가치명료화는 모두 정서, 인지, 행동의 통합과 관련이 있다. 인지적 측면에서, 인지행동치료사가 보다 합리적인 사고를 하도록 내담자를 돕는 것처럼, 가치명료화 상담자는 대안과 결과 및 선택에 미칠 수 있는 영향을 고려하는 것과 관련된 선택을 위한 인지 과정에 내담자를 참여시킨다. 명료화 질문, 순위 정하기 연습, 목록, 연속선과 기타 가치명료화 전략들은 현재의 가치문제를 고려할 때 유용할 뿐만 아니라, 내담자가 실제로 일상생활과 의사결정 과정의 한 부분으로서 이러한 사고 과정 자체를 사용하도록 가르치는 매우 인지적인 연습이다. 이런 의미에서, 인지치료사와 가치명료화 상담자는 둘 다 내담자가 생산적인 방식으로 사고하도록 교육시키거나 훈련시킨다.

행동적 측면에서, Ellis가 합리치료에서 합리정서치료, 합리정서행동치료(REBT)로 점진적으로 진화했지만, 비합리적인 사고에 반박하는 방식으로 행동하는 것은 Ellis의 자기 치료와 내담자 치료의 중요한 부분이었다. 유사하게, 가치명료화도 일상생활에서 자신의 가치를 실현하기 위해 행동하는 것을 강조한다.

정서와 관련하여, REBT는 일반적으로 내담자가 자신의 고통스러운 감정이 어떻게 비논리적으로 구성되는지, 어떻게 그것들에 의해 통제되거나 인도될 필요가 없는지 그리고 어떻게 그 감정들이 재구성될 수 있는지 인식하도록 도와준다. 가치명료화는 아끼고 소중히 여기는 긍정적인 감정에 더 관심이 있고, 내담자가 자신의 삶에서 이러한 감정을 실현하도록 격려한다. 이러한 차이는 놀라운 것이 아니다. 인지행동치료는 내담자가 고통스러운 감정을 다루는 데 도움이 되는 치료이다. 가치명료화는 치료가 아니라 정체성 발달, 의사결정, 가치 있는 삶을 위한 하나의 발달적 과정이다.

현실치료/선택이론

만약 현실치료/선택이론(reality therapy/choice therapy)이 "반결정론적, 현재중심적, 내적 통제, 선택 기반 인간본성에 대한 관점"을 반영한다면 (Neukrug, 2011, p. 347), 가치명료화도 마찬가지이다. 두 이론 모두 과거 경험이 우리의 생각, 정서, 행동에 영향을 미친다는 것을 인정하지만, 사람들이 새로운 사고, 의사결정과 행동을 통해 과거의 영향을 초월하는 능력을 가지고 있다는 것을 분명히 하고 있다.

가치명료화와 같이, 현실치료/선택이론은 인간의 기능에 대한 이론과 내담자가 자신의 문제를 다루고 삶에서 나아갈 수 있도록 돕는 방법에서 내담자의 선택을 중심에 두고 있다. 유사하게, 두 가지 접근법 모두 강한 행동적 구성요소를 가지고 있다. Glasser는 항상 내담자의 행동에 초점을 맞추고 있다. "그래서 그것에 대해 무엇을 하고 있나요?"와 "그것에 대해 무엇을 하려고 하나요?"는 현실치료의 필수 요소이다. 이것은 내담자가 자신의 행동을 정서적 우선순위와 인지적 선택에 맞추도록 돕는 가치명료화의 초점과 일치한다. 정서적 측면에서, 현실치료/선택이론은 내담자의 목표 달성을 가로막는 고통스러운 감정을 해소하거나 극복하도록 도와준다. 이는 새로운 긍정적 사고와 행동을 격려하고, 결국에 부정적 감정을 수정하도록 도움으로써 이루어진다.

인지행동 및 현실/선택 치료사가 묻는 많은 질문들("무엇을 원하나요?" "일어날 수 있는 최악의 것은 무엇인가요?" "그것에 대해 무엇을 하려고 하나요?")이 가치명료화 상담자가 하는 질문들과 매우 유사하다는 것은 놀라운 것이 아니다. 실제로 Robert Wubbolding(2000)의 현실치료와 선택이론의 재구성—내담자가 '원하는' 것, 자신의 삶에서 '하고 있는' 일, 내담자가 하고 있는 일이 더 잘 이루어지고 있는지를 '평가하는' 것, 내담자가 원하는 것을 잘 성취하도록 하는 '행동 계획'을 개발하는 것—은 가치명료화 과정과 놀랍도록 유사하다. 유사하게, 선택이론에서 내담자의 '좋은 세계'는 아마도 내담자의 가치 체계에 대한 기술이다.

▌실존주의치료

대학생으로서 내가 뉴욕시의 사회연구를 위한 뉴스쿨(현재는 뉴스쿨 대학교)에 다닐 때, 20세기의 주요 실존주의 심리치료사 중의 한 명인 Rollo May에게서 한 강좌를 듣는 특권을 누렸다(1961, 1980). 그 강좌에서 내가 제출한 보고서 가운데 하나에서, 비록 나는 2학년이었지만, 사람들이 좋은 성생활을 한다면 실존적 고뇌를 덜 경험할 것이라는 다소 철학적인 주장을 하였다. 내가 생각하기로는 그 좋은 교수가 그 보고서에 "과도한 단순화"라고 적고 B를 주었다. 간결하고 싶지만, 여기서 다시 과도하게 단순화하지 않도록 노력해 보겠다.

가치명료화에 대한 다수의 주제들이 실존적 수준까지 올라가지는 않지만, 어떤 주제들은 그렇다. 진로선택에 대한 질문, 구매할 자동차에 대한 결정 및 돈과 의복에 대한 딜레마는 상충되는 우선순위에 대한 질문일 것이다. 그것들은 도구적인 질문, 즉 자신의 가치를 달성하는 수단일 수 있다. 그러나 차, 돈, 소유물 및 기타 가치가 많은 영역에 대한 질문도 실존적 차원을 취할 수 있다. 내가 의미를 찾을 수 있고, 인생을 헌신할 가치가 있는 일은 무엇일까? 내가 추구하는 삶의 목적을 일에서 찾을 수 있을까? 자동차, 옷, 멋진 집과 같은 물질적인 소유물이 나에게 얼마나 중요한가? 나는 그것들이 나를 완전히 채워 주지는 않겠지만 내가 원하는 좋은 삶에 기여할 수 있다는 것을 알고 있다. 좋은 인생은 무엇일까? 인생의 **목적**은 무엇일까? 나는 종교적이고 영적인 삶을 소중히 여기지만, 아직도 그것에 시간을 할애하지 못하고 있어. 왜 안되지?(why not) 나는 누구일까?

이 가치 질문은 실존 질문이다. 나는 누구인가? 나는 무엇 때문에 여기 있지? 나는 내 인생에서 어떻게 의미를 찾거나 만들어 낼까? 이것들은 실존주의 심리치료(existential psychotherapy)의 주요 관심사 중 하나이며(Yalom, 1980), 가치명료화 질문과 전략은 이에 대한 답을 찾는 데 도움이 될 수 있다.

그렇지만 이것이 가치명료화와 실존주의 심리치료가 동일하다는 것을 의미하지는 않는다. 실존적 불안과 절망, 비존재에 대한 불안감 및 무의미함은 다른 실존적 문제 중에서도 감정적 깊이, 삶의 역사, 영적 공허함, 관계 측면, 이중 진단 구성요소 또는 삶의 선택과 우선순위를 넘어서는 다른 차원을 가질 수 있다. 그러나 일반적으로 실존 작업의 적어도 일부 그리고 종종 주요 부분은 내담자가 의미 있는 삶에 기여하는 가치를 분류하거나 발견하고 또는 재발견하도록 돕는 것이다. 여기에서 가치명료화는 중요한 역할을 할 수 있다.

또 다른 중복 영역은 실존주의치료(existential therapy)의 초점이 자유와 책임에 있다는 것이다. 비록 이러한 문제들이 실존주의 심리치료에서 더 심도 있게 다루어질 수 있지만, 자유롭게 선택하는 가치화 과정은 내담자가 책임과 진정성을 높이기 위해 자신의 크고 작은 삶의 선택들을 구조화할 수 있는 기회를 제공한다. Lynn Nowbar(2004)는 다음과 같이 서술하고 있다. "가치명료화의 철학적 기초는 배타적이지 않으면서 광범위하게 실존주의 원리에 기반하고 있다. 즉, 존재가 본질에 우선하며, 이는 사람이 먼저 존재하고 다음으로 자신과 자신의 삶의 목적을 정의하려고 노력한다는 것을 의미한다. 가치명료화 접근에서 분명하게 강조되고 있는 자신을 위한 자유로운 선택의 개념은 실존주의 철학에 뿌리를 두고 있다."(n.p.)

▌아들러 심리치료—개인 심리학

'개인 심리학(individual psychotherapy)'은 20세기 초 Alfred Adler에 의해 처음 개발되었다. Adler는 이후 20세기 중·후반의 인본주의 심리학과 긍정 심리학 운동에 계승된 많은 아이디어와 주제를 소개하였다(Watts, 2011). 인본주의 심리학자들이 기술한 자아실현적 동기와 유사하게 Adler는 모든 인간이 숙달, 완벽 또는 우월성을 향한 타고난 분투, 자신의 잠재력을 실현하려는 동기 또는 가치명료화에서 해야 하는 것처럼 자신의 가치를 명료화하고 실현하려는 내재적 동기가 있다고 주장하였다. 그러나 Adler는 이러한 자신의 잠재력을 실현하려는 노력이 자기중심적이고 자기애적인 방식으로는 달성될 수 없다고 강조하였다. 이것은 '공동체감'에 의해 동기화될 때에만 완전히 이루어질 수 있는데, 이 공동체감은 '사회적 관심'에 기여한다. "따라서 진정한 공동체감(즉, 소속감, 공감, 배려, 연민, 타인의 수용 등)은 사회적 관심(즉, 공동선에 기여하는 생각과 행동 등)을 낳는다."(Watts, 2011, p. 43). Adler는 이러한 공동체감과 사회적 관심의 조합을 **연대감**(gemeinschaftsgefuhl)이라고 하였는데, 이는 '아들러 심리학자들에게 최고의 가치'이다(Watts, 2012).

가치명료화는 전적으로 또는 주로 개인의 만족에 초점을 맞출 수 있다. 또한 앞서 이 책에서 주장한 바와 같이 관계적, 사회적 맥락에 내재될 수 있거나 내재되어야만 한다. 더불어 개인은 자신의 가치 지표의 근원과 자신을 위해서뿐만 아니라 관계와 현재 존재하고 이상적으로 가지고 싶은, 보다 넓은 공동체를 위한 자기 선택과 행동의 결과를 지속적으로 고려할 수 있거나 고려해야만 한다. Adler(1933)는 "개인의 움직임이나 대중의 움직임은 영원을 위한 그리고 모든 인류의 더 높은 발전을 위한 가치를 창출할 때에만 우리에게 가치 있는 것으로서 전달될 수 있다."(p. 52)라고 적고 있다.

가치명료화와 같이, 개인 심리학은 "사람들을 독특하고 창의적이며 유능하고 책임감 있는 존재로 보는 낙관적 관점"이다(Watts, 2011, P. 44).

해결중심 단기치료

해결중심 단기치료(solution-focused brief therapy; Berg, 1994; De Jong & Berg, 2002; de Shazer & Dolan, 2007; Guterman, 2006; Murphy, 2008)는 여러 측면에서 가치명료화와 매우 유사하다. 부분적으로 이는 해결중심 단기치료가 인간의 성장과 발달에 대한 가치명료화의 낙관론을 공유하고, 문제보다는 해결에 초점을 두며, 약점보다는 장점에 초점을 두기 때문이다. 또 다른 부분에서 이는 해결중심치료 기법들이 내담자가 선호하는 목표를 설정하고 대안적 관점(예외를 고려하고 삶의 문제가 없는 방식)으로 자신의 상황을 보며, 대안적 해결책을 고려하고 대처 전략과 해결책을 평가하도록 돕는 질문들에 크게 의존하기 때문이다. 어떤 사람들은 해결중심치료는 치료적 맥락에서의 가치명료화라고 말하기도 한다.

해결중심치료와 같이, 가치명료화는 자금조달 제한 이유, 기관의 지침, 모바일 내담자 모집단 또는 기타 재정적 고려 사항 또는 내담자 요인으로 인해 상대적으로 상담을 거의 받을 수 없는 상담 상황에 매우 적합하다. 가치명료화와 함께 해결중심치료는 실제적인 일을 매우 빠르게 시작할 수 있다. 당신이 고려하고 있는 선택 가운데 가장 좋은 두 가지 또는 세 가지는 무엇인가? 삶에 있어서 당신의 우선순위에 가장 적합한 것은 무엇인가? 다른 대안은 무엇인가? 당신은 그것을 고려할 것인가? 다른 선택의 장단점은 무엇인가? 어느 쪽으로 더 마음이 가는가? 첫 단계는 무엇인가? 이것은 어떤가? 시도해보고 싶다고 생각하나? 언제? 어떻게?

물론 이러한 모든 질문과 다른 것들, 즉 가치명료화 과정의 각 단계는 많은 회기 동안 진행될 수 있다. 사실 이것들은 평생에 걸쳐 계속된다. 그러나 상담 맥락에서 단일 회기, 5회기 또는 10회기에서 자주 중요한 진전이 이루어질 수 있다. 이 책 초반부의 15분 예를 떠올려 보라. 청소년이 분노와 학교를 그만두고 싶은 심정으로 상담실에 들어갔을 때, 스스로에 대해 좋은 느낌을 갖고 다른 사람들의 반감을 사지 않도록 어떻게 자신의 외모를 바꿀 수 있는지 탐색하고, 마음속에 계획과 낙관성을 남길 수 있었는지 떠올려 보라. 물론 이것이 항상 그렇게 빠르고 쉬운 것은 아니다. 그러나 이 예는 단순한 상담 상황에 대한 가치명료화의 적용성과 유용성을 보여 준다.

▌이야기치료

> ……대화를 통한 전통적인 치료에서, 삶과 관계의 재저술(reauthoring)은 배타적이지는 않지만 주로 질문 과정을 통해 이루어진다(White & Epston, 1990, p. 17, Neukrug, 2011, p. 402에서 인용).

이야기치료(narrative therapy)와 같이, 가치명료화는 비록 배타적이지는 않지만 주로 질문의 과정이다. 이야기치료에서 질문들은 종종 문제를 외재화하고 그 효과를 그려 보고("어떻게 이 문제가 당신의 삶에 왔나요? 문제에 이름을 붙인다면 무엇이라고 부를 수 있을까요?") 독특한 결과 또는 문제에 대한 예외를 규명하는 데("문제가 없는 삶은 어떤 것일까요?" "문제가 없던 때는 언제였나요?") 초점을 두지만, 가치명료화 질문은 내담자가 삶의 가치문제와 딜레마에 대한 7가지 가치화 과정에 참여하도록 한다는 점에서 치료적이라기보다는 발달적이다.

이야기치료는 내담자가 처음에 문제로 가득 찬 이야기를 말하고, 그다음에 이것을 선호하는 이야기로 재저술하도록 한다(Morgan, 2000). 많은 가치명료화의 전략에서 이야기는 한 부분을 차지하는데, 예를 들면 **1분 자서전(전략 28)**, **자서전의 페이지(전략 29)**, **이사회(전략 31)** 등이다. 생애 초기 단계와 주제들을 기억해 보고, 분명하게 말하는 명료화 전략을 통해 내담자들은 그들의 가치 지표(목적, 신념, 습관 등)와 가치가 어떻게 생겨났는지 더 잘 인식하게 된다. 이를 통해 가치 지표에서 물러나 '이것들이 내가 유지하고 싶은 목적과 신념, 습관들인가?'라고 묻기 시작한다. 이것은 이야기치료에서 내담자들이 그들의 이야기에서 물러나서 그들이 채택하고 싶은 다른 더 긍정적인 이야기가 있는지를 고려하는 과정과 유사하다. 둘 다, 내담자가 자신의 가치 또는 이야기를 선택할 수 있다는 가정이 있는데, 이는 우리가 과거의 포로가 아니라 현재와 미래의 능동적인 참여자라는 것이다.

이야기치료는 사회정치적인 차원을 지니고 있어 내담자가 자신의 환경에서 사회적·경제적 불평등에 의해 악화되었을 수 있는 문제나 이야기를 인식하게 한다. 동일한 광범위한 문제와 차원들이 기술적이고 창의적인 명료화 질문을 통해 가치명료화 과정에서 제기될 수도 있다.

동기강화상담

동기강화상담(motivational interviewing; Miller & Rollnick, 2002)은 가치명료화와 놀랍도록 유사하다. 가치명료화의 인기가 절정이었던 1970년대 후반에 개발되고 인본주의적 접근으로 기술되는 동기강화상담은 인본주의 심리학 운동이 제시하는 인간 잠재력에 대한 긍정적인 견해를 공유하고 있다. 인간중심 접근과 가치명료화와 같이, 이 접근은 인간은 변화와 성장하려는 자기 동기를 가지고 있고, 종종 변화에 대해 양가적이며, 협력적이고, 좋은 느낌을 갖게 하고, 존중하는 조력 관계가 변화하도록 돕는 데 도움이 될 수 있다고 믿는다. 변화에 대한 동기는 내담자 내부에서 나온다. 상담자나 치료사는 편들 필요가 없으며, 이는 종종 저항을 낳는다.

동기강화상담의 초점은 지속적으로 변화하고 있다. 동기 면접관은 변화에 대한 대화를 듣고 내담자의 '욕구' '능력' '이유' '필요' '변화'에 대한 헌신을 탐구하고 강화함으로써 이에 반응한다. 상담자는 '개방형 질문' '확인하기' '반영하기' '요약하기'의 미세 기술을 연습함으로써 이렇게 한다. 가장 빈번한 반응은 공감적으로 반영하거나 듣는 것이다. 다음으로 가장 빈번한 반응은 "1에서 10까지의 척도에서, 이것이 당신에게 얼마나 중요한가요? 왜 3이 아닌 7인가요? 7.5가 되려면 무엇이 필요한가요?" "당신은 무엇이 일어날 필요가 있다고 생각하나요?" "당신에게 이미 일어난 것은 무엇인가요?" "당신은 그것에 대해 무엇을 해야만 한다고 생각하나요?" "자신을 위해 해야 할 몇 가지를 저에게 말해 줄 수 있나요?" "당신은 그러한 변화가 일어날 수 있다고 얼마나 확신하나요?"와 같은 개방형 질문을 하는 것이다.

동기강화상담은 인간중심치료와 가치명료화를 혼합한 것이다. 동기강화상담에서 가장 빈번한 반응이 반영적·공감적 경청이고, 두 번째로 가장 빈번한 반응이 명료화 질문이라면, 가치명료화에서 가장 빈번한 반응은 가치명료화 질문이고, 두 번째로 가장 빈번한 반응이 공감적 경청이다. 동기강화상담에는 또한 고유한 어휘가 있으며, 이 질문 기술은 변화에 보다 일관되게 초점을 맞추기 위해 적용된다. 그리고 이 질문 기술은 내담자의 강점, 노력 및 변화 동기가 더 분명히 드러나도록 한다. 이러한 접근의 효과를 뒷받침하는 연구 프로그램도 있다.

수용전념치료

수용전념치료(Acceptance and Commitment Therapy: ACT)의 창시자인 Stephen Hayes(Hayes, Strosahl, & Wilson, 2012)는 ACT에 대해 인지치료와 행동치료 분야를 새로운 발달 단계로 이끌 수 있는 새로운 '행동 기술' 중 하나로 설명한다. Hayes(2004)에 따르면, ACT는 "① 심리적 수용 기술 확립,

② 인지적 확산 기술 확립, ③ 맥락화된 자아와 개념화된 자아의 구별, ④ 현재의 순간과 접촉하고 과정으로서의 자아 기술(self-as-process) 확립, ⑤ 선택과 합리적 행동을 구별하고(가치명료화가 과도하게 규칙에 지배되는 것을 피하는 데 필수적인), 가치를 명료화하고 목적과 행동을 구별하는 것, ⑥ (선택된) 가치와 연결된 전념적인 행동 지속성 및 행동 변화 전략을 가르치는 것"(p. 15)의 6가지 과정으로 구성되어 있다. 그는 제시한 도표에서, 다섯째 및 여섯째 과정을 가치와 전념 행동이라고 하고 있다.

다시 말해, Hayes(2004)가 설명하듯이 ACT에는 두 가지 주요 부분이 있다. 처음의 4가지 과정은 **수용 및 마음챙김 기술**로 구성되며, 마지막 2가지 과정은 **전념과 '행동 변화기술'**이다. 처음의 네 가지 기술은 내담자가 내면의 과정을 인식하고 받아들이며, 상황에 따라 변화하는 현상으로서 자신의 감정과 자신을 인식하고, 방어의 필요성을 포기하게 하지만 자기 개념을 가볍게 그리고 단단하지 않게 유지하고 스스로를 분리하는 데 도움을 준다. ACT의 두 번째 부분은 그들이 자신의 삶으로 나아가게 하는 것이다. 그들은 변화하기 가장 어려운 내적인 과정인 자신의 감정과 인지를 바꾸기 위해 크게 노력하지 않는 대신, 가치 있는 목적을 향해 나아간다. ACT는 "개인이 삶에서 원하는 것과 자신들의 목적과 가치에 연계된 더욱더 크고 효과적인 행동 패턴을 구축하는 데 깊은 관심을 가진다."(p. 17) ACT뿐만 아니라 변증법적 행동치료와 통합행동 커플치료를 기술하면서, Hayes는 "진실을 추구하는 대신에", 즉 과거 문제의 모든 원인과 자세한 내용들을 밝히려고 시도하는 대신에 "내담자들이 자신의 가치에 따라 사는 법, 즉 목적을 달성하는 방법에 열정적으로 관심을 갖도록 격려한다."(p. 10)라고 적고 있다.

분명히 가치명료화는 ACT의 핵심이다. **가치**와 **가치관**에 대한 ACT의 정의는 가치명료화의 정의와 다소 차이가 있지만 핵심적인 것은 매우 동일하다. 의식적인 의사결정, 자유로운 선택('과도하게 규칙에 지배되지 않음'), 자신의 가치에 따라 살고자 하는 행동 그리고 일관된 '패턴'으로 행동하는 것은 ACT에 수용되고 통합된 가치명료화의 모든 측면이다. 가치명료화의 주요 가치화 과정이 ACT에 포함되어 있을 뿐만 아니라, 다수의 고전적인 가치명료화 활동도 포함되어 있다. 예를 들면, Hayes(2004)는 묘비명 적기(전략 35), 자기 추모사 쓰기(전략 37) 및 '행동 장애물' 검토하기(전략 22) 등을 ACT와 일치하는 방법이라고 한다. ACT에 관한 원본(Hayes, Strosahl, & Wilson, 1999)에는 고유의 가치명료화 레퍼토리(예: Simon, Howe, & Kirschenbaum, 1972)에서 나온 다른 전략이 포함되어 있다.

흥미롭게도 이러한 활동과 다른 활동들이 ACT에서 중요한 역할을 하고, 『가치명료화 핸드북(Values Clarification Handbook)』(Simon, Howe, & Kirschenbaum, 1972, 1979) 원전에도 명확하게 소개되어 있지만, 이전 연구에 대한 참고문헌은 없다. 나는 이것을 비판하려는 것이 아니라, 많은 가치명료화 활동이 다음 세대 또는 상담 및 심리치료 이론과 실제에 어떻게 통합되었는지의 한 예로서 설명하고 있다. 이것은 가치명료화 방법과 더불어 가치명료화 개념과 기능을 더 잘 이해한다면, 많은 학파의 상담자와 심리치료사의 상담 실제를 향상시킬 수 있다는 점을 분명히 보여 준다.

▌강점탐구

강점탐구(appreciative inquiry; Cooperrider & Whitney, 2005)는 원래 경영조직 장면에서 개발되었지만 코칭 및 상담으로 확장되었다. 가치명료화와 같이, 이것은 내담자가 자신의 목적을 달성하고 어려움을 극복할 수 있도록 돕는 개방형 질문에 주로 의존한다. 강점탐구자는 **개방형 호기심**을 가진 태도를 보여 주는데, 이는 가치명료화 상담자가 효과적일 수 있도록 돕는 태도를 잘 묘사하는 것이다.

강점탐구는 부정적인 것에 초점을 맞추는 것보다 긍정적인 것을 확립함으로써 인간이 더 많이 변화하고 성장한다는 전제에 기초한다. 그리하여 그것은 내담자의 **강점**, **활력**, **포부** 및 **가능성**에 초점을 둔다. 예를 들면, 다음과 같은 질문으로 열망을 탐색할 수 있다.

- 가치: 나의 원칙은 무엇인가? 나는 무엇을 상징하는가?
- 결과: 나는 무엇이 필요한가? 나는 무엇을 원하는가?
- 강점: 나는 무엇을 잘하는가? 나를 강하다고 느끼게 만드는 것은 무엇인가?
- 행동: 내가 지속적으로 하기를 열망하는 것은 무슨 활동인가?
- 동기: 지금 나에게 왜 이것이 중요한가?
- 환경: 성공을 촉진할 수 있는 지지적인 팀과 구조는 무엇인가?

(Tschannen-Moren & Tschannen-Moren, 2010, p. 157)

내담자의 특정 상황에 맞추어 강점 면접 프로토콜은 내담자에게 **최상의 경험**(예: "어떤 증상에서 벗어나 자신이 최고라고 느꼈을 때를 설명해 줄 수 있나요?"), **핵심 가치**("이 상황에서 가장 중요하게 생각하는 것에 대해 말해 주세요."), **지지적인 조건**("이 상황에서 당신이 최고일 수 있도록 돕는 내 · 외적 핵심 요소가 무엇인지 말해 주세요.")와 **세 가지 소원**("미래에 대한 당신의 희망과 꿈은 무엇인가요? 당신이 말하는 세 가지 소원이 이루어질 수 있다면, 그것들은 무엇일까요?")을 묻는다.

가치명료화나 강점탐구에 익숙한 사람은 하나의 접근에서 일반적으로 묻는 수많은 질문이 다른 접근에서도 또한 많이 사용된다는 것을 알게 될 것이다. 게다가, 두 접근 모두 상담자가 질문을 할 때 감사하고 수용하는 태도를 보인다는 점에서 비슷하다. 그러나 각 접근법의 개념적 구조에 따라 차이가 있다. 가치명료화 상담자는 7가지 가치화 과정에 기반한 질문을 선택하고 만든다. 강점탐구는 현재의 긍정적인 관심(시적 원리)이 미래에 대한 긍정적인 기대(기대 원리)를 이끌어 내고, 긍정적인 질문과 성찰(동시성 원칙)을 이끌어 내며, 긍정적인 대화와 상호작용(구성론적 원리)으로 이어지고, 긍정적인 에너지와 감정(긍정성 원리)으로 이어지며, 긍정적인 행동과 결과로 이어진다는 원리들에 기초하고 있다. 그리고 비록 두 접근 모두 긍정적이고 해결지향적인 접근이지만, 강점탐구가 가능한 해결책으로 직접적으로 나아갈 때, 가치명료화는 때때로 문제와 가능한 해결책을 탐색하기 위해 명료화 질문과 활동을 사용할 것이다.

▌라이프 코칭

코칭 또는 라이프 코칭(life coaching)은 증가하는 추세에 있으며 때로는 논쟁적인 전문 상담 및 컨설팅의 한 분파이다(Ivey & Ivey, 2009; Williams & Menendez, 2007). 이 움직임에 대해 어떻게 생각하든, 어떤 상담자가 코치하고 일부 코치가 상담한다는 것을 부인할 수는 없다.

스포츠 코치, 보이스 코치, 드라마 코치 및 그 밖의 코치는 전통적으로 내담자가 더 높은 성과를 달성하도록 지도하는 데 적극적이고 지시적인 역할을 수행해 왔다. 그들은 내담자가 목표를 성공적으로 달성하도록 지시하고, 가르치고, 제안하고, 조언하고, 피드백을 제공하고, 권고하고, 다른 방법으로 코치한다. 그 목표 자체는 분명하다. 더 나아지고, 이기고, 부분적으로 성취하는 것이지만, 항상 그런 것은 아니다. 보이스 코치는 코칭 프로그램을 시작하기 전에 자기 내담자의 목표가 높은 수준의 오페라나 뮤지컬 코미디인지 아니면 단지 자신의 즐거움을 위해 노래하는 것인지를 분명히 확인하라는 조언을 듣는다.

나는 가치명료화가 라이프 코치의 기초라고 말하고 싶다. 내담자와 코치 모두가 내담자의 목표, 선택 사항과 행동 전략을 명확히 하도록 돕는 것은 코칭 과정의 핵심이다. 비즈니스 코칭이든 전문가 또는 개인 코칭이든 간에 이 과정이 진행됨에 따라 코치는 가르치고, 연습하고, 조언하는 데 더욱 적극적이게 된다. 상담은 코칭으로 바뀐다.

그러나 많은 코칭의 단계는 가치명료화 측면을 유지할 수 있다. 한 코치는 내담자에게 "당신은 이런 식으로 해야 해요."라고 말할 수도 있지만 다른 코치는 "이 대안을 고려해 보는 것이 어때요? 이 방법이 도움이 될까요? 어떻게 이런 식으로 시도해 보시겠어요? 더 좋게 느껴지나요?"라고 요청할 수도 있다. 이런 식으로 코치는 가치명료화 상담자와 같이 자신의 선호나 가치를 내담자에게 부과하지 않고 내담자가 대안을 고려하도록 돕는다.

코칭의 또 다른 측면은 내담자가 배운 새로운 전략이나 기술을 구현하도록 돕는 것이다. 코치의 내담자들이 자신의 능력을 최대한 발휘하지 못하게 하는 내 · 외적 장애물이 종종 있다. 여기서도 가치명료화 전략은 내담자가 자신의 지식과 기술로부터 그들이 직면할 현실의 수행 과제를 해결하는 쪽으로 옮겨 가도록 도울 수 있다.

▌긍정심리학

20세기 후반의 인본주의 심리학 운동을 바탕으로 최근의 긍정심리학(positive psychology) 운동은 인간의 웰빙이 어떠한 상황에서 실제적으로 일어나는지 그리고 어떻게 하면 더 적극적으로 그것을 얻을 수 있는지에 초점을 맞추어 왔다(Seligman, Steen, Park, & & Peterson, 2005). 다양한 연구 및 교육 어젠다의 일환으로, Peterson과 Seligman(2004)은 배움에 대한 사랑, 개방성, 용기, 진실성, 친절, 사랑하고 사랑받는 능력, 시민의식, 자애, 영성 및 기타 등등으로 개인이 가질 수 있는 성격 특성 또는 미덕을 24가지 강점으로 범주화하였다. 그리고 사람들이 자신의 '대표 강점'을 인식하고 이를 체계적으로 삶에 통합시키면 '진정한 행복'을 경험할 가능성이 높아진다고 하였다(Seligman, 2002). '행동 대표 강점의 가치 테스트'(행동 조직의 가치, n.d.)와 그에 수반되는 교육-학습 활동은 실제로 사람들이 자신이 무엇을 잘하는지, 자기에게 중요한 것이 무엇인지, 어떻게 이것을 자신들의 삶에 더 반영할 수 있을지 명확하게 하도록 돕기 위해 고안된 실질적인 가치명료화 활동이다.

종종 단순히 '행복학'(Peterson, 2006)으로 잘못 분류되는 긍정심리학은 Martin Seligman(2011)에 의하면 긍정적 정서, 몰입(관여), 의미, 성취 및 긍정적인 관계로 구성되는 웰빙의 **모든** 구성요소와 관련이 있다. 웰빙의 이 모든 요소들을 나는 인간의 가치라고 말하고 싶다. 그리고 가치와 미덕을 열거하는 것과 더불어 우선순위를 정하고 균형을 잡을 필요성이 있다. 예를 들면, 긍정적 정서만을 추구하는 것은 약물 의존을 이끌 수 있다. 성취만 추구하는 것은 인간관계를 약하게 하고 건강을 해칠 수 있다. 가치명료화는 개인이 전 생애 동안 웰빙의 모든 요소의 균형을 유지하고 극대화하는 데 필수적이다. 긍정심리학의 통찰과 실제 그리고 가치명료화의 통찰과 방법들은 서로 밀접한 관련이 있다.

CHAPTER

11

이론과 연구

▌'가치'란 무엇인가

철학자, 심리학자, 교육자 및 기타 다른 사람들은 오랫동안 **가치**와 **가치관**이라는 용어의 의미에 대해 논쟁해 왔다. 예를 들면, 사전에서는 **가치**를 "가치가 있거나 바람직한 것으로 간주되는 원칙, 표준 또는 품질"(American Heritage Dictionary, 1991)로 정의할 것이다. 심리학자인 Milton Rokeach(1975)는 **가치**를 "개인적으로나 사회적으로 특정 행동 모델 또는 최종 실존 상태를 대립되거나 또는 반대되는 행동 방식이나 최종 실존 상태보다 더 선호할 만하다는 지속적인 믿음"으로 정의하였다. 어떤 철학자는 가치를 "특정한 방식으로 행동하게 만드는 감정에 기초한 믿음"으로 정의할 수도 있다. 이것을 나는 때때로 "자신이 중요하다고 생각하고, 강력하게 느끼며, 행동에 영향을 주는 삶의 특성이나 측면"(Kirschenbaum, 1995, p. 57)으로 언급하였다. 반면에 Raths, Harmin과 Simon(1966)은 **가치**를 7개의 가치명료화 기준을 충족시키는 우리 삶의 일부라고 규정함으로써 가치의 정의를 확장하였다. 이들 몇 가지 사례에서, 우리는 가치의 일부 정의에는 인지적 · 정서적 · 행동적 구성요소가 포함되는 반면, 다른 정의에는 이러한 차원 중 한두 가지만 포함하고 있다는 것을 알 수 있다.

그러나 또 다른 사람들은 가치에 대한 이러한 정의 중 어떤 것도 가치 중립적(value free), 즉 그 사람의 가치 내용과 무관하다는 주장에 반대한다. 그들은 히틀러와 같은 어떤 악한 사람은 특정 인종이나 종교가 열등하다고 믿었다고 지적하였다. 그는 자신의 믿음을 강력하게 느꼈고 심지어 증오와 폭력으로 가득 찬 행동을 할 수도 있었다. 이런 학자들은 존중과 연민의 가치처럼 인종 우월성을 가치라고 부르는 것은 모순 또는 모순어법이라고 주장할 것이다. 어떤 사람들이 "이 사람은 **가치**를 가지고 있나요?"라고 물을 때, 그들은 그 사람이 존중, 책임, 정직, 연민 그리고 이에 견줄 만한 **도덕적 미덕**을 지니고 있는지를 묻는 것이다. 그들은 사람들이 파괴적이거나 사악한 가치를 가질 수 있다는 것을 쉽게 받아들일 수 없다. 다시 말해서, 무엇이 선한 가치를 구성하는가에 대한 믿음이 흔히 바로 **가치**라는 그 용어 자체의 정의를 물들인다.

가치명료화는 가치 중립적이면서 가치 중립적이지 않다

만약 가치의 7가지 기준 정의가 이전 의미에서 가치 중립적이라면, 이는 상담이나 발달적 접근으로서의 가치명료화도 가치 중립적이라는 것인가? 그럴 수도 있고 그렇지 않을 수도 있다.

가치명료화는 상담자가 내담자에게 자기의 가치를 강요하지 않는다는 점에서 상담 및 심리치료 직업의 윤리와 일치한다. 즉, 상담자는 내담자에게 종교적, 정치적, 문화적, 사회적 그리고 개인적 가치를 강요하지 않는다. 오히려 상담자는 내담자의 자율성을 존중하고, 내담자가 자신의 가치와 일치하는 자유로운 선택을 하도록 권장한다. 가치중립에 대한 이러한 약속은 이론적일 뿐 아니라 가치명료화 실제에도 내포되어 있다. 상담자는 다음과 같이 함으로써 자신의 가치를 강요하지 않는다는 목적을 달성한다.

- 상담자가 생각하기에 내담자가 초점을 두어야 하는 주제가 아니라 내담자가 제기한 주제에 관해 명료화 질문과 전략을 요구함으로써
- 상담자가 묻는 질문이 정답을 암시하지 않도록 질문을 구성함으로써
- 내담자가 하는 질문이 무엇이든지 논쟁이나 의견충돌 없이 받아들이고 (비록 추가적인 명료화 질문이 타당할지라도) 내담자의 의견과 반응에 승인하거나 승인하지 않는 것으로 보이는 언어적 또는 비언어적 행동을 자제함으로써
- 제안이나 권고가 아닌, 내담자가 고려해 볼 수 있는 가능성으로 새로운 대안을 제시함으로써

가치명료화 과정과 일치하게, 상담자는 진정으로 내담자가 선택하고 자신의 가치를 발달시키기를 원한다. 이러한 모든 측면에서, 가치명료화는 진실로 가치 중립적인 것이다.

그러나 가치명료화는 완전히 가치 중립적인 것이 아니다. 가치명료화에 관한 가장 초기의 설명 중 일부는 이 접근이 완전히 가치 중립적이라고 제안하는 경향이 있었지만, 많은 시간이 지난 후에 가치명료화 지도자들은 "가치명료화가 '가치 중립적인(value free)' 것이 아니고 결코 그럴 수도 없다는 것을 인정하였다.(Kirschenbaum, Harmin, Howe, & Simon, 1977, p. 744)" 왜냐하면 **가치명료화 과정 자체**가 가치를 포함하고 있기 때문이다.

분명히 가치명료화는 특정 유형의 높이 평가하기, 선택하기, 행동하기의 가치를 촉진한다. 자신의 가치 지표(신념, 선택, 행동 등)를 높이 평가하고 소중히 여기는 것은 열정과 전념이 없는 생활보다 **더 나은** 것으로 간주된다. 충동적으로 또는 생각 없이 선택하는 것보다 결과를 고려하는 것이 **더 나은** 것으로 간주된다. 자유롭게 선택하는 것은 권위 또는 또래 압력에 수동적으로

따르는 것보다 **더 나은** 것으로 간주된다. 자신의 가치에 따라 행동하는 것은 단순히 자신의 가치에 대해 말하는 것보다 **더 나은** 것으로 간주된다. 일관되게 행동하는 것은 변덕스럽고 일관성 없이 행동하는 것보다 **더 나은** 것으로 간주된다.

우리들은 한 걸음 더 나아갈 수 있다. 이러한 가치화 과정은 상대적으로 어떤 목적을 향하는 데 더 나은가? 여기서 다시, 특정한 가치판단이 각 과정에 내포되어 있다. 만약 우리가 장단점을 사려 깊게 고려하는 과정을 강조한다면, 우리는 **합리성**을 가치 있게 여기는 것이다. 만약 우리가 대안을 생각하는 것을 권장한다면, 우리는 **창의성**을 가치 있게 여기는 것이다. 만약 우리가 자유 선택을 지지한다면, 우리는 자율성이나 **자유**에 가치를 둔다. 만약 우리가 상담 실제에서 각 내담자의 자율성을 존중한다면, 우리는 **존중**의 가치를 지지한다. 만약 우리가 집단 상담 또는 심리교육 집단에서 각 참가자의 참여의 권리 및 존중으로 경청 받을 권리를 지지한다면, 우리는 **공정성**과 **평등**의 가치를 지지한다. 만약 우리가 '틀림없이 잘되는(no-lose)' 갈등 해결을 장려한다면, 우리는 **평등**과 **정의**에 가치를 둔다. Milton Rokeach(1973)의 용어에 의하면 이러한 가치들 중 일부는 도구적인 것이고 나머지는 궁극적인 것이다. 예를 들면, 창의성의 가치는 삶의 만족이라는 궁극적 가치를 위한 도구 또는 수단이다. 합리성의 가치는 정의라는 궁극적 가치나 최종 가치를 위한 도구이다. 어떤 사람들은 가치명료화 과정에 내재된 궁극적 가치는 무엇보다도 평등, 자유 그리고 행복 추구를 포함한다고 말할 수 있다.

그러므로 이론과 실제 모두에서 가치명료화는 가치 중립적이면서 가치 중립적이지 않다. 나는 가치명료화 실천가들이 이 주장의 두 측면을 공개적으로 선언하고 자부심을 느낄 수도 있다고 생각한다. 우리는 가치명료화가 어떻게 내담자의 가치를 존중하고 자신의 가치를 강요하지 않는다는 조력 전문가의 중요한 윤리적 교의와 일치하고 있는가에 대해 자부심을 느낄 수 있다. 그리고 우리는 가치명료화 접근에 내재된 가치들이 우리의 민주적 전통과 가장 일치하는 가치라는 것에 대해 자랑스럽게 여길 수 있다.

▌가치명료화의 다문화적 양상

가치명료화 과정에 내재된 가치를 인식하는 것은 가치명료화 접근법이 다문화에 대해 가지는 함의라는 더 광범위한 이슈를 표면으로 떠오르게 한다. 미국에 있는 건국의 아버지들은 '모든 사람이 평등하게 창조되고, 창조주에게 양도할 수 없는 권리들을 부여받았으며, 이들 중에 생명, 자유, 행복의 추구가 있다는 것은 자명한 진실이다.'라는 견해를 가지고 있었다. 그러나 평등과 자유는 모든 문화에서 자명한 진리나 중요한 가치는 아니다. 모든 사람들이 행복 추구를 위해 정치적 · 종교적 · 사회적 · 개인적 가치를 선택할 수 있는 자유는 보편적으로 받아들여지는 것이 아니고, 또한 지지받더라도 항상 존중되지는 않는다.

그래서 여기에 역설이 있다. 어떤 면에서 가치명료화는 현대의 민주주의, 개인주의, 서구의 중산층 세계관을 반영하는데, 이는 일부 문화 및 전통적 가치 체계와 일치하지 않고, 미국과 전 세계의 다른 문화적 · 경제적 · 정치적 맥락에 적용하기 어렵거나 적용할 수 없는 것이다. 동시에 이러한 많은 전통문화와 그 문화에 속한 많은 사람들이 그들만의 가치 갈등을 겪고 있고, 가치명료화는 그들이 이러한 갈등을 극복하는 데 매우 유용한 도구가 될 수 있다.

가치명료화 접근법의 문화적 편견에 대한 잠재적 비판의 핵심에는 가치명료화가 본질적으로 **개인주의적**이라는 비판이 있다. 그것은 자아실현을 강조하는("**당신**은 무엇을 소중히 여기고 아끼나요?" "당신은 **당신**의 가치에 따라 행동하고 있나요?") 그리고 그렇게 함으로써 가족, 집단, 공동체에 대한 개인의 의무를 무시하거나 최소화하는 것처럼 보이는 접근법이다. 이런 의미에서 가치명료화 접근은 일부 전통문화의 효도, 교회나 종교에 대한 순종, 국가에 대한 충성심 또는 자신을 넘어서는 어떤 대상이나 원인에 대한 헌신에 적대적인 것으로 보일 수 있다. 모든 문화나 집단이 자아실현을 최고의 가치 중 하나로 여기는 것은 아니다.

이 비판의 일부는 가치명료화와 인본주의 심리학의 다른 분야에 내재된 자아라는 바로 그 개념에 대한 것이다(Cushman, 1990). Sampson(1988)은 '독립적인' 개인주의와 '조화된' 또는 '내재된' 개인주의를 구별하였다. "독립적인 개인주의는 자기-타인의 경계를 확고하게 구분하는 특징이 있다. 개인의 통제가 강조되고 사회적 책임은 '상호주의와 관련된 계약적인 교환 관계'의 형태를 취한다(p. 20, Holdstock, 1990, p. 113에서 인용)." 따라서 다른 사람들에 대한 관여는 자유로운 선택에 따른 것이다. 왜냐하면 관여는 물질적 이득에서 우정, 사랑, 더 나은 공정한 세상, 궁극적으로 자신의 이익에 이르는 실질적 또는 잠재적 혜택을 그 사람에게 주기 때문이다. "반면에 내재된 개인주의는 보다 유동적으로 묘사되는 자아-비자아 경계와 현장 관리(field control)를 강조한다. 관계는 비계약적, 상호 의무적 그리고 공동체적이며, 따라서 보다 계약 지향적인 접근으로 운영되는 것과는 다른 규칙에 따라 작동된다. 물질적 관점이나 자유에 대한 침해의 관점으로 평가하지 않으면서 도움을 주고받는다(p. 20)." 공동체적 관점에서 보면, 삶의 만족은 개인의 정체성보다는 공동체의 정체성을 통해 가장 잘 성취된다.

다문화적으로 유능한 상담자 또는 치료사는 그의 세계관을 강요하기보다는 내담자의 세계관을 이해하고 이를 다루려고 한다는 것이 널리 받아들여지고 있다(Sue et al., 1998). 개인이 그들 문화의 개인주의 또는 집단주의 세계관을 반영하는 경향이 있다는 주장 또한 널리 수용되고 있다. 따라서 비평가들은 가치명료화 접근이 개인주의 세계관을 강화하거나 강요하여서, 공동체적(집단주의) 세계관을 가진 내담자나 문화에는 적용되기에 어려움이 있다고 말할 수 있다.

이러한 비판에 이어지는 것은 가치명료화가 그 지향에 있어서 공동체적이기보다는 개인주의적이어서 개인의 어려움에 대한 원인과 해결책으로서 사회적 맥락을 챙기는 데 실패한다는 비난이다. 그것은 심리학의 많은 부분과 마찬가지로, 맥락적 · 공동체적 또는 정치적 해결책보다는 개인적 해결책을 조성한다. 그렇게 함으로써 내담자에게 도움이 될 수 있는 공동체의 자원과 지원 구조를 활용하지 못하게 된다. 또한 일부 문제는 개인적인 해결책이 없고 사회적 · 정치적 활동을 통해서만 해결될 수 있다.

나는 가치명료화에 대한 그러한 비판이 부분적으로는 옳지만, 일반적으로 제시된 것보다 훨씬 복잡하다고 생각한다. 우선, 가치명료화 접근의 목적과 구조는 상담자의 가치나 세계관을 내담자에게 강요하는 것이 아니라 내담자가 **내담자 자신**의 가치를 실현하도록 돕기 위해 고안되었다는 것을 상기하라. 가치명료화 상담자가 자신의 가치를 강요하는 것을 최소화할 수 있는 여러 가지 방법은 이 책 전체에서 논의된다.

또한 가치명료화의 **선택 과정**은 자유롭게 선택하는 것 이상이다. 그것은 대안에 대한 고려도 포함한다. 상담자는 내담자가 자신의 사회적 · 종교적 · 문화적 배경이 제안할 수 있는 대안을 탐색하도록 돕는 충분한 기회를 갖는다. 어떤 경우에 이것은 내담자가 이 자원들을 무시하는 쪽으로 기울어질 수 있을 때 내담자에게 가족, 신앙 또는 기타 전통적인 가치 자원을 신중하게 고려하도록 요청하는 것을 의미하기도 한다. 또한 개인의 딜레마에 대한 대안적 해결책을 고려하는 과정은 내담자의 사회적 지원 시스템, 지역사회 자원, 사회적 및 정치적 활동이 내담자가 자신의 개인적 및 사회적 가치를 어떻게 실현하도록 도울 수 있는지를 고려할 충분한 기회를 제공한다. 상담자가 (만약 개인과 관계에 적절하다고 여겨질 때) "가족의 도움을 요청한 적이 있나요?" 또는 "종교에서는 당신에게 무엇을 제안할 것 같나요?" 또는 "당신은 이 문제를 가진 유일한 사람인가요? 또는 동료가 당신의 관심사를 공유하고 상황 개선을 위해 당신과 협력할 수 있나요?"라고 물을 때, 가치명료화 과정은 개인주의적이고 공동체적인 세계관 모두를 반영한다.

유사하게, 내담자에게 자기 행동의 결과를 고려하도록 질문하는 것이 많은 상황에서 내담자만을 위한 결과에 대해 묻는 것일 필요는 없으며, 또 많은 상황에서 **그렇게 되어서는 안 된다.** 예를 들면, 상담자는 "예, 당신은 지금 이 두 가지 선택을 고려하고 있습니다. 어느 것이 당신에게 더 나은 선택이 될까요? 남편의 관점에서는 어떤 것이 더 나은 선택이 될까요? 그리고 당신의 자녀들에게는 어느 것이 더 나은 선택이 될까요?"라고 물을 수 있다. 만약 상황에 적절하다면 "당신과 당신의 아내와 자녀들을 위해 앞서 얘기했던 이점의 일부를 포함할 수 있는 제3의 대안이 있나요?"라는 질문이 뒤따른다. 내담자에게 **다른 사람들**—그들의 가족, 집단, 공동체—에 관한 자신의 선택과 행동의 결과와 장단점을 고려하도록 질문함으로써, 이 과정은 우리의 가치의 공동체적 기원을 타당화하고 내담자의 선택이 자기 이익뿐만 아니라 다른 사람과 사회적 질서의 복지에도 근거할 가능성을 높여 준다. 이러한 의미에서, 가치명료화는 완전히 개인주의적인 과정일 필요는 없으며 또 그렇게 되어서도 안 된다. 이러저러한 방식으로 다문화적 감수성을 가지고 가치명료화를 실행할 수 있다.

그러나 가치명료화 방법론이 상담자의 가치를 내담자에게 부과하는 것을 피하거나 최소화하는 것과 가치명료화의 선택 과정이 개인적 그리고 사회적 가치를 모두 반영할 수 있다고 주장하는 것이 가치명료화가 어느 정도 개인주의적 접근이라는 사실을 바꾸지는 않는다. 개인과 그* 자신의 감정, 생각 및 인식을 검증함으로써 과정 그 자체는 개인적 자율성을 강하게 지지한다. 가치명료화 상담자에게 오는 엄격한 모계 문화 또는 가부장적이거나 권위주의적인 문화의 내담자를 고려해 보라. 내담자의 생애 동안, 그는 "**당신이** 생각하는 것은 중요하지 않다. **당신의** 감정도 중요하지 않다. 당신은 가족이나 집단의 방식을 따를 것이다. 당신은 선택권이 없다."라는 이야기를 들어 왔을 것이다. 이제 가치명료화 상담자가 명시적으로 말하지 않더라도 다른 메시지가 나온다. "**당신이** 생각하는 것이 중요해요. 나는 **당신의** 감정과 우선순위에 관심이 있어요. **당신이** 따르고 싶은 길은 무엇인가요? 당신이 어떻게 살아갈 것인지는 **당신의** 선택입니다." 상담자는 가족이나 전통문화의 가치 또는 규범에 반대되는 말을 할 필요가 없다. 그럼에도 불구하고, 가치명료화 상담 자체는 개인의 자율성과 개인주의의 가치를 심어 준다. 그럼으로써 전

* 이 책에서 여성 대명사를 사용하여 상담자를 말하고, 일반적으로 내담자나 사람에게는 남성 대명사를 사용하고 있음을 상기하라.

통문화나 전체주의 문화와 충돌한다. 사실, 가치명료화는 개인이 최소한 어느 정도는 자신의 권한을 가진다는 것을 암시한다. 물론 개인은 지도자, 전문가, 종교 또는 집단에 그 권위를 자유롭게 양도할 수 있다. 이것이 믿음의 본질이지만, 여전히 최고의 가치를 선택하는 것은 개인이다. 그래서 가치명료화는 철학적으로나 심리적으로 배타적이지 않고 상당히 개인주의적인 과정이다.

이것이 가치명료화가 이러한 지향을 공유하지 않는 문화나 개인에게는 부적절하거나 적용되기 어렵다는 것은 아니다. 이는 문화와 개인이 항상 개인주의 또는 집단주의의 어느 한쪽인 경우는 드물기 때문이다. 일반적으로 문화, 수업, 종교 단체와 기타 지역사회는 전통적으로 집단적인 특성과 아울러 개인주의적이고 현대적인 특성을 지니고 있다. 마찬가지로, 주로 개인주의 문화 출신이든 집단주의 문화 출신이든 간에, 개인은 개인주의적 그리고 집단주의적 가치와 선호를 모두 가지고 있다. 실제로 사회와 그 내부의 개인은 종종 변화하는 가치와 관습에 대해 심하게 갈등을 겪는다. 사람들은 반드시 하나의 세계관 또는 가치 체계, 즉 중산층 가치 또는 하위 계급 가치, 종교적 또는 세속적, 전통적 또는 현대적, 개인주의적 또는 집단주의자, 동양 또는 서양, 흑인 또는 백인의 한쪽에만 속할 필요는 없다. 하나의 세계관이나 가치관이 개인이나 문화에서 지배적일 수 있지만, 종종 이러한 정체성의 중요한 부분과 대비되는 견해와 가치도 있으며, 이것이 그들에게 의미가 있기도 하다.

따라서 전통주의와 서구 문화를 집단주의 또는 개인주의로 분류하는 일반화를 시험하였을 때, 35개에서 50개의 연구를 포함한 여러 메타분석에서 Oyserman, Coon과 Kemmelmeier(2002)는 다른 문화에 대해 광범위하게 받아들여진 일반화가 지지받지 못한다는 것을 발견하였다. 예를 들면, 국가별 비교에서 유럽계 미국인은 대부분의 전통문화보다 가치 지향적 측면에서 개인주의적이며 덜 집단주의적이라는 것이 사실이었지만, 이 규칙에는 많은 예외가 있었다. 예를 들면, "한국과 일본에 대한 놀라운 발견이 있었다. 미국인은 일본인보다 집단주의가 상당히 높았으며, 한국인과 집단주의가 크게 차이가 나지 않았다.(p. 18, Williams, 2003, p. 371에서 인용)" 예측 가능하고 놀라운 유사한 결과가 미국 내에서의 비교에서도 나타났다. 라틴계 미국인은 유럽계 미국인보다 개인주의에서는 차이가 없었고 집단주의는 더 높게 나타났지만, 아프리카계 미국인은 유럽계 미국인보다 개인주의는 더 높았지만 집단주의는 차이가 없는 것으로 나타났다. Williams(2003)는 Oysterman 등의 메타 분석을 요약하여, "세계관은 인종, 민족 또는 국가 집단에 의해 정확하게 예측되지 않는다. 개인주의와 집단주의의 지지가 가정된 패턴을 따르지 않는다는 것은 내담자의 세계관을 결정할 때 자기 자신의 편견을 잘 인식할 필요가 있다는 증거이다(p. 372)."

이 자료는 인간중심 또는 가치명료화 관점과 완전히 일치한다. 사람들은 너무 복잡해서 범주화해서 볼 수 없다. 한 문화권의 모든 사람이 특정한 속성이나 가치를 공유한다고 가정하는 것은 다른 유형의 강요이며 고정관념이다. 따라서 가치명료화의 관점에서 성별, 인종, 민족, 종교, 국적, 계급과 기타 중요한 특성을 포함한 문화적 영향은 사람들의 정체성을 형성하는 데 매우 중요할 수 있지만, 인간은 이러한 영향의 총합 그 이상이다. 그들은 개인으로 다루어져야만 한다. 다시 말하면, 각 내담자는 문화적 영향을 다른 방식으로 내재화하고 다른 정체성과 다른 방식으로 투쟁하고 균형을 잡는다. 가치명료화 접근은 내담자가 이러한 다문화적 이슈는 물론 인간 조건의 다른 문제들을 이해하고 분류하도록 돕는 데 유용할 수 있다. 또한 어떤 사람이나 내담자가 진짜로 집단주의적 지향을 지니고 있더라도, 그들의 가치와 관련된 질문을 하는 것만으로 그들의 세상에 관한 집단주의적 관점이나 존재 방식에 대해 도전하거나 불신하거나 망신을 주는 것은 아니다. 실제로, 그것은 그들에게 집단주의적 지향을 확인하는 기회를 준다.

그럼에도 여전히, 다문화 문헌은 가치명료화 접근 또는 다른 접근이 다른 문화적 맥락에서 보다 효과적으로 구현될 수 있는 방법에 관하여 가치 있는 주의와 통찰 및 권고를 제공해 왔다. 다른 성향과 전략들 중에서도, 다문화적 역량으로 실천하고자 하는 상담자들은 자기 내담자의 문화적 영향에 대해 잘 알고 있어야 한다. 내담자의 세계관을 존중해야만 한다. 내담자가 원하는 상담 목표를 내담자에게서 알아내고 상담이 어떻게 이루어지는지를 설명하며 공통의 목적을 협상해야 한다. 치유에 대한 내담자의 이해를 이해하고 존중하며 이를 대상으로 해야 한다. 상담자와 내담자의 배경 차이에 대해 기꺼이 논의하고 토론해야 한다; 자신의 가치와 능력의 한계 내에서, 내담자에게 의미가 있는 한, 내담자의 자원과 문화적 전통을 기꺼이 활용하여야 한다(Sue et al., 1998; Sue & Sue, 2003). 다른 상담자와 마찬가지로, 이러한 다문화 이슈를 인식하지 못하거나 무시하거나 이 방법들을 적절하게 잘 사용하지 못하는 가치명료화 실천가는 다문화적 맥락에서 덜 효과적일 것이다. 그러나 이러한 다문화 역량은 가치명료화에 실제로 통합되었을 때, 다문화에의 적용에 특히 적합한 가치명료화 접근의 측면들을 더욱 강화시킨다.

▌가치명료화에 관한 연구

어떠한 접근에 대해서든, 사람들은 '그것이 작용하는지'를 알고 싶어 한다. 상담과 심리치료에서 이 질문은 대개 "이 접근이 좋은 결과를 가져오나요?"를 의미한다. 이 진단을 받은 사람들을 개선시키나요? 그들이 중독이 덜해지고, 우울증이 줄어들며, 광장공포를 덜 느끼고, 공격성이 줄어들게 되나요? 그들의 결혼 생활이 향상되나요? 그들이 직업적 문제를 해결하나요? 그들이 마음의 평화를 찾았나요? 또는 내가 가치명료화에 대해 제안해 온 것처럼, 그것들이 그들의 삶에서 더 큰 만족과 의미를 가져오고 또 사회적으로 구성된 행동에서 어떠한 손실 없이 그렇게 되었나요? 이와 같은 것을 의미한다.

가치명료화 연구에 대한 이 논의는 다음 세 가지 핵심 포인트를 만들 것이다. (a) 상담, 청소년 활동 및 교육 장면에서 가치명료화를 지지해 주는 일련의 연구—일부는 좋다고 하고, 일부는 그저 그런 식이라는 연구—가 있다.

(b) 가치명료화 자체가 심리치료의 한 형태가 아니기 때문에, 진단 증상을 줄이는 효과에 대한 결과 연구들을 기대할 이유가 없다; 그리고 (c) 명시적 또는 암묵적으로 상당량의 가치명료화를 활용하는 상담 및 치료 접근법들이 과학적 연구들에 의해 점점 더 많이 지지되고 있다.

한 가지 이야기로 시작해 보자.

1980년대 초, 한 고등학교의 선택 과목인 '삶을 위한 기술(Skills For Living)'(Kirschenbaum & Glaser, 1978)은 미국에서 가장 널리 사용되는 '생활 기술(life skills)' 교육과정 중 하나였다. 대부분 공립학교에서 백만 명 이상의 학생들이 그 과목을 수강하였고 수천 명의 교사와 상담자가 그것을 가르치기 위해 훈련을 받았다. 이 과정에서 학생들이 의사결정, 의사소통 및 감정을 다루는 생활 기술을 배우는 동안, 감정, 친구, 가족, 결혼, 육아, 돈, 진로 및 우주와의 관계와 같은 주제에 초점을 두는 가치명료화 활동이 스며들었다. 학생, 교사와 학부모는 그 과정을 가장 높이 평가하였다.

그러나 그것은 효과가 있었나? 이 과정을 후원한 비영리 단체인 Quest, Inc.(후에 Quest International, 현재 Lions Quest International)는 독립적인 대학 심리학자를 고용하여 프로그램을 평가하였다(Jurs, 1983). 십대의 마약 남용이 그 당시 사회에서 주요 관심사가 되었기 때문에, Quest는 그들의 생활 기술 교육과정이 십대의 약물 사용을 줄이기를 희망하였다. 그러나 오히려 이 과목을 수강한 학생들의 불법 약물 사용 수준이 과목을 이수한 연말까지 **더 높아진** 것으로 드러났다. 매우 놀란 Quest는 삶을 위한 기술을 제공하는 것을 중단하였다. 이 과정은 미국에서 가장 인기 있는 과정 중 하나였지만, 곧 망각 속으로 사라졌다(비록 중학교와 초등학교 버전과 새로운 고등학교 교육과정은 전 세계에 걸쳐 수백만 명의 학생들이 참여하면서 수년간 지속되었지만).

그러나 이야기는 여기서 끝나지 않는다. 연구 결과에 대한 추가 분석은 또 다른 중요한 발견을 보여 주었다. 이 과정에 참여한 학생들의 약물 사용이 늘어난 것은 사실이지만, 그 증가는 전형적인 미국 십대의 **것보다 적었다**! 다시 말해서, 매년 고등학교에서 미국 십대들의 불법 약물의 사용이 평균적으로 증가하였던 것이다. 삶을 위한 기술 과정을 이수한 학생들은 평균적인 십대들의 약물 사용보다 사용률이 유의미하게 낮았다(통계적으로 그리고 효과 크기 모두 유의하게).

축하할 이유일까? 아마도 그렇지 않을 것이다. 분명히 말하자면, 가치명료화 교육과정은 만병통치약이 아니다. 그러나 다소 도움이 되었다. 예를 들면, 이것이 시험 중인 약물이고, 새로운 약물이 명백한 부작용 없이 질병의 발생률을 80%에서 50%로 감소시켰다면, 이는 중대한 돌파구가 될 것이다. 의사는 처방전을 쓰기 시작할 것이고, 연구자들은 약물의 유용한 성분을 찾기 위해 두 배로 노력해서 더 향상시킬 수 있게 될 것이다. 정치적으로 격앙된 교육 세계(및 상담과 심리치료)에서는 그렇게 하지 않았고 그러한 일들이 일어나지 않았다.

실제로, 1980년대까지 가치명료화와 관련 인본주의 교육 방법이 교육과 사회에서 논쟁의 대상이 되어 왔다. 아프리카계 미국인, 여성, 학생 및 기타 사전에 권리가 박탈된 집단에 힘을 실어 주었던 사회적 그리고 정치적 움직임과 일치되게, 가치명료화는 청소년과 성인의 자율적 의사결정을 지지하였다. 사회에서 방임주의가 걷잡을 수 없이 커지는 것을 본 사람들에게 가치명료화는 문제의 일부였다. 삶을 위한 기술(skills for living)이, 정치적 어젠다가 없고 청소년들에게 도움이 될 수 있는 방법을 채택하기를 원했던 중남미의 복음주의 기독교인에 의해 조직되었다는 것은 문제가 아니었다. 삶을 위한 기술 후원자들은 줄타기를 하고 있었고, "고등학교 과정이 약물 사용을 증가시킨다"라는 신문 제목이 쓰였을 때, 그것으로부터 회복되지 못했다.

이 이야기는 아주 간결하게 가치명료화에 관한 연구를 요약한다. 가치명료화에 관한 연구 리뷰는 검토하는 사람의 편향에 따라 유망한 결과 또는 좋은 개선의 증거가 없음을 보여 주었다. 그 사람의 관점은 불가피하게 그 당시의 교육적·정치적 상황에 영향을 받았다.

나는 그 초기의 몇 년 이후로(Kirschenbaum, 1977a) 가치명료화 연구에 관해 처음으로 진지한 검토를 수행하였고, 12개의 오래된 그리고 24개의 새로운 연구를 요약하였다. 결과는 교사와 상담자가 유능하게 지도된 가치명료화 훈련을 받았을 때, 대다수가 강의실과 상담의 장으로 돌아가서 실제로 이 접근법을 실행하였고, 다양한 차원에서 개인적 그리고/또는 학문적 성장을 보인다는 일반화를 지지하는 경향이 있었다. 그 리뷰의 의미를 보여 주기 위해 다음에 가장 좋은 두 개의 연구 요약을 인용하였다.

Clarke 등 현재까지 가치명료화에 관한 가장 크고 중요한 연구(Clarke et al., 1974)는 캘리포니아의 비세일리아에서 Jay Clarke를 이사로 하는 청소년 개발 및 비행 방지 조직인 Operation Future의 후원하에 진행되었다. 모집단으로는 10학년이지만 15세인 851명, 2개의 미성년자 임신 집단, 2개의 교회 집단과 보호 관찰 중인 65명의 청소년을 포함하였다. 그들은 처방되지 않은 다양한 약물의 사용, 가치 명확성 부족(예: 무관심, 무책임 등)과 관련된 8가지 성격 특성에 대한 자신의 인식과 학교 행동에 대해 조사하고 평가하였다. 한 가지 중요한 발견은 약물 사용과 몇 가지 낮게 평가된 특성 간에 높은 상관이 있다는 것이다.

연구의 두 번째 부분에서 Clarke 등은 가치명료화 경험이 성격 특성과 학생들의 약물 사용에 미치는 영향을 측정하였다. 특성에 대한 독립 변수(가치명료화)의 효과가 혼합되어 있었는데, 일부 실험 집단은 동일하게 유지되었고, 일부는 약간 줄어들었고, 몇몇은 즉, 무관심이 줄어드는 것 등의 큰 성과가 있었다. 약물 사용의 영역에서, 그 결과는 확실히 유의미하였다. "대부분의 집단에서 알코올(일부 집단에서)을 제외한 모든 약물의 섭취가 줄었다"라고 예비 보고서에서 지적하였듯이, 이러한 결과는 통계적으로 유의했을 뿐만 아니라 많은 경우에 그 변화가 극적인 수준으로 나타났다. 또 다른 극적인 결과는 가치명료화를 사용하지 않은 통제 집단에서 학생들의 사회 적응이 얼마나 현저하게 감소하였는가를 보여 준 것이다(p. 28).

Gorsuch, Arno와 Bachelder 숙련된 평가 팀은 Akron, Ohio 및 National YMCA가 후원하는 광범위한 가치명료화 프로그램의 효과에 대해 주의 깊게 통제된 연구(Gorsuch, Arno, & Bachelder, 1976)를 수행하였다. 그들

은 가치 프로그램(4학년, 5학년 및 6학년 소년 대상)이 프로그램에 더 오래 노출된 집단들—연중 프로그램과 간단한 여름 캠프를 경험한 클럽 집단, 2년과 1년 동안 프로그램을 경험한 소년들—에게 유의한 변화를 가져왔다는 것을 발견하였다. 이것은 변화가 없는 것으로 나타난, 예를 들면 10회기와 같은 짧은 연구가 이 접근에 대한 공정한 테스트가 아닐 수 있다는 것을 시사한다.

비록 자료는 다양하지만, 주요한 변화는 세 가지 영역에 있었다. 통제 집단에 비교했을 때 가치명료화 프로그램에 참여한 소년들은 ① 아동들이 일반적으로 자신의 사회적 환경에서 바람직한 것으로 간주하고 일반적으로 성인이 이 연령대의 아동보다 더 높은 점수를 받는 가치로 옮겨 갔다(이러한 준거에 포함된 순응성에 의문을 제기할 수 있지만, Kohlberg는 사회적 순응성은 보다 내부적으로 통제되는 윤리 체계로 나아가는 데 필요한 과도기적 단계라고 제안한다), ② 예를 들면, 과도한 알코올 사용과 같이 일반적으로 우리의 문화에서 벗어난 것으로 정의되는 행동을 일탈행동으로 보는 정도가 증가하였다(어린이들은 나이가 들어감에 따라 일탈 행동에 대해 더 관대해지는 것이 일반적임), ③ 외부 환경만을 고려한 가치 결정과는 다르게 내재화된 가치를 더욱 지지하게 되었다(분명히 가치명료화의 주요 목표) (p. 29).

비록 이러한 특정 연구는 잘 설계되었지만, 나는 가치명료화에 대한 많은 연구가 질적으로 좋지 못하다는 것을 처음으로 지적하였다. 대부분의 연구에는 비교 집단이 없었고, 많은 연구에서 참가자가 거의 없었다. 분명히 결과는 동등하였다. 일부 연구는 실험 집단에서 더 큰 변화를 보여 주었다. 다른 연구에서는 실험 집단과 통제 집단 사이에 차이가 없었다. 일부는 정서적 영역의 변화를 보였지만 인지력은 변하지 않았으며, 일부는 그 반대의 결과를 보였고, 일부는 둘 다를 보였으며, 일부는 둘 다 나타나지 않았다. 이것은 예상된 것이다. 많은 처치가 매우 간단한 30명의 참가자를 대상으로 몇 회기 동안 진행된 것이다. 이러한 많은 연구에서 교사나 상담자는 가치명료화를 처음으로 사용하고 있었지만, 통제 집단 지도자는 그들이 수년 동안 사용해 왔던 접근을 사용하였다. 그렇게 많은 연구들이 상황에 따라 긍정적인 변화를 보였다는 것이 주목할 만하다. 어떤 연구에서도 실험 집단이 통제 집단보다 더 나빠지거나 더 나쁘게 수행하지 않았다는 것 또한 중요하다. 하나 또는 몇 개의 연구 결과가 명확하지 않은 반면, 전체 결과의 방향성은 매우 일관적인 것으로 보인다. 컵을 반을 채운 또는 반쯤 비어 있는 것으로 묘사할 수 있는 상황에서, 나는 그것을 반을 채운 것으로 기술하였다.

가치명료화 연구의 후기 리뷰(Cline & Feldmesser, 1983; Leming, 1987)는 그 컵이 절반이 비어 있거나 대부분 비어 있다고 설명하였다. 그들은 연구에서 방법론적 결함을 강조하였다(그 밖에 대안적 가치관, 도덕, 성격 발달에 관한 방법론적 비판은 덜 엄격한 반면). 그들은 방금 요약한 중요하고 방법론적으로 문제가 없는 두 개의 연구를 포함하여 가치명료화를 지지해 주는 일부 연구를 포함하지 않았다. 그들은 처치 변수가 가치명료화가 전혀 아니거나 가치명료화 교사 또는 상담자가 그 접근에 대해 훈련받지 않은 연구를 포함하였다. 그들은 하나의 종속 변수를 조사한 연구를 사용하여, 가치명료화가 다른 종속 변수에 영향을 주지 못했다는 증거로 삼았다. 결국 그들은 가치명료화가 효과가 있다는 타당한 증거는 없다고 결론 내렸다.

실제로, 나는 그들이 어떻게 그것을 얻었는가에 상관없이 그런 결론에 신경 쓰지 않는다. 비록 나는 여전히 가치명료화의 효과와 핵심 가정의 효과에 대한 유망한 증거가 많이 있다고 믿지만, 객관적인 검토자는 그들이 한 바대로 그 효과를 다음과 같이 결론을 내려야 한다는 것이 사실이라고 생각한다. '가치명료화가 효과가 있다는 증거는 없다.' 이것은 공정한 진술로, 가치명료화가 효과가 있다고 주장하기에 충분한 증거가 없다는 것을 의미하며, 객관적인 검토자는 다음과 같이 쉽게 결론을 내릴 수 있다. '연구는 가치명료화가 효과가 없다는 것을 보여 주지는 않는다. 지금까지의 증거에 따르면, 그것이 효과가 있을 수도 있고 효과가 없을 수도 있다. 우리는 알 수 없고 더 많은 연구가 필요하다.'

그러나 이것은 '가치명료화가 효과가 있다는 증거는 없다.'에서 '증거는 가치명료화가 효과가 없음을 보여 준다.'에 이르는 짧은 여행이다. 단어는 다른 순서로 동일하지만, 의미는 매우 다르다. 불행히도, 많은 연구 소비자와 더 잘 알아야만 했던 일부 조사 검토자들이 이러한 잘못된 도약을 만들었거나 암시했을 것이다.

내 자신의 견해는 이전과 같다. 나는 여전히 반이 채워진 컵으로 본다. 즉, 많은 유망한 연구가 젊은이들과 성인이 가치명료화 과정을 밟을 때 긍정적인 결과가 발생하는 경향이 있다고 한다. 그들은 덜 냉담하고 더 목적적이다. 그들은 학교에서 더 많은 것을 배운다. 그들은 가치명료화를 하지 않은 또래들보다 자기 파괴적 행동을 더 적게 한다. 결과를 바탕으로 확실하게 말할 수 있을까? 아니다. 어느 정도 확실하게 그러한 주장을 하기 위해서는 훨씬 더 많고 좋은 연구가 필요하다. 그리고 가치명료화가 다른 상황에서 다른 모집단에 어떻게 작용하는지를 이해하려면 훨씬 더 많은 연구가 필요하다. 한편, 가치명료화가 해롭다는 증거가 부족하다는 것은 수천 명의 상담자, 교사 및 기타 사람들이 수십 년 동안 가치명료화를 해 오면서 얻은 긍정적인 경험과 결합하여 상담과 심리치료를 향상시키기 위해 가치명료화를 사용하고 추천하는 데 있어 나에게 확신을 준다.

한편, 관련 분야에서 가치명료화의 효과 여부와 어떻게 작용하는가에 대해 밝혀 주는 연구가 있다. Milton Rokeach(1961, 1975)는 몇 년 전에 자신의 가치와 행동 사이에 불일치가 있는 개인이 어떻게 그들의 가치에 보다 일치하는 쪽으로 행동을 변화시키도록 이끌 수 있는지를 시연하였다. Lawrence Kohlberg(1968)와 그의 학생들은 젊은이들을 자신의 것보다 한 단계 높은 도덕적 추론에 노출시키는 것이 낮은 수준의 도덕적 추론을 높이는 경향이 있음을 보여 주었다. 가치명료화는 이들 두 가지 과정 모두를 수반한다. 내담자와 집단구성원이 자신들의 목적과 신념 그리고 선택과 행동 사이의 일관성과 불일치를 고려하도록 돕고, 내담자와 집단구성원이 자신의 신념, 선택과 행동에 대한 대안적 관점을 고려하도록 돕는다.

더 큰 의미에서, 상담과 심리치료의 효과성에 관한 수십 년 동안의 모든 연구는 또한 가치명료화를 지지해 준다. 가치명료화 상담자는 그들이 하는 일에서 독특하지는 않다. 모든 상담자와 심리치료사들은 다양한 방식과 다양한 정도로 내담자가 자신의 감정, 목적과 신념을 더 깊이 보도록 하는 데 관여한다. 그들 앞의 선택에 대해 생각하는 것, 과거와 현재의 영향에 대한 압박으로 인해 그들이 선택에 덜 방해받도록 격려하는 것 그리고 그들이 변화와 성장을 향한 첫 번째의 잠정적인 시도를 하도록 돕는 것에 관여한다. 다시 말해, 가치명료화 방법은 상담과 심리치료 방법 중 하나이다. 가치명료화 상담자의 기술은 상담 전문직의 많은 다양한 기술 중 하나이다.

아마도 한 걸음 더 나아갈 수 있다. 이전 장에서 나는 가치명료화와 여러 가지 다른 심리치료 기법, 특히 해결중심치료와 동기강화상담 그리고 수용전념치료(ACT)의 유사성을 지적하였다. 이들 접근법의 효과에 대한 연구 증거가 늘어나고 있다. 예를 들면, "최근 ACT에 대한 리뷰는……우울증, 정신병, 물질의존 장애, 만성 통증, 섭식 장애, 업무 관련 스트레스 및 기타 문제에서 효과와 효능 연구가 발견되었다(Hayes, Masuda, Bissett, Luoma, & Guerrero, 2004; Hayes, 2004, p. 24에서 인용)." ACT와 같이 명시적으로 인정되거나 해결중심치료와 동기강화상담처럼 암시적으로 인정되든지 간에, 가치명료화는 이들 접근법의 성공에 중요한 역할을 한다. 여기에는 두 가지 가능한 시사점이 있다. 첫째, 가치명료화의 적어도 일부 측면은 다른 접근법에서 긍정적인 결과에 기여하기 때문에 효과가 있다는 것이다. 둘째, 이미 가치명료화를 포함하고 있는 이러한 접근 방식의 실천가는 알게 모르게 가치명료화의 재능을 잘 향상시켜 왔을 것이다.

여기에서 분명히 하자. 가치명료화를 사용하는 다른 접근 방식이 효과가 있기 때문에, 가치명료화 자체가 효과가 있다고 제안하지는 않는다. 오히려 나는 이 책 전체에 걸쳐 이루어진 가치명료화 그 자체가 정신건강 상담 접근은 아니지만, 많은 상담과 치료 양식에서 유익하고 중요한 역할을 수행할 수 있다는 한 가지 요점을 강조하고 있다. 그것은 그 직업의 기본 기술 중 하나이거나 또는 하나가 되어야 한다.

동시에 가치명료화는 고유한 우선순위를 가지며, 특정 방법에 중점을 두고 이러한 방법을 고유한 방식으로 실행한다. 어떤 상황에서 가치명료화 방법이 어떤 내담자에게 가장 효과적인지 이해하려면 훨씬 더 많은 연구가 필요하다. 상담과 심리치료 분야의 대부분의 접근법에 대해서도 같은 이야기를 할 수 있을 것이다.

▌결론

수년 전, 『가치명료화: 교사와 학생을 위한 실용 전략 핸드북』(Simon, Howe, & Kirschenbaum, 1972, 1979) 저자의 한 명인 나는 한 독자에게 다음과 같은 편지를 받았다. "저는 학생들과 함께 이 책에 있는 79가지 전략을 모두 완수하였습니다. 이제 무엇을 해야 하나요?" 분명히 그는 요점을 놓치고 있었다.

이 책 전체에서 가치명료화 질문, 명료화 면접과 가치명료화 전략 자체가 내담자나 집단에 부과하는 하나의 상담 교육과정이 아님을 분명히 하였기를 바란다. 그것은 상담 목표를 달성하기 위해 설계된 일련의 도구와 절차이다. 그것들은 특정 내담자나 집단, 특정 문제, 특정 목적을 위해, 그 목적이 특정한 이유를 분명히 하는 것인지 또는 가치 평가 과정을 실천하기 위해 사용하는 것인지에 따라 선택적으로 사용되도록 의도되었다.

목수와 그의 도구 상자라는 유사한 비유가 있다. 목수가 도구 상자에 많은 수의 도구를 가지고 있고 어떤 도구를 어떤 목적으로 사용하는지를 알고, 그 도구를 능숙하게 사용할 수 있는 한, 목수는 성공적으로 새로운 것을 만들거나 고쳐야 할 것을 수리할 수 있다. 유사하게, 도구 상자에 가치명료화 질문, 명료화 면접과 많은 가치명료화 전략들(다른 상담 접근법의 도구들을 말하는 것은 아니고)을 가지고 있는 상담자나 치료사가 이 도구들을 특정 내담자 또는 집단이 현재 문제를 탐색할 수 있도록 적절한 시점에 사용하여만 할 것이다.

가치명료화의 도구 또는 방법은 다음과 같이 효과적으로 시행될 때 특히 유용하다.

- 가치명료화는 개인과 집단의 높은 수준의 참여를 촉진한다. 내담자와 집단구성원은 흥미롭고 중요한 문제에 대해 생각하고 자신의 감정, 신념 및 행동을 다른 사람들과 공유하는 것을 좋아한다. 좋은 생각을 떠올리게 하는 활동과 집단 형식의 조합은 언어적이고 동기화된 사람들뿐만 아니라 수줍어하고 꺼리는 참가자들과 함께 하는 가치명료화도 성공적으로 만든다.
- 가치명료화는 진정한 자기 성찰을 촉진한다. 가치명료화는 내담자나 집단구성원에게 상담자의 가치를 강요하려는 것이 아니기 때문에 내담자와 집단구성원이 자신의 가치와 가치 지표에 관해 방어적이지 않게 성찰하도록 하는 안전감과 수용의 느낌을 준다.
- 가치명료화는 상담 및 심리치료 장면에서 광범위하게 사용될 수 있다. 개인상담, 집단 상담, 진로상담, 결혼 및 가족 상담, 목회상담, 정신건강상담, 재활상담, 애도상담, 노인상담, 재정상담 또는 기타 여러 상황에서 가치명료화는 핵심 역할에서 중요한 지지적 역할에 이르기까지 어떤 역할이든 할 수 있다.
- 가치명료화는 상담자와 내담자가 초점을 두는 다양한 주제와 문제에 광범위하게 사용될 수 있다. 기술된 상담 장면에서 가치명료화 질문, 가치명료화 전략과 명료화 면접은 내담자와 집단이 다루는 많은 특정 문제, 딜레마와 선택에 사용될 수 있다.
- 가치명료화는 실천가에게 로드맵을 제공하기에 충분한 구조를 갖지만, 자신의 창의력을 발휘하고 자신의 본보기와 다양성을 개발할 수 있는 무한한 기회를 허용하는 충분한 융통성도 지니고 있다.

- 가치명료화는 내담자의 문화적 세계관, 종교적 신념, 성적 지향과 다른 다양한 가치, 신념과 생활양식을 수용하는 다문화 역량을 내포하고 있다.

또한 가치명료화는 상담 및 심리치료에 대한 다른 접근 방식과 함께 사용될 수 있다. 정서적 · 인지적 · 행동적 영역이 모두 7가지 가치명료화 과정의 핵심이기 때문에, 가치명료화는 다른 상담 방법과 공통점이 많다. 따라서 상담자나 심리치료사가 사용하는 다른 접근 방법이 무엇이든지 간에, 다른 이론적 지향이나 지향점이 무엇이든 간에, 가치명료화는 실제를 풍부하게 할 수 있다. 모든 상담 및 치료 실제는 필연적으로 내담자의 목표, 우선순위, 결정, 삶의 선택과 가치를 다룬다. 이 책이 상담자와 심리치료사들에게 이러한 중요한 분야에서 개인 및 집단과 작업할 때 도움이 되기를 바란다.

참고문헌

Adler, A. (1933). On the origin of the striving for superiority and of social interest. In J. Carlson & M. Maniacci (Eds.), *Alfred Adler revisited* (pp. 47-56). New York, NY: Routledge.

American Counseling Association. (2005). *ACA code of ethics.* Alexandria, VA: Author.

American Counseling Association. (2010, April 13). *ACAeNews, 12*(7).

American heritage dictionary: Second college edition. (1991). Boston, MA: Houghton Mifflin.

Berg, I. (1994). *Family based services: A solution-focused approach.* New York, NY: W. W. Norton.

Birren, J., & Cochran, K. (2001). *Telling the stories of life through guided autobiography groups.* Baltimore, MD: Johns Hopkins University Press.

Chitaphong, K. (2004). Untitled, unpublished paper for an advanced counseling theories course, Warner Graduate School of Education and Human Development, University of Rochester, NY, 7pp.

Clarke, J., et al. (1974). *Operation Future: Third annual report.* San Diego, CA: Pennant Educational Materials.

Cline, H., & Feldmesser, R. (1983). *Program evaluation in moral education.* Princeton, NJ: Educational Testing Service.

Cooperrider, D., & Whitney, D. (2005). *Appreciative inquiry: A positive revolution in change.* San Francisco, CA: Berrett-Koehler.

Corey, G. (2009). The counselor: Person and professional. In *Theory and practice of counseling and psychotherapy* (8th ed.) (pp. 16-35). Belmont, CA: Thomson Brooks/Cole.

Cushman, P. (1990). Why the self is empty: Toward a historically situated psychology. *American Psychologist, 45*, 599-611.

De Jong, P., & Berg, I. (2002). *Interviewing for solutions* (2nd ed.). Pacific Grove, CA: Brooks/Cole.

de Shazer, S., & Dolan, Y. (2007). *More than miracles: The state of the art of solution-focused therapy*. Binghamton, NY: Haworth.

Dewey, J. (1909). *Moral principles in education*. Boston, MA: Houghton Mifflin.

Dewey, J. (1939). *Theory of valuation*. Chicago, IL: University of Chicago Press.

Duane, D. (2004, March 21). The Socratic shrink. *The New York Times Magazine, 153*, 34-37.

Elkins, D. (1977). *Clarifying Jewish values: A handbook of value clarification strategies for group leaders, educators, rabbis, teachers, center workers and counselors*. Rochester, NY: Growth Associates.

Ellis, A. (1962). *Reason and emotion in psychotherapy*. Secaucus, NJ: Lyle Stuart.

Ellis, A. (1994). *Rational emotive behavioral therapy*. Amherst, NY: Prometheus.

Festinger, L. (1957). *A theory of cognitive dissonance*. Stanford, CA: Stanford University Press.

Figler, H. (1975, 1979). *A career workbook for liberal arts students* (1st and 2nd eds.). Cranston, RI: Carroll.

Frisch, M. (2006). *Quality of life therapy: Applying a life satisfaction approach to positive psychology and cognitive therapy*. Hoboken, NJ: John Wiley & Sons.

Glaser, B., & Kirschenbaum, H. (1980, May). Using values clarification in counseling settings. *Personnel and Guidance Journal, 58*(9), 569-574.

Glasser, W. (1965). *Reality therapy: A new approach to psychiatry*. New York, NY: Harper and Row.

Glasser, W. (2001). *Counseling with choice theory: The new reality therapy*. New York, NY: HarperCollins.

Gorsuch, R., Arno, D., & Bachelder, R. (1976). *Summary of research and evaluation of the Youth Values Project, 1973-1976*. New York, NY: Akron,

Ohio, YMCA and National Board of YMCAs.

Guterman, J. (2006). *Mastering the art of solution-focused counseling.* Alexandria, VA: American Counseling Association.

Harmin, M., Kirschenbaum, H., & Simon, S. (1973). *Clarifying values through subject matter: Applications for the classroom.* Minneapolis, MN: Winston.

Hayes, S. (2004). Acceptance and commitment therapy and the new behavior therapies: Mindfulness, acceptance and relationship. In S. Hayes, V. Follette, & M. Linehan (Eds.), *Mindfulness and acceptance: Expanding the cognitive behavioral tradition* (pp. 1-29). New York, NY: Guilford.

Hayes, S. C., Masuda, A., Bissett, R., Luoma, J., & Guerrero, L. (2004). DBT, FAP, and ACT: How empirically oriented are the new behavior therapy technologies? *Behavior Therapy, 35,* 35-54.

Hayes, S. C., Strosahl, K. D., & Wilson, K. G. (2012). *Acceptance and commitment therapy, second edition: The process and practice of mindful change.* New York, NY: Guilford.

Hayes, S., Strosahl, D., & Wilson, K. (1999). *Acceptance and commitment therapy: An experiential approach to behavioral change.* New York, NY: Guilford.

Holdstock, L. (1990). Can client-centered therapy transcend its monocultural roots? In G. Lietaer, J. Rombauts, & R. Van Balen (Eds.), *Client-centered and experiential psychotherapy in the nineties* (pp. 109-121). Leuven, Belgium: Leuven University Press.

Ivey, A., & Ivey, M. (2009, July). Bringing coaching and coaching skills into professional counseling. *Counseling Today,* 48-51.

Jurs, S. (1983). *An evaluation of Quest's Skills for Living curriculum.* Unpublished.

Kirschenbaum, H. (1973). Beyond values clarification. In H. Kirschenbaum & S. B. Simon, *Readings in values clarification* (pp. 92-110). Minneapolis, MN: Winston.

Kirschenbaum, H. (1975). Clarifying values clarification: Some theoretical issues and a review of research. *Group and Organizational Studies, 1*(1), 99-116.

Kirschenbaum, H. (1977a). *Advanced value clarification.* La Jolla, CA: University Associates.

Kirschenbaum, H. (1977b). An annotated bibliography on values clarification: 1965-1975. In *Advanced value clarification* (pp. 153-187). La Jolla, CA: University Associates.

Kirschenbaum, H. (1995). *100 ways to enhance values and morality in schools and youth settings*. Needham Heights, MA: Allyn and Bacon.

Kirschenbaum, H. (2009). *The life and work of Carl Rogers*. Alexandria, VA: American Counseling Association.

Kirschenbaum, H. (2012). What is "person-centered"? A posthumous conversation with Carl Rogers on the development of the person-centered approach. *Person-Centered and Experiential Psychotherapies*, *11*(1), 14-30.

Kirschenbaum, H., & Glaser, B. (1978). *Skills for living. Findlay*, OH: Quest International.

Kirschenbaum, H., Harmin, M., Howe, L., & Simon, S. (1977, June). In defense of values clarification. *Phi Delta Kappan, 58*(10), 743-746.

Knapp, C., & Simon, S. (2000). An interview with Sid Simon: Values education pioneer. *Values Realization Journal, 13*, 6-11.

Kohlberg, L. (1968). The child as a moral philosopher. *Psychology Today*, *2*(4), 24-30.

Kouzes, J., & Posner, B. (2010). *The leadership challenge values cards: Facilitator's guide*. San Francisco, CA: Pfeiffer.

Larson, R., & Larson, D. (1976). *Values and faith: Value-clarifying exercises for family and church groups*. Minneapolis, MN: Winston.

Leming, J. (1987, April). Values clarification research: A study of the etiology of a weak educational research program. Paper presented at the annual meeting of the American Educational Research Association, Washington, DC.

Lewin, K. (1943). Defining the "field at a given time." *Psychological Review, 50*, 292-310.

Marinoff, L. (2003). *The big questions: How philosophy can change your life*. New York, NY: Bloomsbury. (Later retitled *Therapy for the sane: How philosophy can change your life.*)

May, R. (Ed.). (1961). *Existential psychology*. New York, NY: Basic Books.

May, R. (1980). *Psychology and the human dilemma*. New York, NY: Random House.

Merchey, J. (2006). *Living a life of value: A unique anthology of essays on values and ethics by contemporary writers*. San Diego, CA: Values of the Wise Press.

Miller, W. R., & Rollnick, S. (2002). *Motivational interviewing: Preparing people for change* (2nd ed.). New York, NY: Guilford.

Morgan, A. (2000). *What is narrative therapy? An easy-to-read introduction*. Adelaide, Australia: Dulwich Centre.

Morrison, E., & Price, M. U. (1974). *Values in sexuality: A new approach to sex education*. New York, NY: Hart.

Murphy, J. (2008). *Solution-focused counseling in schools* (2nd ed.). Alexandria, VA: American Counseling Association.

Neukrug, E. (2011). *Counseling theory and practice: Instructor's edition*. Belmont, CA: Brooks/Cole-Cengage Learning.

Neukrug, E., & Milliken, T. (2011). Counselors' perceptions of ethical behaviors. *Journal of Counseling and Development, 89*(2), 206-216.

Nowbar, L. (2004). Untitled, unpublished paper for an advanced counseling theories course, Warner Graduate School of Education and Human Development, University of Rochester, NY.

Oyserman, D., Coon, H., & Kemmelmeier, M. (2002). Rethinking individualism and collectivism: Evaluation of theoretical assumptions and meta-analyses. *Psychological Bulletin, 128*, 3-72.

Pavio, S., & Greenberg, L. (1995). Resolving "unfinished business": Efficacy of experiential therapy using empty-chair dialogue. *Journal of Consulting and Clinical Psychology, 63*(3), 419-425.

Peterson, C. (2006). *A primer in positive psychology*. New York, NY: Oxford University Press.

Peterson, C., & Seligman, M. (2004). *Character strengths and virtues: A handbook and classification*. New York, NY: Oxford University Press/ Washington, DC: American Psychological Association.

Polster, E., & Polster, M. (1999). *From the radical center: The heart of Gestalt therapy*. Cleveland, OH: The Gestalt Institute of Cleveland Press.

Raths, L. (1972). *Meeting the needs of children*. Columbus, OH: Charles Merrill.

Raths, L., & A. Burrell. (1963). *Understanding the problem child*. West Orange,

NJ: Economics Press.

Raths, L., Harmin, M., & Simon, S. B. (1966, 1978). *Values and teaching: Working with values in the classroom* (1st and 2nd eds.). Columbus, OH: C. E. Merrill.

Rice, R. (2004). *Using values clarification to assist in the treatment of OCD.* Unpublished paper, Advanced Counseling Theories course, University of Rochester, NY.

Rogers, C. R. (1951). *Client-centered therapy: Its current practice, implications, and theory.*

Rogers, C. R. (1961). *On becoming a person.* Boston, MA: Houghton Mifflin.

Rokeach, M. (1961, 1973). *The nature of human values.* New York, NY: Free Press.

Rokeach, M. (1975). Toward a philosophy of values education. In J. Meyer, B. Burnham, & J. Cholvat (Eds.), *Values education: Theory, practice, problems, prospects.* Waterloo, Ontario: Wilfred Laurier University Press.

Sampson, E. (1988). The debate on individualism: Indigenous psychologies of the individual and their role in personal and social functioning. *American Psychologist*, *43*, 15-22.

Seligman, M. (2002). *Authentic happiness: Using the new positive psychology to realize your potential for lasting fulfillment.* New York, NY: Free Press.

Seligman, M. (2011). *Flourish: A visionary new understanding of happiness and well-being.* New York, NY: Free Press.

Seligman, M., Steen, T., Park, N., & Peterson, C. (2005). Positive psychology progress: Empirical validation of interventions. *American Psychologist*, *60*, 410-422.

Shallcross, L. (2010, January). A voyage of self-discovery. *Counseling Today*, 32-38.

Shinbaum, V. (2009, May). Getting to the goal. *Counseling Today*, 62-63.

Simon, S. (1974). *Meeting yourself halfway: 31 value clarification strategies for daily living.* Niles, IL: Argus Communications.

Simon, S., Howe, L., & Kirschenbaum, H. (1972, 1979) *Values clarification: A handbook of practical strategies for teachers and students.* New York, NY: Hart Publishing. Currently available from Hadley, MA: Values Press.

Simon, S., Howe, L., & Kirschenbaum, H. (1995). *Values clarification: A practical, action-directed workbook*. New York, NY: Warner.

Stock, G. (1985). *The book of questions*. New York, NY: Workman.

Sue, D., Carter, R., Casas, J., Fouad, N., Ivey, A., Jensen, M., . . . Vazquez-Nuttell, E. (1998). *Multicultural counseling competencies: Individual and organizational development*. Thousand Oaks, CA: Sage.

Sue, D. W., & Sue, D. (2003). *Counseling the culturally diverse: Theory and practice* (4th ed.). New York, NY: John Wiley & Sons.

Tschannen-Moran, B., & Tschannen-Moran, M. (2010). *Evocative coaching: Transforming schools one conversation at a time*. San Francisco, CA: Jossey-Bass.

Values in Action Institute. Values in action signature strengths test. Retrieved from http://www.authentichappiness.org.

Watts, R. (2011). On the origin of the striving for superiority and of social interest (1933). In J. Carlson & M. Maniacci (Eds.), *Alfred Adler revisited* (pp. 41-47). New York, NY: Routledge.

Watts, R. (2012, January 10). Personal electronic communication to author.

White, M., & Epston, D. (1990). *Narrative means to therapeutic ends*. New York, NY: W. W. Norton.

Williams, B. (2003). The worldview dimensions of individualism and collectivism: Implications for counseling. *Journal of Counseling and Development, 81*, 370-373.

Williams, P., & Menendez, D. (2007). *Becoming a professional life coach: Lessons from the Institute for Life Coach Training*. New York, NY: W. W. Norton.

Wubbolding, R. (2000). *Reality therapy for the 21st century*. Philadelphia, PA: Brunner- Routledge.

Yalom, I. (1980). *Existential psychotherapy*. New York, NY: Basic Books.

찾아보기

[인명]

[내용]

저자 소개

Howard Kirschenbaum 박사

로체스터 대학교의 워너 교육 및 인간 발달 대학원 상담 및 인간개발학부의 전 학장이며 명예교수이다.

역자 소개

차명호(Cha Myung Ho)

조지워싱턴 대학교에서 박사 학위를 취득하였으며, 현재 평택대학교 상담대학원에 재직하고 있다.

이정애(Lee Jeong Ae)

현재 대구한의대학교 상담심리학과 교수로 재직하고 있으며, 한국진로코칭학회, 한국교류분석상담학회 이사를 맡고 있다.

상담 · 심리치료에서의 가치명료화
-개인 및 집단 상담을 위한 실제 전략-
Values Clarification in Counseling and Psychotherapy:
Practical Strategies for Individual and Group Settings

2021년 1월 10일 1판 1쇄 인쇄
2021년 1월 15일 1판 1쇄 발행

지은이 • Howard Kirschenbaum
옮긴이 • 차명호 · 이정애
펴낸이 • 김진환
펴낸곳 • (주) 학지사
04031 서울특별시 마포구 양화로 15길 20 마인드월드빌딩
대표전화 • 02)330-5114 팩스 02)324-2345
등록번호 • 제313-2006-000265호

홈페이지 • http://www.hakjisa.co.kr
페이스북 • https://www.facebook.com/hakjisa

ISBN 978-89-997-2252-3 93180

정가 22,000원

역자와의 협약으로 인지는 생략합니다.
파본은 구입처에서 교환해 드립니다.

이 도서의 국립중앙도서관 출판시도서목록(CIP)은 서지정보유통지원시스템 홈페이지(http://seoji.nl.go.kr)와 국가자료공동목록시스템(http://www.nl.go.kr/kolisnet)에서 이용하실 수 있습니다.
(CIP 제어번호: CIP2020049309)